terunobu fujimori architekt

terunobu fujimori architekt

Herausgegeben von
Michael Buhrs und Hannes Rössler

Mit Beiträgen von Dana Buntrock,
Thomas Daniell, Terunobu Fujimori,
Toyō Itō und Hannes Rössler

Fotografien von Akihisa Masuda

Inhalt

Michael Buhrs
Vorwort   6

Toyō Itō
Schwebende Körper – Die Architektur von Terunobu Fujimori   11

Hannes Rössler
Orte der Fantasie   17

Stadtentwürfe   26

Terunobu Fujimori
Meine Architektur   39

Dana Buntrock
Fujimoris Märchen   51

Architektur   60

ROJO (Gesellschaft für Straßenbeobachtung)   200

Thomas Daniell
Nur schauen – Ursprung und Entstehung der Gesellschaft für Straßenbeobachtung   211

Anhang
Verzeichnis der ausgestellten Werke   224
Biografien   236
Fotonachweis   238
Dank   239

Michael Buhrs   Vorwort

»Die Menschen brauchen einen kleinen Park, eine gemeinschaftliche Fläche, um sich zu begegnen, an Feiertagen draußen zu sein, sich mit ihren Nachbarn zu unterhalten oder ihre Kinder spielen zu lassen«, antwortet Terunobu Fujimori 2007 in der Zeitschrift MONOCLE auf die Frage, was für ihn Lebensqualität ausmache. Terunobu Fujimoris Bauplätze sind soziale Ereignisse. Die Architektur auf der einen Seite, Fujimoris Persönlichkeit auf der anderen, das sind die Elemente, die Menschen zueinanderbringen, die einen intensiven Austausch schaffen, und dabei stets eine fröhlich-optimistische Grundhaltung. Die Ausstellung, die das Museum Villa Stuck im Sommer 2012 präsentiert – die erste umfassende Ausstellung zum Werk Terunobu Fujimoris in Deutschland – ist damit mehr als die reine Präsentation eines architektonischen Werkes. Der Höhepunkt der Kooperation mit Fujimori, ein eigens für den Garten der Villa Stuck entwickeltes, mobiles Teehaus, das Walking Café, hat eben diese Prozesse nach München gebracht. Darüber hinaus ist es, nach der Installation *Singender Lotus* von Hyon-Soo Kim und E. Byok-Song Woo im Sommer 2006, die zweite Gelegenheit, bei der der Historische Garten der Künstlervilla als Ausstellungsfläche genutzt wird.

Der Plan, ein architektonisches Objekt in Zusammenhang mit der Ausstellung von Terunobu Fujimori zu schaffen, entstand unmittelbar, nachdem die Idee zu diesem Projekt formuliert war. Die Initiative dazu kam von dem Münchner Architekten und ehemaligen Werkbund-Vorsitzenden Hannes Rössler. Seine Idee war es, anzuknüpfen an eine Tradition des Museums Villa Stuck, die sich durch eine lange Reihe von Ausstellungen zur Architekturavantgarde – von August Endell über Hans Poelzig bis hin zu Frei Otto – auszeichnet. Nach einer Zeit, in der vor allem das Spannungsfeld zwischen Kunst und Architektur im Blickfeld stand – Ausstellungen mit Sol LeWitt, Dan Graham, Donald Judd, Theo van Doesburg, Bodys Isek Kingelez oder auch die Rauminstallation von Gerwald Rockenschaub sind hier zu nennen – schien es Rössler an der Zeit, wieder Architektur zu zeigen. Hannes Rössler brachte zudem die Erfahrung einer äußerst erfolgreichen Ausstellung zu einem japanischen Thema mit, hatte er doch die »Minihäuser in Japan« zu einem in der breiten Öffentlichkeit rezipierten Thema gemacht.

Mein herzlicher Dank gilt Hannes Rössler für diese wunderbare Anregung, für seine Ausdauer über all die Monate der Vorbereitung, für seinen Einsatz und seine Leidenschaft, mit der er für ein Thema kämpft. Dass es überhaupt zu einem Treffen kam, verdanken wir dem Architekten Uwe Kiessler, der damit zu einem spirituellen Mitinitiator der Ausstellung wurde.

Doch zurück zum Walking Café: Der Bau von Teehäusern nimmt in Terunobu Fujimoris Schaffen eine besondere Stellung ein. Auf eindrückliche Weise verbinden sich in ihnen Fujimoris Auseinandersetzung mit japanischer Kultur mit der Vision und dem Mut zu ungewöhnlichen und persönlichen architektonischen Lösungen. Terunobu Fujimori (geboren 1946 in Chino) ist ausgebildeter Architekt, der jedoch nach Abschluss seines Studiums jahrelang nicht praktizierte, sondern große Erfolge als Architekturtheoretiker feierte. Zentrales Thema in seiner theoretischen Arbeit ist die Auseinandersetzung mit der Architektur der Moderne und deren

Ansätze im Bereich Stadtplanung. Fujimori unternimmt ausgedehnte Reisen, ist fasziniert von der archaischen Architektur der Jungsteinzeit genauso wie von einer europäischen Architekturmoderne, deren grundlegende Texte er ins Japanische überträgt. Erst die Bitte einer Priesterfamilie aus Fujimoris Heimatstadt, ihnen einen Architekten zu empfehlen, bringt ihn zurück zur Praxis. Kurzerhand übernimmt Fujimori die Konzeption des Museums neben dem Mishaguchi-Schrein selbst. Er kann sich vor Folgeaufträgen nicht retten, für die er höchst individuelle Lösungen entwickelt. Diese entstehen stets im Zusammenspiel mit den Nutzern, den beteiligten Handwerkern und vor allem unter Gebrauch regionaler und einfacher Baumaterialien.

Sich begegnen, sich unterhalten und spielen: was so simpel klingt, beinhaltet ein zutiefst menschliches Verständnis von dem, was Architektur für Terunobu Fujimori leisten muss: einen sozialen Raum für den Menschen zu schaffen, der sich in ihm aufhält. Der Realisierung geht dabei ein Prozess voraus, der im Fall des Walking Cafés die Holzfäller im Forstenrieder Park, die Schreiner, allen voran Hans Huber, der Firma Holzbau Schmid in Trostberg, Zimmererlehrlinge der Bauinnung München, Studentinnen und Studenten der TU München (Lehrstuhl Prof. Musso), am Ende aber auch zwanzig Kinder anlässlich eines Workshops am 1. Mai zusammenbrachte. Auf höchst entspannte und gleichzeitig zwingende Art und Weise kann Terunobu Fujimori allen Beteiligten seine Ideen vermitteln. Er legt selbst Hand an jedes Detail, das ihm am Herzen liegt, tritt einige Schritte zurück, um zu beobachten, bevor er die nächste Zeichnung mit neuen Details anfertigt.

Was passiert nun, wenn ein solches Bauwerk im Garten der Künstlervilla Franz von Stucks entsteht? Auf der einen Seite Fujimoris Philosophie einer »intimen Bauweise«, die den Menschen als raumbestimmende Größe versteht, auf der anderen Seite das repräsentative Haus eines nach perfekter Selbstinszenierung strebenden Künstlerstars um 1900. Mit seinen Teehäusern unterläuft Terunobu Fujimori die jahrhundertealte Tradition der japanischen Teezeremonie, zu der auch unmittelbar der für die Zeremonie gebaute Raum gehört, indem er sie so hoch baut, das man schon schwindelfrei sein muss, um den Raum überhaupt zu erreichen. Er unterläuft sie, indem er einfachste Materialien verwendet, welche den größtmöglichen Gegensatz bilden zu den Utensilien der Teezeremonie, die diese zu einer kulturellen Praxis für reiche und privilegierte Menschen machen. Dabei respektieren Fujimoris Teehäuser stets die traditionellen Werte, sodass selbst der ehemalige Premierminister Japans, Morihio Hosokawa, ein Teehaus bei ihm in Auftrag gibt. Wie Fujimoris Teehäuser durch Humor und spielerische Leichtigkeit zu Referenzobjekten für alle Gesellschaftsschichten werden, zeigt seine Zusammenarbeit mit Hosokawa im Jahr 2009. Der frühere Politiker ist nach dem Ende seiner politischen Laufbahn als Künstler tätig und zeigt in Paris seine eigenen Gemälde und Keramiken. In einem der Ausstellungsräume stellt Fujimori ein kleines Teehaus auf grün leuchtende Grasinseln und nennt es das »Bis bald Teehaus«.

Das Walking Café im Garten der Villa Stuck ruft vergleichbare Gedanken hervor. Ein Künstlerhaus stuckscher Prägung kann nur dann erfolgreich sein, wenn es sich so weit wie möglich aus der Gesellschaft herausnimmt. Es muss Ausdruck einer höchst individualistischen Künstlerpersönlichkeit sein, nur dann kann es für das Werk des Künstlers eine architektonische Entsprechung sein, im besten Fall das oft zitierte Gesamtkunstwerk, das sich Franz von Stuck an der Isaranhöhe erbaut hat. Indem Terunobu Fujimori im Garten der Villa Stuck das Walking Café als Gemeinschaftsprojekt definiert, setzt er damit einen Kontrapunkt zu der Künstlervision der Stuckvilla, geschaffen von einer Hand. Terunobu Fujimori ist klug genug, in seiner Architektur dennoch Brücken zu schlagen zu der unmittelbaren Umgebung. Diese Brücken sind in erster Linie materieller Natur, das Gold des Friedensengels auf dem Dach des Walking Cafés, die natürlichen Baumaterialien, die es perfekt in den Garten der Künstlervilla integrieren.

Und ein weiteres Detail verbindet das Häuschen mit der Villa, macht das Teehaus zu einem Walking Café: vier große Luftreifen an den Stützen, die das »Trojanische Schwein«, so der Untertitel des Gebäudes, zum ersten mobilen Teehaus im Werk von Terunobu Fujimori machen. Dieser war begeistert, als er erfahren hat, dass Franz von Stuck ein passionierter Autofahrer war. Geführt von Margot Th. Brandlhuber, Sammlungsleiterin des Museums Villa Stuck, begab sich Fujimori auf die Spuren des Künstlerfürsten. Dieses Detail jedoch brachte den Architekten auf die Idee, die das Münchner Teehaus nun zu einem kühnen Einzelstück macht.

Es ist eine große Freude, dass das Walking Café für die Besucherinnen und Besucher des Museums den Sommer über begehbar ist, und auch Kaffee wird stilgerecht einmal in der Woche serviert. Darüber hinaus wird das Walking Café an verschiedenen Plätzen im Stadtraum Münchens Station machen.

In den Ausstellungsräumen der Villa Stuck wird die bisher umfangreichste Werkschau zu Fujimori zu sehen sein: Modelle, Zeichnungen, Materialtafeln, Architekturpläne und Fotografien veranschaulichen das Schaffen Fujimoris, der bisweilen als weltweit einziger surrealer Architekt bezeichnet wird. Die von Fujimori speziell für einige Häuser entworfenen Möbel aus Holz und Rattan zeigen zudem das ganzheitliche Herangehen an menschlichen (Lebens-)raum. Eine ihm alleine gewidmete Einzelausstellung anlässlich der Architekturbiennale 2006 in Venedig war die bislang größte und einzige derartige Ausstellung in Europa.

Für die unermüdliche Arbeit an dieser Ausstellung bin ich der Projektkoordinatorin der Ausstellung, Anna Schneider, zutiefst dankbar. Leihgaben, Bäume fällen, Workshops für Kinder, dieses Buch, eine Vielzahl von Beteiligten, das alles und einiges mehr gehörte in ihren Aufgabenbereich, ein höchst komplexes Projekt, das im Sommer 2012 seinen erfolgreichen Abschluss findet.

Auch in der Ausstellung zu sehen sind Beispiele einer fotografischen Spurensuche, die Terunobu Fujimori als Künstler und Teil des Kollektivs Gesellschaft für Straßenbeobachtung (ROJO) anstellt. Auch hier entstehen Objekte, über die man oft schmunzeln muss, und wieder arbeitet Fujimori in einer Gemeinschaft aus Künstlern, Schriftstellern, Architekten und anderen Kreativen. Terunobu Fujimori teilt seine Ideen dabei nicht nur mit Intellektuellen, es ist sein innerstes Anliegen, das Publikum, den Betrachter, die Öffentlichkeit in diese Gedanken mit einzubeziehen. Diese direkte Konfrontation löst im schönsten Fall Kommunikation, Austausch und kreative Energie aus.

Das vorliegende Buch ist die erste umfassende Publikation über Terunobu Fujimori, die außerhalb Japans erscheint. Mein großer Dank gilt der Verlegerin Annette Kulenkampff, die sich von Anfang an begeistert von dem Projekt zeigte. Ich danke den Autorinnen und Autoren des Buches herzlich, Dana Buntrock, Thomas Daniell und natürlich Toyō Itō, die in ihren Texten einen Kosmos Fujimori entstehen lassen, der die Faszination für den Architekten, aber auch den Menschen dahinter spüren lassen. Mein Dank gilt Hannes Rössler, der in seinem Text die Entstehung des Walking Café schildert, wie auch Peter Langemann für das grafische Konzept sowie Jutta Herden für ihre stringente wie auch elegante Gestaltung des vorliegenden Buches.

Ein derartiges Projekt wäre ohne ideelle und finanzielle Unterstützung nicht möglich. Mein herzlicher Dank gilt an dieser Stelle Swiss Re, dem Japanischen Generalkonsulat in München und vor allem der Japan Foundation in Tokio, vertreten in Deutschland durch das Japanische Kulturinstitut in Köln. Das große japanisch-deutsche Jubiläumsjahr war 2011, und dennoch wurde unser Vorhaben von Beginn an und bis zum Ende vorbehaltlos unterstützt.

Zuletzt bedanke ich mich bei Terunobu Fujimori für seine Konsequenz, für seine Gelassenheit, für seine Weitsicht, für seinen Humor und dafür, dass er sich auf dieses Abenteuer eingelassen hat. Alle Beteiligten, und so auch ich, wir werden dieses Projekt sicher nie vergessen, und werden ein Stück dieses gemeinschaftlichen Erlebnisses im Herzen behalten.

Toyō Itō Schwebende Körper
Die Architektur von Terunobu Fujimori

Begegnungen zwischen Vergangenheit und Zukunft Terunobu Fujimori wurde 1946 geboren. Ich bin fünf Jahre älter, komme aber auch aus der Suwa-Region der Präfektur Nagano. Zusammen verbrachten wir eine ähnliche Kindheit nahe eines von Bergen umgebenen Sees. Die Region liegt im Zentrum der japanischen Alpen. Damals brauchte die Bahn bis Tokio sechs Stunden, obwohl die Distanz nur 250 km beträgt. Selbst heute dauert die Fahrt noch länger als zwei Stunden.

Wir lebten in einem weiten Bergtal. Tokio war für uns die Stadt der Träume. Wenn wir von der Grundschule nach Hause kamen, warfen wir unsere Schulranzen weg und rannten barfuß über die Hügel und Felder. Unsere Freunde nannten uns »Teru-bō« und »Toyo-bō«. Bis zum Sonnenuntergang jagten wir Vögel, Fische und Insekten und sammelten wilde Blumen und Pflanzen.

Seit dem Gymnasium sind wir verschiedene Wege gegangen. Ich zog mit 15 Jahren nach Tokio und studierte dort an der Universität Architektur und Design, während Fujimori an der Universität Tōhoku Architekturgeschichte studierte. Als Doktorand lebte er in Tokio und setzte dort seine Studien in Architekturgeschichte fort. Dann arbeitete er lange Zeit als Professor an der Universität in Tokio. Er begann erst im Alter von 43 Jahren als Architekt zu arbeiten.

Wir kommen zwar aus der gleichen Gegend, doch glauben viele, dass unsere Auffassungen einander entgegengesetzt sind.

Es ist sicher richtig, dass Fujimori für seine Architektur nur natürliche Materialien verwendet. Auf den ersten Blick sehen seine Bauten wie traditionelle Bauernhäuser aus. Des Weiteren kommt in seinen Arbeiten eine starke Vertikalität zum Tragen. Im Gegensatz hierzu werden meine Bauten von Glas und Stahl bestimmt und weisen eine starke Horizontalität auf. Man könnte annehmen, dass Fujimori in den Bergen und in Wäldern groß geworden ist, während ich in meiner Kindheit auf einen See geschaut habe.[1]

Trotz dieser Unterschiede bin ich tief beeindruckt von Fujimoris Architektur. Besonders in den letzten Jahren habe ich ein intimeres Verhältnis zu seinen Arbeiten entwickelt. Ich erinnere mich daran, einmal zu Fujimori gesagt zu haben: »Auf den ersten Blick scheint sich deine Architektur der Vergangenheit zuzuwenden. Meine Architektur ist hingegen auf die Zukunft ausgerichtet. Beide Architekturen bewegen sich also in entgegengesetzter Richtungen um den Erdball und könnten sich einmal mit einem lauten Knall treffen, irgendwo, irgendwann.« Vor Kurzem hatte ich das Gefühl, dass dieser Tag unerwartet früh eintreffen wird. Aber das mag nur mein Eindruck sein. Ich kann mich jedoch nicht des Gedankens erwehren, dass das große Erdbeben im Osten Japans im März 2011 die Unterschiede zwischen unseren Bauweisen verkürzt hat. Statt über Terunobus Architektur zu sprechen, würde ich gerne die Gründe für mein Gefühl erklären.

Eine Architektur, die es überall geben könnte Als ich Fujimoris erstes Werk besichtigte, das Historische Museum der Priesterfamilie Moriya (1991, S. 62–67), das in der Nähe des Hauses steht, in dem er aufgewachsen ist, hatte ich den Eindruck, einer wirklich mysteriösen Architektur zu begegnen. Es schien mir, dass man sie überall finden könnte, und doch existiert sie nirgendwo.

Nira-Haus (Schnittlauchhaus)

Der Bau besteht aus zwei Körpern. Einer hat ein quadratisches Dach, der andere ein Schrägdach. Beide Körper sind mit natürlichen Materialien bedeckt, das Dach mit Schieferziegeln und die äußeren Wände mit Erde und Spaltbrettern. Zwischen dem Museum und den Bauernhäusern, die sich von früher in der Gegend befinden, scheint es nicht viele Unterschiede zu geben. Eine der Besonderheiten von Fujimoris Architektur liegt jedoch in ihren Proportionen. Der Baukörper mit dem quadratischen Dach weist eine starke Vertikalität auf. Das Dach wird vom Boden her nach oben hin schmaler und verstärkt dadurch den vertikalen Eindruck. Es wird von vielen Stämmen gestützt, die als Winkelstreben dienen. Das Museum erinnert mich an die Architektur in Nepal und Tibet.

Dieser Eindruck verschwindet jedoch sofort wieder, da das Schrägdach diagonal mit dem anderen Bauteil verbunden ist. Am unteren Ende wird das Schrägdach von zwei Baumstämmen durchstoßen, die erneut die Vertikalität hervorheben. Der ganze innere Raum, einschließlich des Bodens, der Wände und der Decke, hat nahezu keine Öffnungen und ist gänzlich mit Erde bedeckt. Man hat das Gefühl, in einer Grotte zu stehen.

Für einen mit der Moderne vertrauten Architekten sieht Fujimoris Bau wie das Werk eines Verrückten mit einem sehr ausgefallenen Geschmack aus. Fujimori ist jedoch ein Architekturhistoriker, der mit eigenen Augen Bauten von der Antike bis zur Gegenwart gesehen hat. Sein Kopf ist vergleichbar mit einer Enzyklopädie, vollgepackt mit alten und neuen sowie östlichen und westlichen Bauwerken. Wenn er in den Seiten dieser Enzyklopädie blättern würde, wäre es einfach für ihn, etwas zu entwerfen. Er bräuchte nur die verschiedenen Elemente aus seiner Erinnerung zu kombinieren. Fujimoris Architektur besteht aber keinesfalls aus Zitaten. Sie ist zweifellos von hoher Originalität.

Der Architekt Hiroshi Hara hat einmal erwähnt, dass Fujimoris Bauten wie ein »staatenloses Bauernhaus« aussehen. Ich habe zu Fujimori gesagt: »Deine Architektur hat wirklich keine Wurzeln in der Erde. Sie sieht aus, als wäre sie von irgendwoher aus der Welt kommend sanft an dieser Stelle gelandet.« Ich meinte, dass sie real aussieht, obwohl sie nicht real ist. Das Museum stellt sicherlich keinen indigenen Bau aus der Gegend dar, in der es steht. Es schwebt vielmehr in der Luft.

Das ist ein grundlegender Charakterzug von Fujimoris Architektur. Je mehr seiner Projekte ich gesehen habe, desto stärker wurde dieser Eindruck.

Jenseits der Natur gibt es eine andere Natur In letzter Zeit hat Fujimori viele Teehäuser entworfen, aber keines von ihnen wurde im traditionellen Teehausstil erbaut. Er hat oft gesagt: »Bei einer Teezeremonie kommt es allein darauf an, Tee trinken zu können.« Es wundert mich daher, warum er so fasziniert von Teehäusern ist und beständig neue entwirft.

Da ich weder gelernt habe, Tee zu servieren, noch jemals die Absicht hatte, ein Teehaus zu bauen, bin ich nicht die geeignete Person, um diese Frage zu beantworten. Doch scheint mir der Grund für Fujimoris Leidenschaft zu sein, dass der ursprüngliche Geist der Teezeremonie in seiner spielerischen Kreativität liegt, die frei von jeder Art Stil ist. Ich habe den Eindruck, dass Fujimori es liebt, der profanen Welt zu entfliehen, indem er in eine Welt des Spiels hinüberwechselt, in einen freien Raum. Daher schweben die meisten seiner Teehäuser in der Luft.

Sein Teehaus Takasugi-an (Zu hohes Teehaus, 2004, S. 124-129), das er für sich selbst in der Nähe des Historischen Museums der Priesterfamilie Moriya gebaut hatte, ist genauso seltsam wie der erste Bau. Das gänzlich mit Erde bedeckte Haus ist etwas größer als zwei Tatami-Matten[2] und schwebt hoch in der Luft. Es wird nur durch zwei Baumstämme gestützt. Ein Stamm gabelt sich in der Mitte. Man hat den Eindruck, das Haus stünde auf drei Stämmen, aber tatsächlich stützen es nur zwei Stämme. Es ist daher sehr instabil. Wenn jemand in das Teehaus eintritt, wackelt es. Fujimori scheint sich jedoch aus tiefstem Herzen an diesem wackeligen Raum zu erfreuen, der sich am besten als ein »Spiel«-Raum bezeichnen lässt.

Fujimori hat nacheinander mehrere Teehäuser entworfen, die in der Luft schweben. Nach dem 2003 für den früheren Ministerpräsidenten Hosokawa fertiggestellten Ichiya-tei (Teehaus für eine Nacht, S. 112-117) baute er das Teehaus Tetsu (2005, S. 142-147), das Käferhaus (2010) für eine Ausstellung im Victoria and Albert Museum in London, das Irisentei (2010, S. 176-179) in Taiwan und das Fliegende Lehmboot (2010, S. 184-189) für eine Ausstellung im Garten des Kunstmuseums seiner Heimatstadt.

Warum ist Fujimori, der es liebt, ein Feld zu pflügen, Holz vom Berg hinter seinem Haus zu hacken und Erde zu berühren, so besessen von etwas, das in der Luft schwebt?

Ich habe gehört, dass ihn während seiner Kindheit der Vogelmann Kōkichi faszinierte, der zum ersten Mal in Japan versuchte, mit einem von Menschenhand angetriebenen Fluggerät in den Himmel zu fliegen, und dass er selbst einmal darüber nachgedacht hat, Flügel zu bauen, um von einem Dach zu fliegen. Das erinnert mich an seine Abschlussarbeit, eine »Brücke«, die wie ein Raumschiff in der Luft schwebt (S. 28-29). Die Idee, »Architektur ist etwas, das in der Luft schwebt«, hat ihn seitdem wohl beschäftigt. Fujimori verwendet viele natürliche Materialien, aber seine Bauten sehen zweifellos nach etwas aus, das von ferne kommt oder in die Ferne fliegt. Daher vermittelt uns das Innere seiner Gebäude das Gefühl eines »unabhängigen Universums«. Architektur ist für ihn wahrscheinlich ein Wesen, das uns an die Existenz einer »größeren Natur jenseits der Natur« erinnert.

Rohe und unebene Abstraktion Es gibt noch einen Grund, warum Terunobu Fujimoris Architektur ein Gefühl der »Unwirklichkeit« vermittelt, obwohl sie in der Natur existiert und nahtlos mit ihr verbunden ist. Sie ist »abstrakt«. Allerdings ist sie weder nach den Regeln Euklidischer Geometrie gebaut noch setzt sie sich aus weißen Würfeln zusammen. Seine Bauten schweben in der Luft, ohne leicht oder transparent zu sein. Sie unterscheiden sich daher gänzlich von den abstrakten Räumen, die wir in Kazuyo Sejimas oder Ryūe Nishizawas Bauten wahrnehmen.

Warum ist Fujimoris Architektur also »abstrakt«? Zunächst fällt einem die Art seiner Materialverwendung auf. Zu den Materialien gehören Bretter, Erde oder mit

Stroh vermischter Mörtel, die ein starkes Naturgefühl vermitteln. Die Bretter sind bewusst grob gespalten oder rau gehobelt, und den Raum zwischen ihnen bedeckt weißer Mörtel. Betrachtet man die Bretter als eine zusammenhängende Oberfläche, kommt etwas wirklich Reines zum Ausdruck.

Fujimori legt großen Wert auf Details, um nichts Unnötiges zu zeigen, etwa einen Türrahmen. Boden, Wände und Decke sind häufig mit dem gleichen Material bedeckt, zum Beispiel mit Erde oder Holz. Dieser reine Raum ist gänzlich verschieden von der Reinheit der Räume, die dem Modernismus des 20. Jahrhunderts entstammen. Einer »unorganischen« und »weichen und glänzenden Abstraktion« stellt er eine »organische« und eine »rohe und unebene Abstraktion« entgegen. Man könnte Fujimoris reinen Raum auch als eine »konkrete Abstraktion« bezeichnen.

Des Weiteren verbindet Fujimori aus Baumstämmen gefertigte und mit Dechseln[3] rau bearbeitete Stützpfeiler mit abstrakten Oberflächen und Räumen. Diese Stützen scheinen oft von den weißen Decken absorbiert zu werden. Das kann man im Speiseraum des Studentenwohnheims der Kumamoto Landwirtschaftsschule (2000, S. 94–99) und dem Hauptraum des Kohlenhauses (2008, S. 160–163) beobachten. Im Takasugi-an und im Irisentei hat man den Eindruck, die Stützen würden die ebenen Fußböden der in die Luft gehobenen Teehäuser durchdringen und darin verschwinden. Sie sehen nicht wie Stützen eines von oben kommenden Gewichtes, sondern wie aufrecht gewachsene Bäume aus.
Ich glaube, dass diese »konkrete Abstraktion« wirklich eine Abstraktion des 21. Jahrhunderts ist. Architektur wird von Menschen gemacht, sie kann daher nichts anderes als ein Artefakt sein, das von den Werken der Natur abgelöst worden ist. In diesem Sinne ist Architektur immer abstrakt.

Bis heute wagen wir es allerdings, Artefakte zu bauen, die scheinbar jeden Kontakt zur Natur verloren haben. Wir halten diese Distanz für abstrakte Schönheit und verhalten uns dabei so, als hätten wir die Natur erobert. Nach dem, was am 11. März 2011 in Japan geschehen ist, kommt es mir jedoch so vor, als begänne sich dieser Sinn für abstrakte Schönheit aufzulösen.

Zusammen bauen, zusammen leben Zusammen mit Kollegen und Freunden arbeite ich für Menschen, deren Häuser am 11. März 2011 durch den Tsunami hinweggespült worden sind, an dem Projekt »Ein Haus für alle«. In der vom Tsunami betroffenen Gegend leben Zehntausende von Menschen in temporären Unterkünften, die von lokalen Verwaltungsbehörden bereitgestellt worden sind. Die meisten von diesen Unterkünften sind vorfabrizierte Reihenhäuser mit Stahlrahmen. Sie sind sehr klein und unwirtlich. Es gibt noch nicht einmal Räume, in denen man mit den Nachbarn sprechen kann. Bei dem Projekt »Ein Haus für alle« wollen wir hölzerne Hütten aufstellen, in denen die Menschen, die in einer temporären Unterkunft leben, zusammen essen und sich wie in einem Gemeinschaftsraum treffen und miteinander unterhalten können.

Die erste Holzhütte wurde im Oktober 2011 in einer Gegend nahe der Ostküste in der Stadt Sendai fertiggestellt. Da der Planungs- und Konstruktionsprozess nicht dem typischen Verhältnis zwischen Kunde und Architekt entsprach, war es eine recht einmalige Erfahrung in meinem Architektenleben. Unter den gegebenen Umständen ging es nicht darum, nach einer bestimmten Architekturtheorie zu suchen. Ich dachte, dass diejenigen, die das Haus bauen, und diejenigen, die darin leben werden, das Haus zusammen entwerfen sollten. Ich wollte jeden Wunsch dieser Menschen erfüllen. Die meisten von ihnen haben auf dem Land gearbeitet und in recht einfachen Häusern gelebt. Für sie waren nicht komplizierte Architekturtheorien, sondern Räume wichtig, die ihr Herz erwärmen und in denen sie sich nahe kommen können. Nach der Fertigstellung der kleinen Hütte saßen die Menschen um einen Holzofen herum und hatten Tränen der Freude in ihren Augen.

Als ich begann, darüber nachzudenken, schien es mir, dass Terunobu Fujimoris Projekte auf sehr ähnlichen Prozessen beruhen. Denn beide Ansätze gehen von dem Prinzip aus, dass viele Menschen sich daran erfreuen, etwas gemeinsam zu schaffen, ohne Grenzen zwischen Architekten, Bauherren und Bewohnern. Das Spektrum von Projekten, die sich auf diese Weise realisieren lassen, ist sicher begrenzt. Es scheint, dass sich Fujimori derzeit noch allein auf der Suche nach Idealen befindet, die ein Architekt in der modernen Gesellschaft nicht erfüllen kann. Diese Gedanken kamen langsam in mir auf.

Ich bin mir ziemlich sicher, dass Fujimoris Architektur nur möglich ist, weil es Menschen gibt, die seinen Traum teilen, zu einer größeren Natur zu fliegen, die vielleicht irgendwo jenseits der realen Natur existiert. Seine neue Abstraktion könnte die Denkweise verkörpern, in der die Wünsche heutiger Menschen zum Ausdruck kommen und die erforderlich ist, wenn wir von der Natur, die vor uns liegt, zu einer anderen Natur fortschreiten wollen.

Nach der Erdbebenkatastrophe von 2011 würde ich diese Art von Abstraktion gerne mit Fujimori teilen.

1 Die Ortschaft Suwa, in der Itō aufgewachsen ist, liegt unmittelbar an den Ufern des Suwa-Sees, während sich Fujimoris Heimatstadt Chino einige Kilometer vom See entfernt befindet.

2 Eine Tatami (Matte aus Reisstroh) ist in etwa 90 x 180 cm groß und dient als Fußbodenbelag.
3 Spezielles Holzbeil zum Abnehmen großer Spanmengen.

Hannes Rössler Orte der Fantasie

Fast wie ein Bubenstreich taucht das erste gebaute Werk des Architekturhistorikers Terunobu Fujimori 1989 in seiner Biografie auf: Ohne jede praktische Erfahrung als Architekt stürzt sich der renommierte Wissenschaftler in die Praxis und baut das kleine Historische Museum der Priesterfamilie Moriya (S. 62–67) in der Präfektur Nagano. Damit bricht er nicht nur mit seiner ausgezeichneten akademischen Laufbahn an der Universität Tokio und riskiert es, verlacht zu werden. Er bricht auch mit den anerkannten Inhalten seiner Forschung: der Architekturmoderne in Japan seit 1868.

Der Bauherr des Museums, der Priester des uralten Oberen Suwa-Schreines, hatte Fujimori, den er seit Kindertagen kannte, um Hilfe gebeten, einen geeigneten, ortskundigen Architekten zu finden. Doch aus dem Berater wurde der Entwerfer. Fast 20 Jahre nach seiner Diplomarbeit reizte es den Architekturhistoriker, sich selbst der Herausforderung zu stellen.

Fujimoris eigenartiges, auf seine Art vollkommenes Gebäude ist vermutlich das Ergebnis einer langen Krise, die kreativ umgesetzt wurde. Mehr noch: Der Endpunkt ernsthafter Überlegungen und kritischer Unzufriedenheit mit Konventionen. Schon als Architekturstudent hatte er niedergeschlagen beschlossen, der Praxis den Rücken zu kehren und sich der Architekturgeschichte zuzuwenden. Seine Diplomarbeit von 1971 – das Modell einer raumschiffartig bewohnten Brücke anstelle der fiktiv zerstörten Stadt Sendai – markiert bereits die Hinwendung zur reinen Poetik und zum Konzept (S. 28–29).

In den folgenden 15 Jahren widmet er sich der Architektur als Forscher und Hochschullehrer. Seine ausgezeichneten historischen Abhandlungen weisen über eine klarsichtige Darstellung der modernen Architektur hinaus und legen deren vielschichtige Wechselbeziehungen zum japanischen Architekturgeschehen im 19. und 20. Jahrhundert dar. Erstmals archivierte Fujimori eine Vielzahl von Bauten der Meiji-Ära, einer unserer Gründerzeit vergleichbaren Epoche. Eine Besonderheit in einem Land, dessen Verständnis von Denkmalpflege sich vom europäischen grundsätzlich unterscheidet. Seine Archivierung weckte das Interesse der Öffentlichkeit an diesen Gebäuden, förderte den Diskurs an den Hochschulen und machte sie zum Thema von Talkshowrunden. Damit wurde die Wertschätzung der Meiji-Ära erst möglich. Trotz solcher Erfolge blieb die Niedergeschlagenheit: Die individuelle Kreativität des begabten Entwerfers liegt brach.

1986 gründet er gemeinsam mit Künstlerfreunden ROJO, die Gesellschaft für Straßenbeobachtung (vgl. S. 200–221). Bei gemeinsamen Spaziergängen werden nach selbstgesetzten Regeln flüchtige und unscheinbare Situationen und Fragmente mit Schnappschüssen dokumentiert: Sie zeigen eine andere, herbe Schönheit voller Atmosphäre im grauen Tokioter Alltag. Im spielerischen Dialog der Gruppe entwickelt sich eine spezifisch situative Technik der Wahrnehmung, eine künstlerische Auseinandersetzung mit Zufällen, Widersprüchlichkeiten und Unvollkommenheiten der Stadt. Second-Hand-Poesie als zeitgenössischer Ausdruck japanischer Ästhetik, Qualitäten, die der Architekt Fujimori später auf vielfältige Weise in seinen Gebäuden umsetzen wird.

1 Terunobu Fujimori zeichnet an einem Entwurf für das Walking Café

Aber auch seinen Forschungen bleibt er als Architekt – wiewohl in umgekehrter Weise – treu. Verwendet er doch nun genau jene rustikalen Materialien, die auf dem Weg zur Modernisierung der Architektur in Japan am Wegrand liegen geblieben sind. Auf der Suche nach authentischen und ursprünglichen Ausdrucksformen kultiviert er die Widerspenstigkeit alter Baustoffe und Techniken: Grober Putz und roh behauene Baumstämme, grasüberwucherte Dächer und Bleisprossenfenster, geflammte Bretter und handgespaltene Schindeln, raue Schieferdachplatten und geschmiedetes Eisen. Er bringt sie als etwas Vorgefundenes ins Spiel, verdichtet sie zu Neuem.

Das Gerüst der Häuser ist von diesen Techniken und Materialien wenig betroffen, es wird von ihm rein zweckmäßig errichtet. Die Verwendung der alten Werkstoffe erfolgt nur im sichtbaren Bereich. Sein Ziel ist – mit Dana Buntrocks Worten – »keine Nostalgie, um die Vergangenheit wiederherzustellen, sondern eine, die Licht auf das wirft, was nicht verloren gehen sollte.«[1]

Obwohl Fujimori mit den Architektur-Protagonisten Japans im freundschaftlichen Gespräch steht – sie kritisiert und sich über ihre Anerkennung wundert –,

2 Lois Welzenbacher, Haus Settari
Archiv für Baukunst der Universität Innsbruck, NL Welzenbacher

wenden sich seine Gebäude entschieden vom zeitgenössischen Minimalismus ab. Sie erinnern vielmehr an fantastische Häuser des Expressionismus oder an die Anime-Szenarien seines Freundes Hayao Miyazaki. Gänzlich unpolitisch unterscheidet Fujimori »weiße« und »rote« – glatte und raue – Architekten (S. 54–55). Innerhalb der neueren Architektur steht er nicht den eleganten Puristen nahe, sondern vielmehr jenen, die eine unmittelbarere Beziehung zu ihren Bauten suchen.

Hier in München finden sich – sicherlich unbeabsichtigt – Beziehungen zu dem vergessenen Lois Welzenbacher (1889–1955). Die Ähnlichkeit der Gestaltung von Takasugi-an (Zu hohes Teehaus, 2010, S. 124–129) mit Welzenbachers Frühwerk, dem Haus Settari von 1922 im Südtiroler Eisacktal, ist überraschend (Abb. 2). Welzenbacher, so wird berichtet, nahm durch die gegrätschten Beine hindurch das Baugelände in Augenschein, um zu möglichst reizvollen Wechselbeziehungen von Landschaft und Architektur zu gelangen.[2] Dieser Ansatz verbindet ihn mit Fujimoris unermüdlichem Streben nach umfassender Harmonie.

Auf höherer Ebene gehört dazu auch eine geplante Vergänglichkeit. Mehr noch, ein grundsätzlich zeitbezogenes Verständnis von Bauen. Keines seiner auf Baumstützen stehenden Gebäude wird Generationen überdauern. Temporäre, manchmal nur für einen Tag geplante Teehäuser stellen bei Terunobu Fujimori einen eigenen Werkkomplex dar. Er entwirft sie oft im Rahmen von Ausstellungen, da sie ihm wesentliche Möglichkeiten bieten, die in der normalen Architekturpraxis nicht mehr umsetzbar erscheinen: Spontane Improvisation und Arbeit in der Gruppe – häufig mit Laien,

3 Pieter Bruegel d. Ä., *Das Schlaraffenland*, um 1567 (Detail) Bayerische Staatsgemäldesammlungen, Alte Pinakothek, München

Jugendlichen und Kindern –, um Ideen zu entwickeln und gemeinsam spielerisch Neues zu schaffen.

Doch nicht nur für ihn, auch innerhalb der Kultur Japans haben Teehäuser Modellcharakter: Boden, Wand, Dach, Feuerstelle – ist das nicht aufs Äußerste verdichtete Architektur?

Für das Teehaus im Garten der Villa Stuck war der erste Entwurf rasch skizziert (Abb. 1). Anstoß war das wiederentdeckte Garagenrelief des Autonarrs Franz von Stuck: Es zeigt eine auf einem Luftreifen stehende Nike (Abb. 5).³ Fujimori entwarf eine zoomorphe Hütte, auf hohe Beine gestelzt, mobil (Abb. 4) und – mit Rücksicht auf das in München populärere Getränk – statt als privates Teehaus als öffentliches Kaffeehaus. »Walking Café« als Referenz an Archigrams *Walking City* (Abb. 7) oder, mit Bezug auf Pieter Bruegels Gemälde *Schlaraffenland* in der Alten Pinakothek, als »Trojanisches Schwein« (Abb. 3).

Da Fujimori nicht in einen Vergleich treten will, verbietet ihm sein immenses Architekturwissen, etwas zu entwerfen, das einem ihm bekannten Bau ähnelt. Doch seine Vorliebe für die Architekturfantasien der niederländischen Maler ist bekannt. Bizarre, fantastische Baumhäuser und Hütten tauchten vor 500 Jahren bei Hieronymus Bosch und Pieter Bruegel auf: aufgespießte, nur mit Leitern erreichbare Kapseln, Klausen und brüchige Gehäuse; geheimnisvolle, unglaubliche Proportionssprünge verschmelzende Urbilder (Abb. 6, 8).

Sind sie nicht bereits Ausdruck existenzieller Fragen? Foucaultsche »Heterotopien«, die es ihren Benutzern gestatten, aus dem Alltag herauszutreten, zu träumen, sich selbst neu zu erfahren?

4 Reifen des Walking Cafés

5 *Nike auf dem Rad*, Relief auf der Gartenfassade der Garage, Villa Stuck, 1915

6 Jan van Goyen, *Dorf am Fluss*, 1636 (Detail) Bayerische Staatsgemäldesammlungen, Alte Pinakothek, München

Fujimoris Walking Café entsteht in aufregenden Workshops immer in Sichtweite der Alpen. Inmitten von Holzfällern oder Handwerkern, Fachleuten oder Laien führt er aufmerksam und lächelnd Regie: Er kennt Alter und Beschaffenheit des Holzes, prüft mit der Hand die Bestandteile von Mörtel, die Wickelung von Seilen und die Oberflächen von Metall und Glas. Der Umgang mit dem Werkzeug ist ihm vertraut: Er zimmert und tischlert, schmiedet und verputzt solange, bis eine gültige Form gefunden ist (S. 22–25, 190–199). Der Japaner sucht lokale Werkstoffe und eignet sich unbekannte Handwerkstechniken rasch an. Wo erprobte Wege nicht zum Ziel führen, erfindet er neue, ungewöhnliche Lösungen. Unermüdlich skizziert und entwirft er, entwickelt und verfeinert seinen Entwurf in allen Einzelheiten. Dabei setzt er immer auf den Austausch mit den übrigen Beteiligten.

Fujimori konfrontiert die moderne Technik mit den Kräften traditioneller Kultur und Natur. Er »wickelt«, wie er selbst dazu sagt, »die Wissenschaft in die Natur ein«. Stellt er so auch ihre Leistungen in Frage? Zivilisationskritik, die grundlegende Alternativen aufzeigen will, ist seine Architektur allemal, und sicher stehen in Japan Katastrophen immerfort im Raum. Fujimori versäumt es nicht, ein Problem der Menschheit anzusprechen: Dass sie nämlich Teil eines weiter gespannten Ökosystems ist. Dennoch missfällt ihm Ökologie als Phrase. Statt technologischer Lösungen mit ungewissen Nebeneffekten strebt er vielmehr Einfachheit und individuellen Verzicht an.

Unvollkommenheit, knorrige Natürlichkeit und Rauheit, bis hin zur Vernachlässigung von Bequemlichkeit und Nutzen, das entspricht auch den verfeinerten Lehren des japanischen Teekultes: So kann und soll ästhetisch eine andere Art von innerer überindividueller Freiheit erfahrbar werden.

Ein Barbar oder ein – noch so edler – Wilder ist Terunobu Fujimori dennoch nicht. Er kennt die Übereinkünfte und Schranken der modernen Architektur.

7 Archigram (Ron Herron, Peter Cook), *Walking City*, 1964

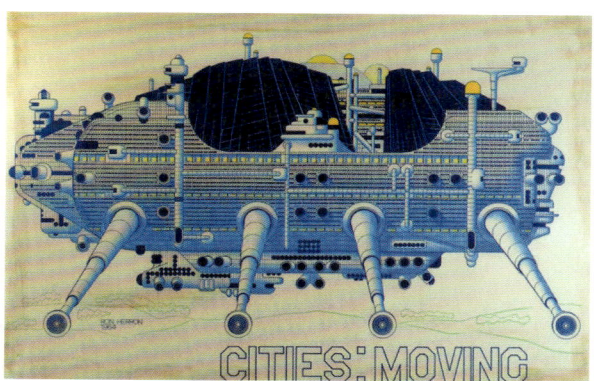

8 Hieronymus Bosch, *Der Baummensch*, um 1505 Albertina, Wien

Seine Überschreitungen sind durch seine Herkunft und eine tiefe Sehnsucht nach Ursprünglichem geprägt. Immer wieder spricht er selbstironisch von »haariger Architektur« (S. 105). Der Ausdruck »haarig« (»ke no haeta«) bedeutet im Japanischen eine überflüssige Zutat an einer an sich banalen Sache.

Zu dem befremdenden Begriff gibt es aber auch eine Anekdote mit prominenten Teilnehmern – und hier zeigt sich eine ganze andere Spur. Der surrealistische Maler Salvador Dalí berichtete über ein Mittagessen mit dem Großmeister der Architekturmoderne, Le Corbusier, im Jahr 1925.[4] Auf dessen Frage, wohin die Architektur in Zukunft gehe, antwortete Dalí, dass sie «weich und haarig« würde, woraufhin Le Corbusier »aussah, als ob er etwas Bitteres verschluckt hätte«. Ich könnte mir denken, dass Terunobu Fujimori genau diese Prophezeiung erfüllen will.

---

1 Anlässlich eines Vortrags in München im Februar 2012 sagte er: »Ich will nicht in einem Haus aus künstlichen Materialien sterben«.
2 Mündliche Mitteilung von Heinz Tesar, 1987.
3 Mit Neuerwerbungen unbekannter Fotografien zeigte Margot Th. Brandlhuber, Sammlungsleiterin des Museums Villa Stuck, dass sich Stuck bereits 1905 an ersten Autorennen begeisterte. Zum Relief *Nike auf dem Rad:* »Stuck verbindet darin das klassische Motiv der griechischen Siegesgöttin Nike mit dem Luftreifen heiter zum Symbol des Triumphes der Geschwindigkeit – als Bekenntnis zum modernen Lebensstil«, in: Villa Stuck 2006, S. 268.
4 *Dalí on Modern Art: The Cuckolds of Antiquated Modern Art*, New York 1957.

Baumfällen im Forstenrieder Forst und der erste Workshop in Trostberg, 2011/12

Zweiter Workshop in
der Villa Stuck, April /
Mai 2012

Stadtentwürfe

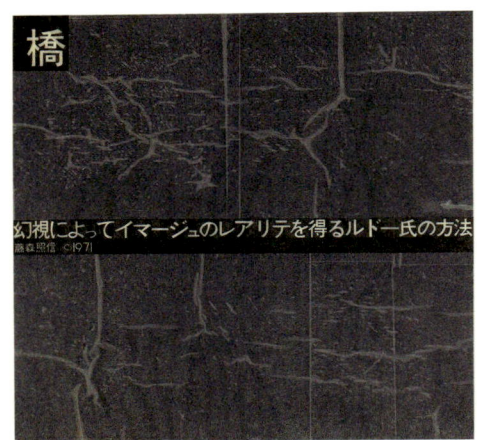 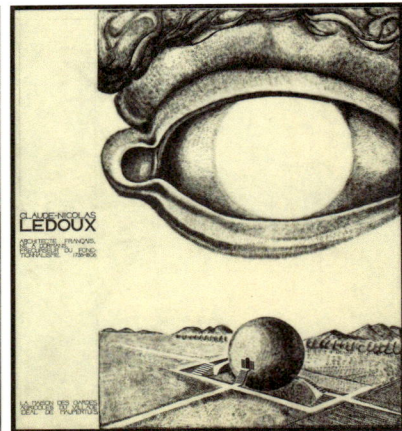

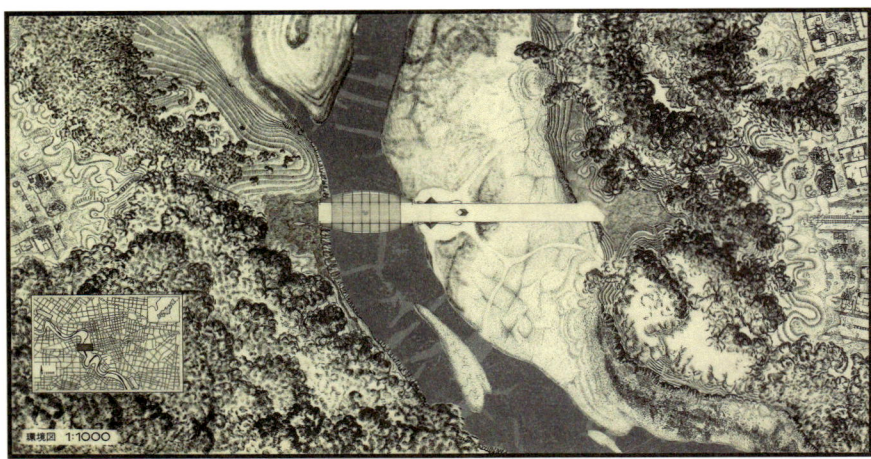

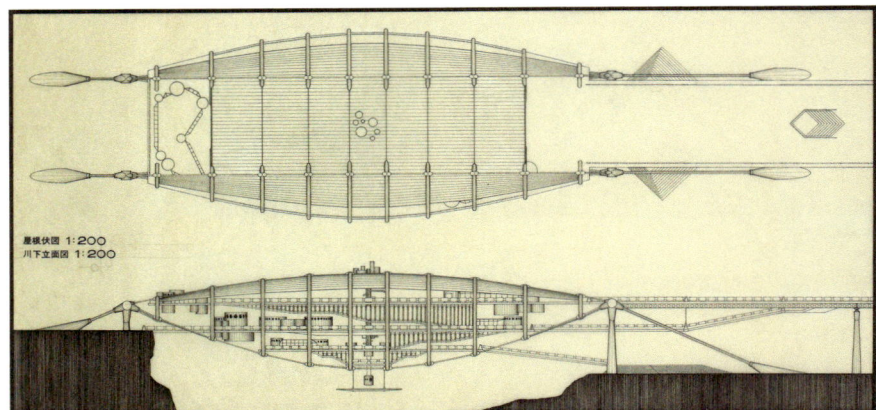

Entwürfe zur Diplomarbeit: Brücke – Ledoux' Methode, Bildern durch Illusion Realität zu geben

Diplomarbeit, 1971

Das ist der Entwurf zur Diplomarbeit, die 1971 bei der Architekturfakultät der Universität Tōhoku eingereicht wurde. Zu der Zeit lebte ich in der Nähe des Flusses Hirose in Sendai. Ich stellte fest, dass das Flusswasser immer verschmutzter wurde, was mich traurig machte. Damals diskutierte man in Japan die Luftverschmutzung durch die Emissionen der Fabriken und die Verschmutzung des Meeres durch Schwermetalle, aber nur wenig Aufmerksamkeit wurde der sich verschlechternden Wasserqualität in den Städten geschenkt.

Ich machte die Renaturierung des Flusses Hirose zum Thema meiner Diplomarbeit. Die existierende Stadt Sendai war der Grund der Wasserverschmutzung. Deshalb war mein erster Schritt, die Zerstörung der Stadt vorzuschlagen. Wenn sie erstmal in Trümmern liegt, kann die Vegetation im Einzugsgebiet des Flusses Hirose die Ruinen der Stadt überwuchern. Zum Schluss würde ich eine neue Brücke über den renaturierten Fluss bauen.

Von den heutigen Architekten schätzte ich als Student am meisten Arata Isozaki. Mein Lieblingsarchitekt der Vergangenheit hieß Claude-Nicolas Ledoux (1736–1806), dessen Werk ich aus einem Buch kannte. Als ich später Ledoux' Idealstadt – die Königliche Saline in Chaux – kennenlernte, fand ich, dass mein erster Eindruck von diesem Architekten richtig war.

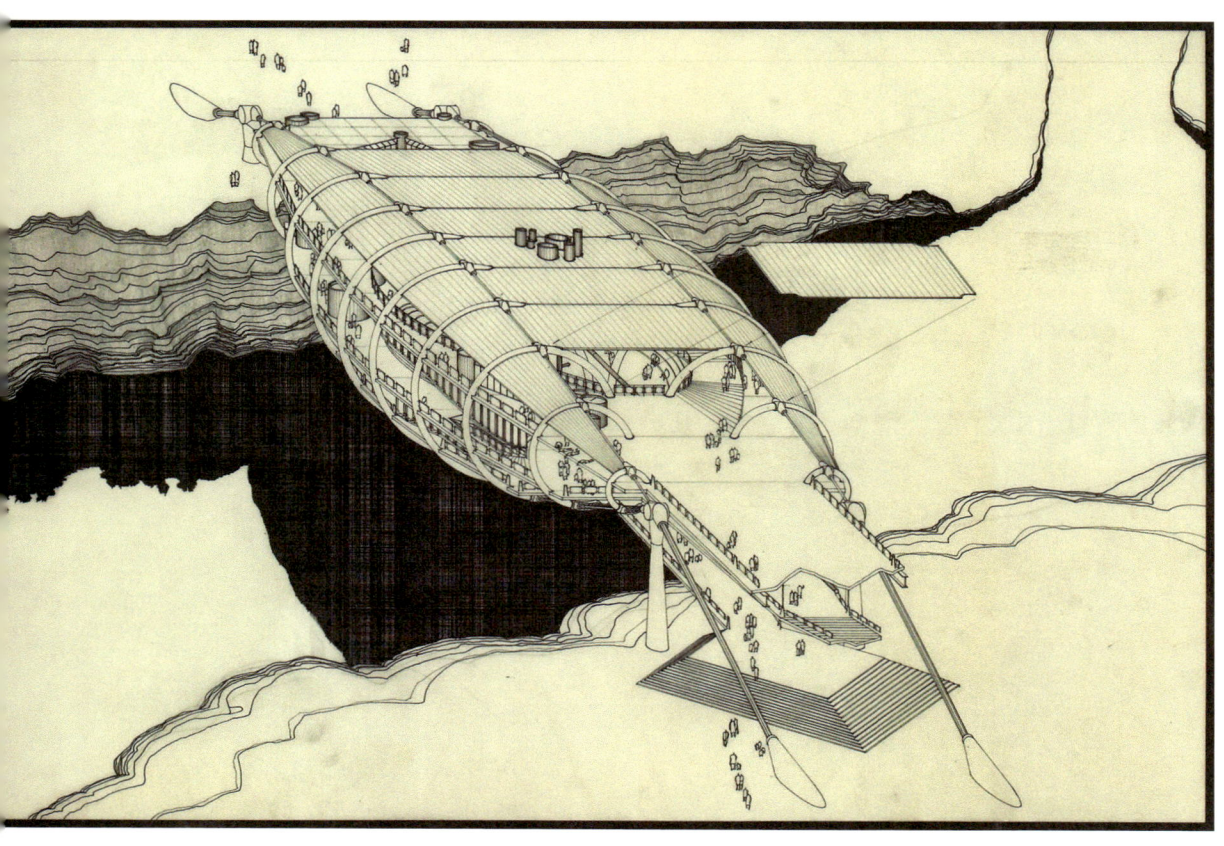

Sprossen der Erde, 2007

Dies sind die Sprossen der Erde, die 2107 aus der Steppe von Tokio herausragen werden. Aus der Ferne sehen die Sprossen aus wie fruchtbare Stängel des Ackerschachtelhalms kurz vor der Blüte. Sie wirken wie eine Fata Morgana, aber wenn man genauer hinsieht, sind sie riesige Türme aus Lehm, in denen Pflanzen wachsen und Insekten und Reptilien leben. Das Innere ist mit feuchtem Lehm gefüllt. Mitte des 21. Jahrhunderts wird die Erde eine Steppe sein. Doch zum Ende des Jahrhunderts hin wird eine Verbesserung eintreten durch die Bemühungen, den CO_2-Ausstoß zu reduzieren und die Versteppung zu verhindern und weil vielleicht die Göttin Mutter Erde wieder erwacht. Die Sprossen der Erde tauchen mitten in der Steppe auf, und um die Lehmtürme herum grünt es.

芽吹く土塔 Sprout of the earth　　押しよせる砂漠 spreading desert　　森 Forest

Plan für Tokio 2107, 2007

Die globale Erwärmung hat den Anstieg des Meeresspiegels und die Versteppung des Landes zur Folge. Dies wird die meisten Großstädte, die sich im 20. Jahrhundert entwickelt haben, verschwinden lassen. Die Menschen, die überleben, werden die verbliebenen Streifen Land zwischen Steppe und Meer aufforsten. Sie werden Ackerbau betreiben, Hochhäuser aus Holz mit Verzierungen aus Gips bauen und ein neues Leben beginnen. Dann werden die Sprossen der Erde mit viel Grün auf ihren Oberflächen aus der Steppen auftauchen.

Das Projekt *Plan für Tokio 2107* entstand im Kontext der 10. Architektur-Biennale von Venedig und wurde 2007 in der Tokyo Opera City Art Gallery ausgestellt.

Die globale Erwärmung, die im 20. Jahrhundert begann, schritt voran und verursachte den Anstieg des Meeresspiegels, wodurch die Großstädte der Welt versanken. Keines der Projekte wie *La Ville Radieuse* von Le Corbusier, *Tokio Plan 1960* von Kenzō Tange, *Hiroshima, das wieder in Trümmern zerfiel* von Arata Isozaki und *Walking City* von Peter Cook wird dieser Flut entkommen. Man kann davon ausgehen, dass die urbanen Visionen des 20. Jahrhunderts den technologischen Fortschritt übernehmen, ob sie nun darauf vertrauen oder dagegen protestieren. Unter dem Meeresspiegel verwachsen die Wolkenkratzer mit Korallen, und es entstehen riesige Korallenriffe. Auf den verbliebenen Landmassen wachsen weiße Gebäude aus den dichten Wäldern der Berge.

Um die globale Erwärmung zu stoppen, müssen wir den CO_2-Ausstoß reduzieren. Es ist möglich, die Emissionen der Autos und der Fabriken zu verringern, aber wie handhaben wir die Abgase, die bereits in der Luft sind? Wir müssen sie verfestigen. Es gibt zwei Methoden, Kohlendioxid zu verfestigen. Eine ist die Aufnahme des Kohlenstoffs durch die Wälder, die andere die Verwandlung durch Korallenpolypen. Deshalb wachsen Bäume auf dem Land und Korallen im Meer. Korallen können zu Kalk (Gips) werden. Wegen der vielen Bäume und Korallen werden die Menschen Hochhäuser aus Holz mit Verzierungen aus Gips bauen.

Plan für New York 2109, 2009

Das Solomon R. Guggenheim Museum in New York hat mich eingeladen, an dem Projekt *Contemplating the Void: Interventions in the Guggenheim Museum* 2010 teilzunehmen. Überall in der Welt fragten sie Architekten und Städteplaner, Ideen für neue Verwendungsweisen des von Frank Lloyd Wright entworfenen Museums zu entwickeln, um einige dieser Ideen später auf einer Auktion zu verkaufen und Geld für das Museum einzunehmen.

Ich nahm das Angebot an, weil die Form des Museums einfach unvergesslich ist und mir ihre Henri-Rousseau-Sammlung sehr gut gefällt.

Wright konzentrierte sich auf »organische Architektur«. In seiner Architekturtheorie verglich er die Beziehung zwischen Konstruktion und Ornament mit dem Verhältnis zwischen einem Baumstamm und den Blättern an den Zweigen. Obwohl richtige Bäume immer wachsen, verstand Wright unter »organisch« nicht etwas, das wächst. Ich malte also das Bild eines zukünftigen Guggenheim Museum, das gewachsen ist.

Da mich New York an einen Flugzeugträger erinnert, sollte die Freiheitsstatue die im Wasser schwimmende Stadt ins Schlepptau nehmen. Ich erinnerte mich jedoch, dass Hans Hollein einen Plan entworfen hatte, auf dem schon einmal Bilder von New York und ein Flugzeugträger zu sehen waren, also verabschiedete ich mich von dieser Idee.

Wenn mich heute jemand damit beauftragen würde, New Yorks Zukunft zu entwerfen, würde ich auf alle Hochhäuser große Bäume pflanzen. Gekitzelt von weichen Zweigspitzen, und nicht von harten Steinen oder Metallen, bräche der Himmel in ein großes Gelächter aus.

Mit diesen Bäumen sähe New York von oben wie ein Dschungel aus. Die Idee ließe sich sicher nicht konsequent in ganz New York verwirklichen, aber man könnte ein einzelnes Gebäude auswählen. Darauf würde ich einen Baum pflanzen, dessen Krone breiter als das Gebäude selbst ist. Allerdings wäre es immer noch schwer, das Projekt umzusetzen, denn ein so großer Baum hat ein beträchtliches Gewicht auf. Er müsste auch starkem Wind widerstehen.

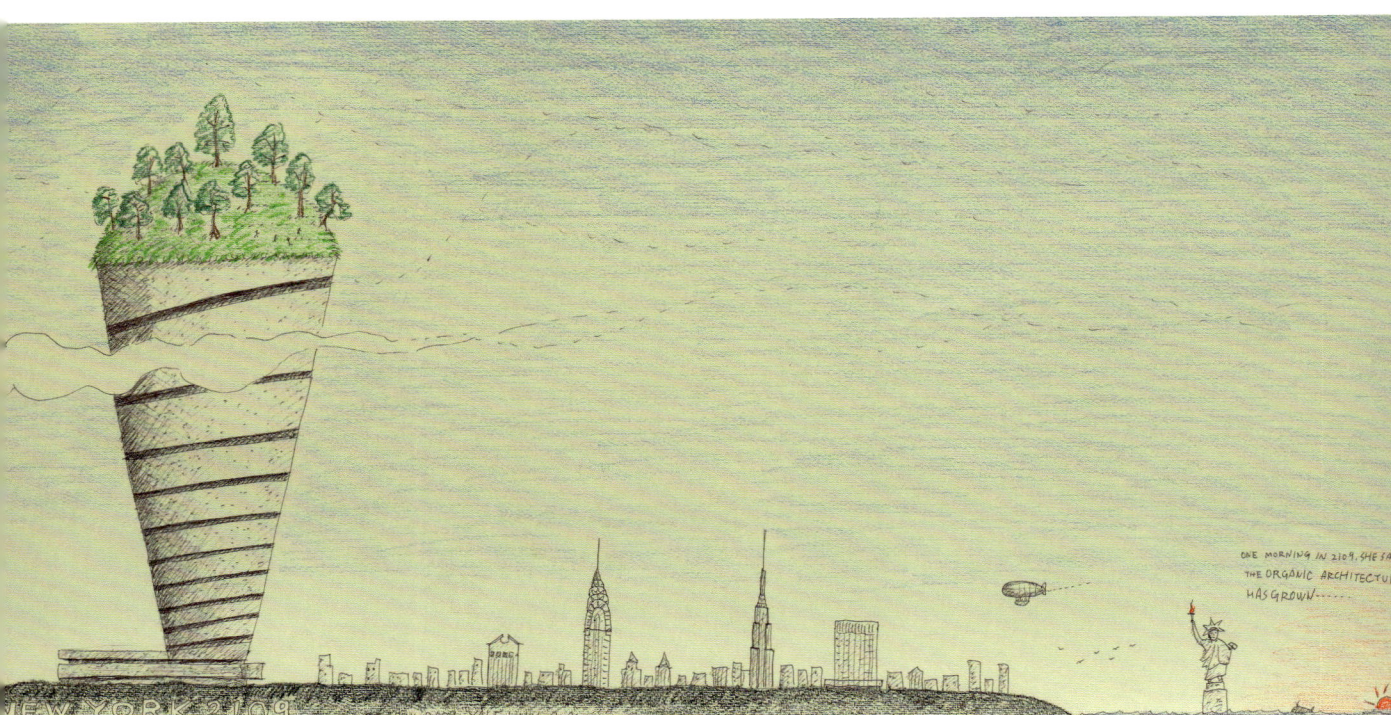

Gemüsestadt München 2112, 2012

Seit der Abschlussarbeit für mein Architekturdiplom, bei der ich mich mit Claude-Nicolas Ledoux und der Archigram-Gruppe beschäftigte, liebe ich es, von Zukunftsstädten zu träumen.

Auf der Architektur-Biennale in Venedig wurden Aufnahmen eines Models für eine Zukunftsstadt in hundert Jahren ausgestellt, das ich 2001 für die Präfektur Kagoshima angefertigt hatte. Als die gleiche Ausstellung in Tokio eröffnet wurde, habe ich dort das neue Projekt *Plan für Tokio 2107* präsentiert. Beeinflusst von dem Problem des Meeresspiegelanstiegs durch globale Erderwärmung, zeigen die Bilder beider Projekte überflutete, existierende Städten und neue, aufsteigende Städte.

Im Jahr 2009 entwarf ich in Zusammenarbeit mit der Japanischen Baufirma Obayashi Corporation eine »Gemüsestadt« für ihr Firmenzeitschrift *Obayashi Quarterly*. Bis auf das Zentrum verwandelte ich die Stadt Brasilia in Gemüse.

Seit meinem Diplom interessiere ich mich auch für die Beziehung zwischen Menschen und Pflanzen. Ich versuchte des Öfteren, Gräser und Bäume in meinen

Projekten zu verwenden, hatte aber immer das Gefühl, damit in eine Sackgasse zu geraten. Als ich erneut darüber nachdachte, welche Pflanze dem Menschen wohl am nächsten stehe, kam ich zu der Antwort, dass es nicht Gräser oder Bäume sind, sondern wilder Tee.

Früher haben Stadtvisionen, die sich der Wissenschaft und Technik des 20. Jahrhunderts bedienten, unsere Zukunftsträume genährt, doch nach der Archigram-Bewegung haben sie diese Kraft verloren. In heutigen Plänen zukünftiger Städte werden Bäume, Gras und Wasser in Bauten integriert, die den Prinzipien modernster Wissenschaft und Technik entsprechen. Diese einfachen Visionen, welche die Fantasie oder die Neugierde zu betrügen scheinen, die sie erwecken, stellen nichts Besonderes mehr dar.

==Unter den Münchener Bauten== des 20. Jahrhunderts war es Frei Ottos Olympiastadion, das ich für die Zukunft bewahren wollte. Auf diese Weise ==realisierte ich, unterstützt von der Obayashi Corporation, den Plan für die Gemüsestadt München 2112.==

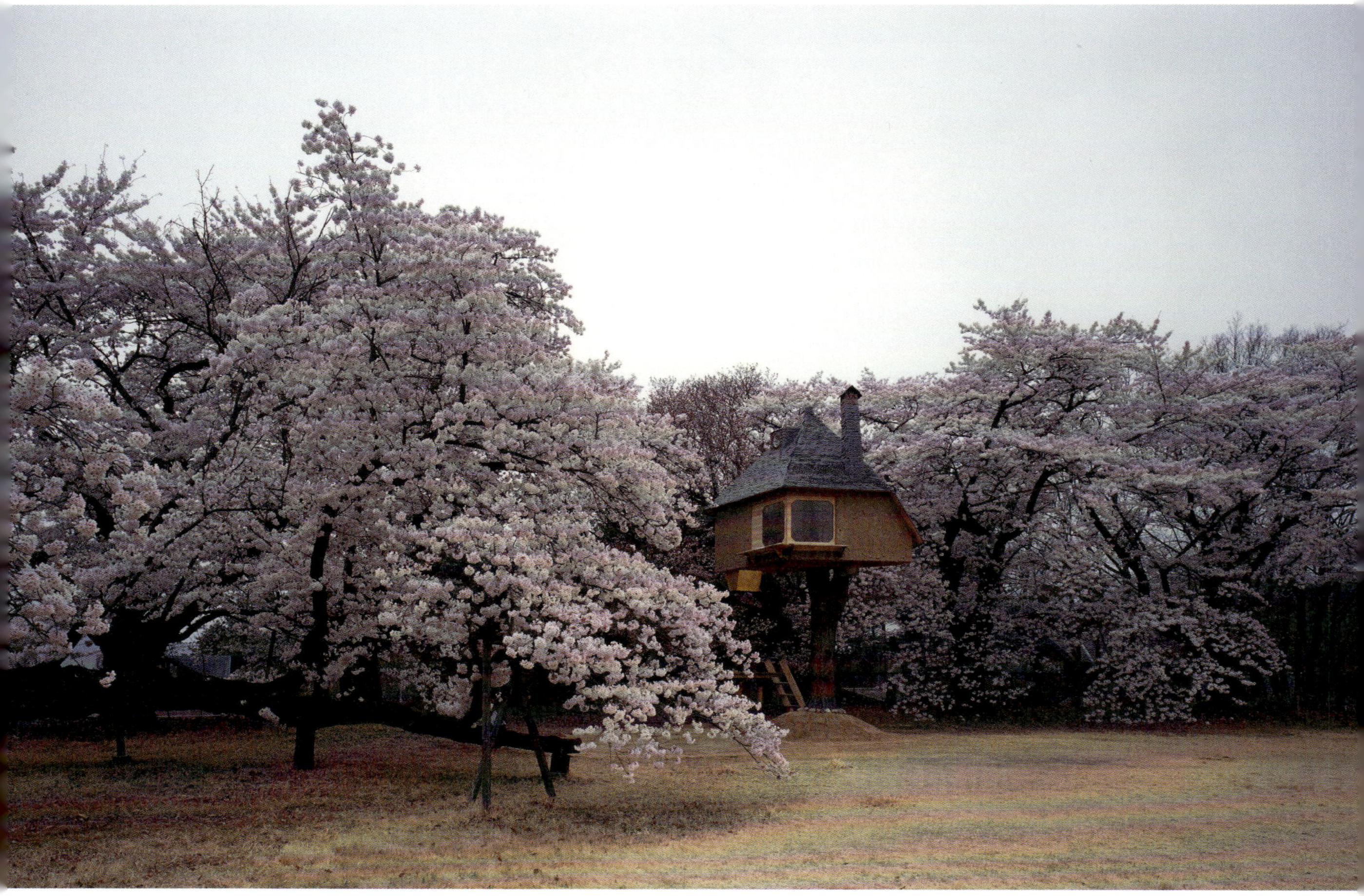

Terunobu Fujimori   Meine Architektur

Ich bin in einer gebirgigen Region im Zentrum Japans geboren und aufgewachsen. Das kleine, 70 Haushalte zählende Dorf, in dem ich groß geworden bin, liegt inmitten eines Beckens, das vom kalten Suwa-See beherrscht wird.

Im Suwa-Becken gibt es einen alten Schrein, der Suwa-Taisha heißt. Alle sechs Jahre wird im Schrein das »onbashira«-Fest gefeiert. Es basiert auf dem Glauben, der von der Jungsteinzeit bis heute weitergegeben wurde. Während des Festes werden große Baumstämme mit einem Meter Durchmesser, zwanzig Meter Länge und sechs Tonnen Gewicht aus den Bergen geholt und innerhalb des Schreinbezirks aufgerichtet. Das »onbashira«-Fest ist eines der gefährlichsten Feste Japans. Es erfordert viel Mut, die Stämme durch Berge, Felder und Täler dorthin zu tragen. Im vergangenen Jahr kamen bei dieser Aktion drei Menschen ums Leben.

Seit mythischen Zeiten kommt das Oberhaupt der Shintō-Priester des Suwa-Taisha Schreins aus der Moriya-Familie, die auch das »onbashira«-Fest ausrichtet. Der derzeitige Kopf ist das 89. Familienoberhaupt. Detaillierte Geschichten über die Umstände, die dazu führten, dass das Suwa-Volk von der Jagd zum Ackerbau fand, wurden innerhalb der Familie tradiert. Die Familie schaut also auf eine lange Geschichte zurück.

An der Universität begann ich ein Architekturstudium, um später als Architekt zu arbeiten. Aber während meines Studiums wechselte ich zum Hauptfach Architekturgeschichte mit dem Forschungsschwerpunkt Japanische Moderne seit 1868. Ich habe nicht nur verschiedene Bauten des Historismus des 19. Jahrhunderts und des Modernismus des 20. Jahrhunderts untersucht, sondern auch viele Aufsätze und Bücher darüber veröffentlicht.

Während dieser Zeit besichtigte ich historistische Bauten in England, Frankreich, den USA und Deutschland. Ich habe auch einige Bauwerke des Art Nouveau, des deutschen Expressionismus und des Bauhauses studiert.

Im Jahr 1989, als ich 42 Jahre alt war, fragte mich das Familienoberhaupt der Moriya, ob ich ihm bei dem Entwurf eines historischen Museums für die Familie, das die Gemeinde plante, helfen könnte (S. 62–67). Ich zögerte, denn ich hatte nach den Arbeiten für mein Architekturdiplom nichts mehr entworfen. Da ich jedoch davon ausging, dass kein moderner Architekt etwas bauen könnte, das dem Glauben der Zeit der Jäger und Sammler entspricht, fasste ich den Entschluss, mich selbst mit dem Problem auseinanderzusetzen. Drei Voraussetzungen sollten erfüllt werden:

1. Um sich dem Glauben der Moriya-Familie, die den heiligen Berg hinter der Ortschaft verehrt, anzunähern, sollte der Entwurf auf die Natur der Umgebung aus Ebenen und Bergen sowie auf das Landschaftsbild mit Feldern und Häusern abgestimmt sein.
2. Das Museum sollte die Glaubensriten der Zeit der Jäger und Sammler und der Steinzeit zum Ausdruck bringen.
3. Das Gebäude sollte die Brand- und Erdbebenschutzrichtlinien für historische Museen erfüllen.

Chashitsu Tetsu (Teehaus Tetsu)

Als Historiker und Kritiker waren mir viele Bauten der Vergangenheit und der Gegenwart bekannt, doch fiel mir keine Architektur ein, die diesen drei Bedingungen gerecht würde. Moderne Gebäude aus Stahl, Glas und Beton entsprechen zum Beispiel der dritten, aber nicht der ersten und zweiten Bedingung.

Wie sieht es mit dem lokalen Stil der traditionellen Bauernhäuser aus? Da es einen solchen Stil namens »honmune zukuri« gab, verwendete ich ihn für mehrere Entwürfe. Als ich jedoch nach zwei, drei Tagen erneut darüber nachdachte, gefiel mir der Stil nicht mehr. Die Verwendung eines bestimmten Stils kam mir wie die Arbeit eines Historikers vor, der mit der Geschichte liebäugelt.

Es gab noch einen anderen Grund, warum der Stil nicht mehr infrage kam. Bauernhausstile, wie der »honmune zukuri«, entstanden in Japan zuerst im 16. Jahrhundert. Davor lebten die Japaner in kleinen Unterkünften, die wie Hütten aussahen und mit Schilfgras und Brettern abgedeckt waren. Mir schien, dass zu viel Zeit zwischen »honmune zukuri« und dem Glauben der Moriya-Familie, der aus der Steinzeit stammt, lag.

Meine Entwürfe führten mich lange Zeit nirgendwo hin. Angeregt durch ein Gespräch mit Takamasa Yoshizaka, der ein Schüler Le Corbusiers gewesen ist, konnte ich jedoch schließlich einen zufriedenstellenden Plan anfertigen.

»Das geht nicht, und das geht auch nicht«, ging mir ständig durch den Kopf. Es gab anscheinend nichts, auf das ich zurückgreifen konnte. Als ich den Entwurf schließlich fertigstellte, hatte ich ein komisches Gefühl. ==Ich schien rückwärtsblickend vorwärts zu schreiten.==

Dann begannen die Bauarbeiten. Nach der Fertigstellung der Konstruktion aus Stahlbeton tauchte ein Problem nach dem anderen auf. Wie sollten wir die Abschlussarbeiten vornehmen? Um die Idee aus der Steinzeit weiterzuführen, entschloss ich mich, Steine, Holz und Erde rau und unbearbeitet zu verwenden, sodass sie mit der Landschaft der Ebenen und Berge übereinstimmten. Ich hatte allerdings keine Vorstellung davon, wie ich dieses Vorhaben konkret umsetzen könnte.

Für das Dach verwendete ich lokales Andesit, ein (auch in einigen Ortschaften von Schweizer Gebirgstälern verwendetes) dünnes, hartes und flaches Gestein, das ich auf einem mit Zinn beschichteten Grund auftrug. Zum Glück hatte man im Suwa-Becken bereits vor dem Zweiten Weltkrieg Andesit zum Dachdecken verwendet. Das Wissen um diese Fertigkeit ist bis heute erhalten.

Wie sollte ich die Betonwände mit Brettern bedecken? Ich wollte keine mechanisch zugesägten Bretter benutzen. Eine Untersuchung über die Anfertigung von Brettern in Japan zeigte Folgendes: Bevor im 12. Jahrhundert Handsägen aus China eingeführt worden sind, zerteilte man Baumstämme mit einem scharfkantigen Werkzeug, um Bretter herzustellen. Ich suchte nach einem Handwerker, der diese Technik beherrschte, und fand einen älteren Mann, der vor dem Krieg Dachschindeln angefertigt hatte, indem er Holz spaltete. Mit derselben Technik stellte er Bretter von 120 Zentimetern Länge und 15 Millimetern Dicke her.

Wie könnte eine Wand aus Schlamm Stahlbeton abdecken? In einer kalten Gegend würde der Schlamm zerfallen, da er im Winter frieren und später auftauen würde. Ich fragte Materialexperten und Maurer, ob es eine Erde gäbe, die dem Winter standhalten würde, doch keiner konnte mir weiterhelfen. Da ich keine Alternative hatte, entschloss ich mich, das passende Material selbst zu finden. Ich machte viele Experimente, mischte Erde mit Zement und Mörtel, fror sie anschließend im Kühlschrank und taute sie an einem sonnigen Platz wieder auf, aber es gelang mir nicht, winterfeste Erde herzustellen.

Da ich keine andere Methode wusste, mischte ich schließlich Stroh mit erdfarbenem Mörtel und verputzte alles rau mit der Hand. Nachdem der Mörtel hart geworden war, verteilte ich darauf mit einem Pinsel eine dünne Schicht aus Schlamm. Die Maueroberfläche besteht also nur zu ungefähr einem Millimeter aus echter Erde. Aber durch das sichtbare Stroh glauben die meisten Menschen, dass die ganze Wand aus richtiger Erde gebaut sei.

Nach der Fertigstellung des Gebäudes war es meine nächste Aufgabe, den Garten zu gestalten. Es gibt eine ausgezeichnete Gartentradition in Japan, die jedoch erst nach dem 7. Jahrhundert entstanden ist. Daher konnte ich mich nicht darauf beziehen. Nach Abwägung mehrerer Möglichkeiten kam ich zu dem Schluss, dass Gemüse unter allen Pflanzen dem Menschen am nächsten kommt. Betrachtet man ein Gemüsebeet als ein grünes Objekt, ist es erstaunlich schön.

Als ich meinen Plan jedoch der Stadtverwaltung vorschlug, wurde er abgelehnt, weil das für einen Garten bewilligte Geld nicht für ein Gemüsebeet verwendet werden konnte. Ich entschloss mich daher, Bambusgras anzupflanzen. Es wächst höher als Rasen. Das Gebäude könnte von dem Gras verdeckt werden, wie ein Tier, das sich im Busch versteckt. Auf diese Weise wurde das Projekt fertiggestellt und zugleich debütierte ich als Architekt.

Im Anschluss an mein Erstlingswerk gelang es mir, drei grundlegende Entwurfsprinzipien zu entwickeln:
1. Meine Entwürfe sollten weder einem bereits bestehenden Stil irgendeines Landes noch den Werken irgendeines modernen Architekten ähneln.
2. Produkte moderner Wissenschaft und Technik sollten für Strukturen und Bereiche verwendet werden, die nicht sichtbar sind, und natürliche Materialien – möglichst wenig bearbeitet – in Bereichen, die offen zutage treten. Wissenschaft und Technik sollten auf diese Weise in Natur »eingewickelt« werden.
3. In Gärten ist nur Bambusgras oder Rasen anzupflanzen. Das bebaute Gelände sollte nicht von der Umgebung abgegrenzt werden.

Durch mein Architekturdebüt erwachte in mir ein neues Interesse am Bauen. Da jedoch niemand einen Auftrag an einen Architekturhistoriker vergab, baute ich mein eigenes Haus. Nach meinen ersten drei Entwurfsprinzipien suchte ich nach einem weiteren, dem Prinzip der grünen Architektur.

Seit Le Corbusier wird über das Thema grüne Architektur gesprochen. Viele Fachleute haben sich damit beschäftigt. Deutsche Ökologen versuchen sich bis heute daran. Keines der Projekte, die ich selbst besichtigt habe, war jedoch wirklich gelungen. Entweder befanden sich die Pflanzen in einem schlechten Zustand, oder wenn sie gut gediehen, passten sie nicht zur Architektur. Wenn man die Architektur und die Pflanzen als zwei voneinander getrennte Dinge ansieht, gibt es kein Problem. Sobald man sie jedoch als ein zusammenhängendes Objekt betrachtet, entsteht unvermeidlich ein tiefer Graben zwischen ihnen.

Um diesen fatalen Makel zu überwinden und Architektur und Pflanzen miteinander zu vereinen, bepflanzte ich mein Haus gürtelförmig vom Dach bis zu den Wänden mit Löwenzahn. Aber auch ich konnte damit den Graben zwischen Architektur und Pflanzen nicht überwinden. Seitdem habe ich verschiedene Methoden zur Begrünung ausprobiert. Ich muss jedoch zugeben, dass mir nichts gelungen ist. Ein Grund hierfür waren Probleme, die mit der Instandhaltung zu tun hatten.

Von Göttern geschaffene Natur und von Menschen geschaffene Architektur können, getrennt voneinander, schön sein und, verglichen miteinander, sogar besser aussehen. Aber in dem Moment, in dem sie vereinigt werden, entsteht ästhetisch und im Hinblick auf ihre Instandhaltung ein Desaster.

Rückblickend kann ich sagen, mein Thema war die Beziehung zwischen Natur und Artefakten. Hierfür habe ich versucht, die beiden Ideen »Wissenschaft und Technik in Natur einwickeln« und »grüne Architektur« in die Praxis umzusetzen. Während Ersteres gelang, schlug Letzteres bis heute fehl.

Meine Geschichte schreitet vor und zurück. Ich möchte noch einmal auf die Reaktionen eingehen, die auf das Historische Museum der Priesterfamilie Moriya folgten. Nach der Fertigstellung des Museums gab es äußerst schlechte Kritiken. Die Leute aus der Ortschaft sagten: »Warum hat er nur eine so altmodische Architektur entworfen? Warum hat er sich nicht etwas ausgesucht, das moderner aussieht?« Erstaunlicherweise bewundern Japaner aus ländlichen Gegenden alles, was aus der Stadt kommt und modern ist. Die Kritik der meisten Architekten lautete: »Ich verstehe nicht, was er da macht.«

Ein Architekt kritisierte, dass das Gebäude dem Architekturprinzip des 20. Jahrhunderts widerspräche, nach dem sowohl die Struktur als auch das Material zum Ausdruck gebracht werden sollten. Zum Glück ermutigten mich einige Avantgarde-

Architekten meiner Generation, die sagten: »Wir verstehen zwar nicht so richtig, was du da machst, aber es scheint um recht wichtige Dinge zu gehen.«

Ich war gänzlich von der Idee eingenommen, etwas zu entwerfen, das meinen drei Prinzipien entspricht, ohne zu wissen, in welchem Verhältnis sie zu moderner Architektur stehen oder was meine Entwurfsmethode genau auszeichnet. Ich versuchte vielmehr, nicht über solche Dinge nachzudenken.

Hierfür gab es einen Grund. Ich wusste von anderen Architekten, dass es keine Probleme bereitet, als Historiker und Kritiker die Entwürfe anderer Personen zu analysieren und zu diskutieren. Allerdings kann ein solches Vorgehen negative Folgen haben, wenn sich die Kritik auf die eigenen Arbeiten bezieht. Denn die kritischen Worte könnten wie ein Licht wirken, das in meinem Inneren auf gärenden Alkohol scheint, wodurch die Hefe ihre Aktivität einstellen würde.

Später gab ich mehrere logische Erklärungen darüber ab, was ich getan hatte, aber diese Erklärungen beruhten auf Überlegungen, die Kommentare zeitgenössischer Architekten und Fragen von Journalisten angeregt hatten.

Ungefähr ein Mal im Jahr kam jemand zu mir, der meine unkonventionellen Bauten mochte. Ich entwarf also ein Gebäude pro Jahr.

Als Historiker besichtigte ich – ohne dabei besonderen Vorlieben zu folgen – Bauten von der griechischen Antike bis zum 20. Jahrhundert. Nachdem ich jedoch angefangen hatte, selbst Bauten zu entwerfen, suchte ich nur noch nach dem, was mir gefiel.

Ich verlor mein Interesse an der Architektur nach der Renaissance und auch an gotischen Bauten. Fasziniert von präromanischer Architektur, besichtigte ich einige Beispiele von Apulien auf der italienischen Halbinsel bis hinauf zu den Stabkirchen in Norwegen. Diese Architektur zog mich mehr und mehr an. Auf der Suche nach seltenen Beispielen reiste ich nach Italien und Spanien. Mein Interesse zog mich immer tiefer in die Geschichte hinein, zu frühchristlichen Monumenten, dem antiken Rom, Griechenland und Ägypten, und sogar noch tiefer bis zu den Standing Stones der Jungsteinzeit.

Wie besessen von der Suche nach Standing Stones fuhr ich nach Irland, Schottland, England, Frankreich, Korsika, Sardinien und Malta. Ich besuchte auch viele Orte in Japan, Taiwan, Nordamerika und Mexiko.

Ich bin mir fast sicher, dass kein anderer Architekt oder Architekturhistoriker auf der Welt so viele Standing Stones gesehen hat wie ich. Dabei wurde mir Folgendes klar:
1. Während der Jungsteinzeit wurden die Steine überall auf der Welt auf die gleiche Weise hergestellt.
2. Es ist sehr wahrscheinlich, dass zuerst hölzerne Pfosten aufgerichtet wurden und dass man anschließend Holz durch Stein ersetzt hat.
3. Standing Stones waren Orte der Sonnenverehrung, die eine ausgeprägte Wahrnehmung der Sonne vermuten lassen.
4. Die Standing Stones wurden mit klarem Wissen um visuelle Eindrücke gebaut.
5. Allein durch das Aufrichten von Steinen, die der Gravitation entsprechend auf der Erde lagen, wurde etwas ausgedrückt.
6. Die Menschen der Altsteinzeit drückten sich in den Höhlenmalereien von Lascaux und Altamira aus und die der Jungsteinzeit in Standing Stones.

Nachdem ich etwas länger darüber nachgedacht hatte, wurde mir klar, dass sich Standing Stones allein durch ihre Größe auszeichnen. Vielleicht ist es gerade dieser Ausdruck, aus dem sich das Interesse für hohe Konstruktionen ableiten lässt, das die Menschen später entwickelten.

Nach der Jungsteinzeit kam die Bronzezeit. Die Pyramiden wurden erbaut. Wie allgemein bekannt ist, stellten Pyramiden Orte dar, von denen die Seelen der Pharaonen aus zur Sonne zurückzukehren. Höhe und Form der Pyramiden ermöglichten diese Rückkehr.

Standing Stones für die Sonnenverehrung strecken sich zur Sonne, sie scheinen nach ihr zu verlangen und formen schließlich eine Pyramide.

Architekturgeschichten beginnen meist mit den Pyramiden. Das ist nachvollziehbar, denn sie waren die ersten schönen, vom Menschen gestalteten dreidimensionalen Objekte. Der Ausdruck von Höhe, sozusagen die Essenz der Pyramiden, ist jedoch etwas älter und beginnt mit den Standing Stones.

Dieser Unterschied zwischen Standing Stones und Pyramiden verweist auf ein interessantes Phänomen. Ab der Bronzezeit haben Menschen in Ägypten, Iran, Indien und China große Bauten erschaffen. Durch ihre unterschiedlichen Stile und Zwecke waren sie Ausdruck der Eigenheiten der antiken Zivilisationen, denen sie angehörten. In der Bronzezeit verschwand daher die architektonische Ähnlichkeit, die durch die Standing Stones in der Jungsteinzeit bestand.

Nach der Bronzezeit erschufen die Menschen bis zum 19. Jahrhundert überall in der Welt unterschiedliche Architekturformen, die charakteristisch für ihre Umgebung, Staaten, Kulturen und Religionen waren. Als die Zeit der landesspezifischen Stile in eine Sackgasse geriet und an Kreativität verlor, entstand am Ende des 19. Jahrhunderts das Art nouveau, ein Stil, der sich über die ganze Erde verbreitete. Mit der Bauhaus-Bewegung etablierte sich schließlich die weltumspannende Architektur des 20. Jahrhunderts.

Wenn wir auf die lange Geschichte der Architektur zurückblicken, wird deutlich, dass es zwei internationale Stile gibt: Einen am Anfang in der Steinzeit und einen, der das ganze 20. Jahrhundert beherrschte.

Die Geschichte der Architektur hat die Form eines in Papier eingewickelten Bonbons. An seinen verzwirbelten Enden befinden sich die beiden internationalen Architekturbewegungen. Und in der Mitte sind die verschiedenen Vorlieben einzigartiger Kulturen verpackt.

Innerhalb dieser historischen Perspektive zielt der Ausdruck meiner Architektur, inspiriert von der Steinzeit, auf den ersten internationalen Stil ab, während er in der Mitte des zweiten internationalen Stils situiert ist.

Als ich begann Bauwerke zu entwerfen, habe ich an solche Dinge nicht gedacht. Erst jetzt, nachdem ich bereits zwanzig Jahre darüber nachgegrübelt habe, bin ich darauf gekommen, es auf diese Weise zu verstehen.

Ich würde gerne noch einmal auf den internationalen Stil der Steinzeit zurückkommen. Die Steinzeit gliedert sich in Altsteinzeit und Jungsteinzeit. Die erste Epoche ist eine Zeit des Jagens und des Sammelns, die zweite Epoche eine Zeit des Ackerbaus und der Viehzucht. Wie bereits erwähnt, finden sich architektonische Manifestationen während der Altsteinzeit in den Höhlenmalereien von Lascaux und Altamira und während der Jungsteinzeit in aufrechten Monumenten aus Holz oder Stein.

Die Motive der Höhlenmalerei begrenzen sich auf Jagdszenen, zu denen Mammuts, Bisons, Pferde und Hirsche gehören. Höhlenmalerei wird daher mit dem Erdmutterkult in Verbindung gebracht, bei dem Menschen die sich schnell wiederholenden Zyklen von Leben und Tod in den Jagdszenen verehren. Aufrechtstehende Pfähle repräsentieren allein Orte von Sonnenkulten mit männlichen Göttern.

Als Tiere auf Wänden und Decken erschienen, beleuchtet von Feuern in dunklen Höhlen, müssen die Menschen die Freude gefühlt haben, von einer milden, transzendierenden Kraft umgeben zu sein. Ich glaube, dass der innere Raum eines Gebäudes durch das Gefühl entstanden ist, in Wände eingewickelt zu sein.

Die Geburt des äußeren Raumes lässt sich, wie bereits festgestellt, in der Jungsteinzeit ausmachen.

Wenn wir dieses Schema übernehmen, wurde der innere Raum der Architektur den Menschen zum ersten Mal durch ihren Glauben an eine Erdmuttergottheit in den Höhlen der Altsteinzeit bewusst. Anschließend lernten sie den äußeren Raum der Architektur durch einen Kult unter der funkelnden Sonne der Jungsteinzeit kennen. Der innere Raum wirkte sich wahrscheinlich auf die Emotionen, der äußere Raum auf den Geist der Menschen aus.

Die Geschichte der Architektur begann mit diesen beiden Arten von Räumen und setzte sich in der Geschichte der Pyramiden der Bronzezeit, der griechischen und römischen Tempel und der christlichen Kirchen des Mittelalters fort. Wir sollten jedoch nicht vergessen, dass es auch eine Architektur gab, die sich von der religiösen Architektur, die Häuser für Götter baut, unterscheidet, nämlich die Architektur der Häuser für Menschen.

Wie lebten also die Menschen während der Zeit der ersten internationalen Architektur? In prähistorischer Zeit brauchten die Menschen zuerst Wasser und nicht Häuser. Sie versammelten sich in der Nähe von Wasser. Anschließend gebrauchten sie Feuer. Ihre Feuerstellen waren keine Lagerfeuer für größere Gruppen, wie wir sie uns heute vorstellen, sondern Feuer für eine Familie oder eine einzelne Person. Feuer gehörten Individuen. Menschen brauchten Wasser, Feuer und dann Unterstände.

Höhlen wurden als Unterstände genutzt. Hierbei ist jedoch ein grundlegender Unterschied zwischen diesen Unterständen und den Höhlen des Erdmutterkultes zu beachten. Wenn man Höhlen besichtigt, etwa die von Lascaux oder Altamira, zeigt sich, dass in die Tiefen überhaupt kein Licht dringt. Höhlen hingegen, die für Unterstände genutzt wurden, stellen oft terrassenartige Räume oder Aushöhlungen eines Felsens dar und öffnen sich nach außen hin.

In Ebenen ohne geeignete Höhlen bauten die Menschen Unterstände aus Zweigen und Gras, die halbkreisförmig zusammengebunden wurden. In wärmeren Gegenden befanden sich die Feuerstellen unter freiem Himmel, und die Menschen verbargen sich abends oder bei Regen in kleinen Unterständen.

Ich habe solche Unterstände in Afrika gesehen. Die Leute schmierten Rinderdung auf Zweige und Gras, um sie wasserfester zu machen. Ich bin mir sicher, dass auch die Menschen der prähistorischen Zeit gelernt haben, Schlamm auf Zweige und Blätter zu schmieren.

Durch die internationale Architektur der Steinzeit wurden den Menschen sieben architektonische Qualitäten bewusst:
1. Räume sind von Wänden umgeben
2. Pfähle strecken sich in den Himmel
3. Feuerstellen
4. Räume in großen Höhlen mit einer Öffnung nach außen
5. Kleine Räume, in denen man sich verbergen kann
6. Gesammelte natürliche Materialien
7. Die Art und Weise, Dinge selbst herzustellen

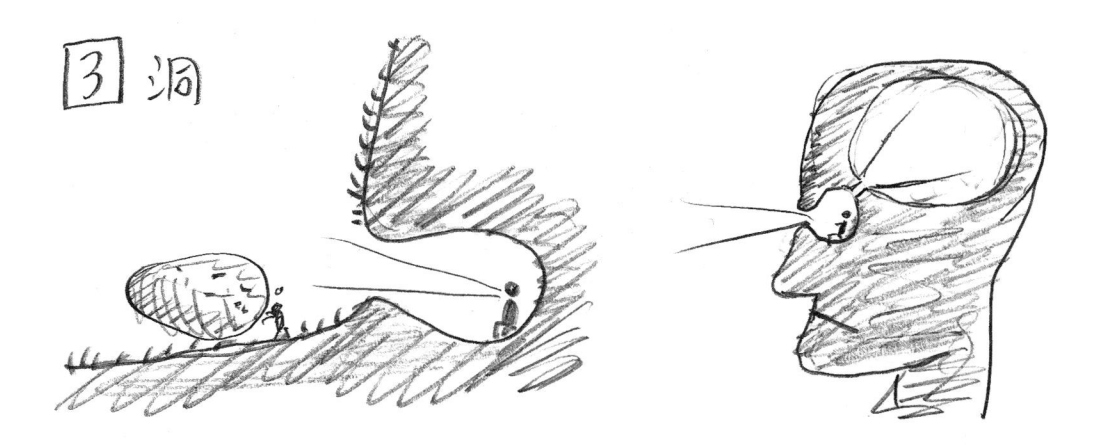

Meine Architektur kombiniert diese sieben Qualitäten und wird durch moderne Wissenschaft und Technologie unterstützt. Das Historische Museum der Priesterfamilie Moriya kombiniert zum Beispiel die erste, zweite und sechste; das Studentenwohnheim der Kumamoto Landwirtschaftsschule (S. 94–99) die erste, zweite, sechste und siebte; das Yakisugi-Haus (Haus der verkohlten Zedern, S. 154–159) die zweite, dritte, vierte, sechste und siebte; das Takasugi-an (Zu hohes Teehaus, S. 124–129) die zweite, dritte, fünfte, sechste und siebte Qualität.

Abschließend würde ich gerne über mein Interesse an Teehäusern als Minimalräume, sprechen. In den vergangenen Jahren habe ich viel Energie in diese Räumlichkeiten gesteckt.

Räume, die allein zum Teetrinken genutzt werden, gibt es nur in Japan. Größe und Umfang sind extrem gering. In diesen winzigen Räumen befindet sich eine Einbuchtung, »toko« genannt, um Bilder, Kunstgegenstände und Blumen zu präsentieren, sowie eine kleine, in den Boden eingelassene Feuerstelle. Die Räume sind zwar klein, aber groß genug, um architektonische Räume darzustellen. Ich fühle mich visuell überhaupt nicht gelangweilt oder beengt, wenn ich in ihnen während eines Zeitraums von vier Stunden einen starken Tee vor und einen schwachen Tee nach einem leichten Essen trinke.

Sen no Rikyū (1522–1591) entwickelte diese Art Raum. Er war zunächst ein reicher Händler in der internationalen Handelshafenstadt Sakai. Anschließend lernte er Zen und wurde Meister der Teezeremonie. In dieser Funktion diente er dem mächtigsten Herrscher Japans, Hideyoshi Toyotomi. Rikyū hat die Größe von Teehäusern, die vor ihm nicht kleiner als 2,7 Quadratmeter waren, radikal minimiert. Zusammen mit Hideyoshi verbrachte er vier Stunden in einem solchen Raum. Ohne einen besonderen Grund befahl Hideyoshi Rikyū, rituellen Selbstmord zu begehen. Sein Teehaus hat die folgenden architektonischen Besonderheiten:

1. Minimalität: Die maximale Größe beträgt 2,7 Quadratmeter und die Mindestgröße 1,8 Quadratmeter.

2. Abgeschlossenheit: Der Eingang ist sehr klein. Es gibt Fenster, durch die Licht nach innen kommt, aber man kann nicht nach außen schauen, da sie mit Papier verhangen sind.
3. Feuerstelle: Sie ist klein, aber groß genug, um Wasser zu kochen.
4. Ein kleiner, niedriger Eingang (»nijiriguchi«): Der Eingang misst 66 x 63 cm, gerade groß genug, um hineinzukommen.
5. Schlichte oder einfach zu beschaffene Materialien, etwa gekrümmte Stützen oder Schlammwände vermischt mit Bambus oder Stroh.
6. Baumethoden, die nicht auf den von Zimmermännern verfeinerten Techniken beruhen, sondern auf den Konstruktionstechniken von Amateuren.

Bis zu vier oder fünf Personen, deren sozialer Status, Beruf und Alter unterschiedlich sein konnte, versammelten sich in diesen kleinen und schlichten, hüttenartigen Räumen. In ihnen entzündete selbst der mächtigste Herrscher, während er Gäste empfing, eigenhändig das Feuer, bereitete den Tee zu und servierte ihn.

Das Material war sicherlich schlicht und die Konstruktion einfach, aber die Teezeremonienmeister legten ihr ganzes Herzblut in Entscheidungen über die subtilen Eigenschaften von Materialien, Details von Strukturen, den Entwurf oder die Proportionen. Daher waren die Baukosten pro Quadratmeter hoch. Heute noch zahlt man für ein Teehaus fünfzehn Mal mehr als für ein normales Haus. Von Rikyū selbst ausgewählte, meisterlich hergestellte Utensilien für die Teezeremonie hatten den Wert eines ganzen Landstriches. Sie wurden Feudalherren geschenkt, die sich während eines Krieges ausgezeichnet hatten.

Ich frage mich, warum Rikyū so leidenschaftlich versuchte, ein extrem kleines Teehaus von 1,8 Quadratmetern Größe zu entwerfen. Es scheint mir, dass es ihm darum ging, an die äußersten Grenzen eines Hauses oder von Architektur zu gelangen, um ihre grundlegenden Einheiten zu verstehen.

Das erinnert mich an Leonardo da Vincis berühmte Zeichnung mit den Proportionen des menschlichen Körpers, die in Zusammenhang mit Vitruvs Architekturbuch steht. Rikyūs Teehaus ist 1,8 Quadratmeter groß, sodass in seinem Inneren genau ein Menschenkörper mit ausgestreckten Armen und Beinen passt. Ich bin mir ziemlich sicher, dass Rikyū die gleiche Idee wie Leonardo hatte und seine Idee in die Praxis umsetzte. Rikyū war allerdings ein Zeitgenosse Michelangelos und damit sogar etwas jünger als Leonardo.

Rikyū ging es nicht nur um Größe. Er wollte auch Feuer in sehr kleinen Räumen entfachen und viele Dinge aus einfach zu beschaffenden Materialien selbst herstellen. Ich glaube, er hat dabei bewusst den Ursprung oder die Essenz der Architektur gesucht.

Teezeremonien selbst interessieren mich nicht. Über minimale Architektur, für die ich die Bezeichnung »Teehaus« benutzte, habe ich nur gearbeitet, um nach der Essenz der Architektur zu suchen.

Unsere heutigen Bauweisen folgen dem Weg des exzessiven Wachstums und der Industrialisierung. Als Architekturhistoriker muss ich zugeben, dass es sich hierbei um eine unvermeidliche Erscheinung des 20. Jahrhunderts handelt. Wenn ich diese Bauten besichtige, sehen sie aus der Ferne gut aus, komme ich ihnen jedoch näher, werde ich in vielen Fällen enttäuscht. Ihre Größe und die Kühnheit ihrer Formen sind beeindruckend, aber sie berühren einen nicht im Innersten.

Die Architekturbewegung des 21. Jahrhunderts kann sich wahrscheinlich nur erneuern, wenn sie sich noch einmal auf den Ursprung dessen besinnt, was man Architektur nennt.

Ich glaube, dass allein eine Architektur, die diesen Prozess durchläuft, wieder die Kraft gewinnen wird, die Körper und die Seelen derjenigen Menschen zu berühren, die sie bewohnen.

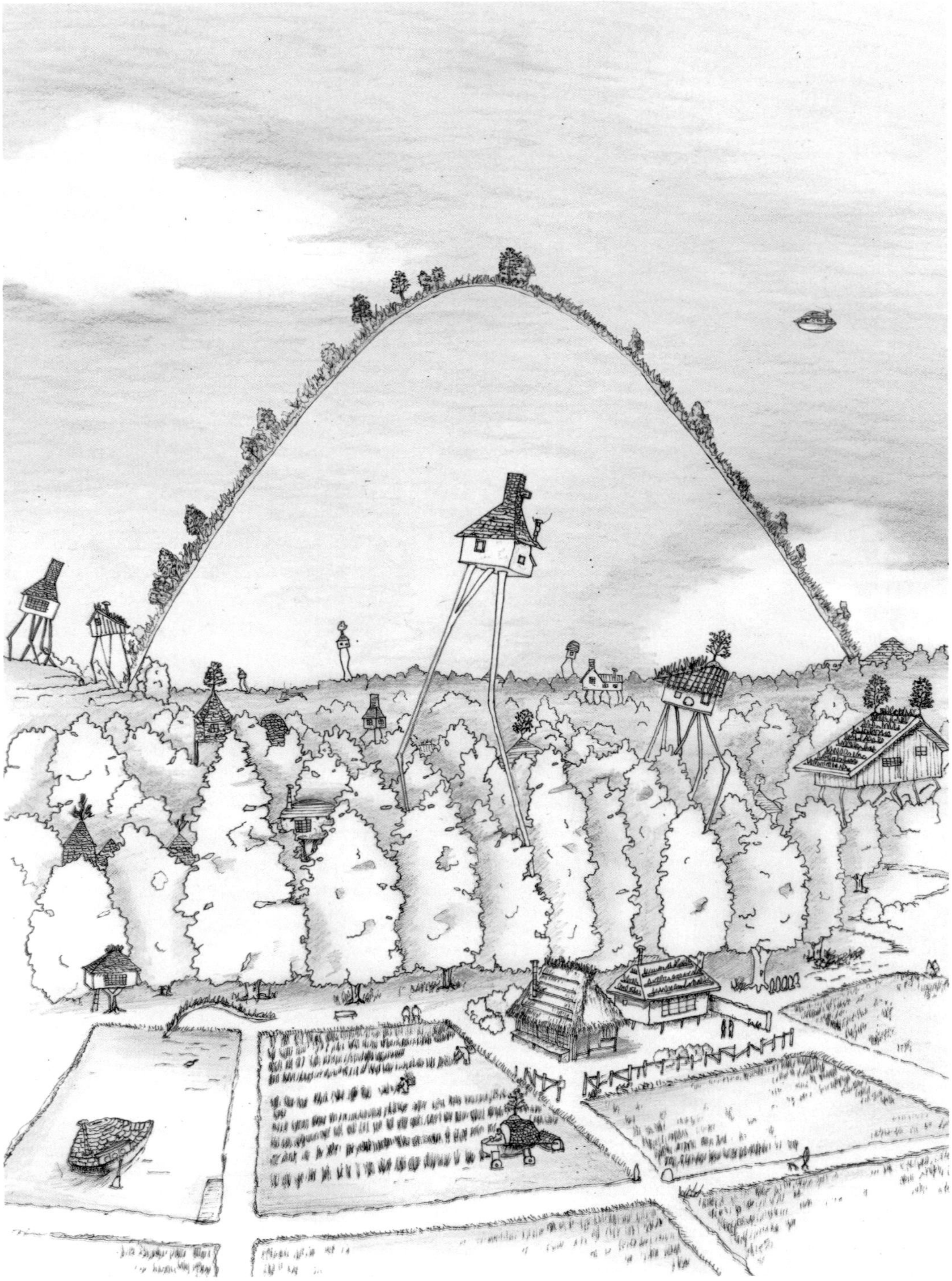

Dana Buntrock   Fujimoris Märchen

Mit einer überwältigenden, beispiellosen Ouvertüre begann das 21. Jahrhundert. Immer höher schossen die Wolkenkratzer empor. Ein Vierteljahrhundert ragte das höchste Gebäude der Welt 440 Meter über Chicagoer Boden, doch dann flitzte der Titel des höchsten Gebäudes kreuz und quer zu exotischen Außenposten: 1998 nach Kuala Lumpur (452 Meter), 2004 nach Taipeh (508 Meter), und derzeit ziert er den Burj Khalifa in Dubai mit fast unglaublichen 828 Metern (Abb. 2). In silberner Substanzlosigkeit schimmert die schlanke Nadel wie ein Luftschloss. Ihr Fundament haben diese himmelwärts strebenden Bauwerke im ungezügelten Wirtschaftsboom Asiens und der arabischen Welt. Noch größere Bauprojekte verschlangen so viel Fläche, dass sie aus dem All zu sehen waren. Städte für Millionen – für Hunderte von Millionen – schossen plötzlich in ganz China aus dem Boden. Als wären sie in einem Dornröschenschlaf, warten einige noch immer auf Bewohner.

Architektur gibt es heute in zwei Größen: klein und fein oder gigantisch. Ein mittleres Architekturjuwel mit nur 20 oder 30 Stockwerken hat es schwer, überhaupt wahrgenommen zu werden, wohingegen noch viel kleinere Bauwerke im Internet Erfolge feiern. Beide Extreme erfahren in unserer Zeit eine Zuspitzung: zwei Dimensionen, zwei Arbeitsweisen, zwiegespalten. Der japanische Historiker und Architekt Terunobu Fujimori spricht vom fröhlichen Wettbewerb zwischen der »Roten« und der »Weißen« Schule (S. 54–55). In diesen Farben treten japanische Teams in Freundschaftsspielen an, ob Sportclub oder Gesangsverein, aber auch europäische Leser kennen den Kampf zwischen Rot und Weiß: Es müssen ja nicht gleich die blutigen Schlachten Englands im 15. Jahrhundert sein, Lewis Carrolls verrückte Herzkönigin tut es im Sinne Fujimoris auch.

In unserer edlen Architektur sind die schönsten Blüten oft rein weiß – und ihre besten Blüten treibt die Weiße Schule, wenn ein wissenschaftlicher Ansatz dahinter steht. Himmelhohe Spitzen entspringen technischen Instrumenten: Computer ermöglichen exakte Koordination und optimiertes Ingenieurswesen, absolute Präzision erfolgt aus einer automatisierten Produktion, innenliegende Räume verdanken sich der Elektrizität. Die spektakulären Dimensionen der Weißen Schule sind nur zugespitzte Verkörperungen einer geballten Ökonomie.

Die Weiße Schule ist schnittig, elegant und glatt – was in früheren Zeiten technisch nicht machbar war. Sie ist dünn und transparent, die zwangsläufige Folge der Pioniertaten moderner Meister. Zu nennen wäre etwa Mies van der Rohes vor knapp hundert Jahren entworfenes ideales Bürogebäude. Die Weiße Schule ist aus Stahl und Glas, Beton und Verbundwerkstoffen erbaut. Sie beruht auf Innovation und Technologietransfer. Rechte Winkel sind in unserer postmodernen Zeit so einfach zu bauen, dass die Weiße Schule in ihrer ambitioniertesten Ausprägung die Orthogonale zugunsten auf- und abschwingender Bögen aufgegeben hat. Ihre berühmtesten Bravourstücke sind gegen alle Wahrscheinlichkeit realisierte Machbarkeitsentwürfe. Daher ist die Weiße Schule in Bestform zwangsläufig teuer; sie ist auf gigantische Armeen internationaler Ingenieure und Architekten, auf Legionen von Wanderarbeitern ohne Schulbildung angewiesen. Und dennoch, bei allen Kosten, allem Aufwand gleichen diese Bauwerke doch nur den rasch verblühenden

1 **Fujimori Wald**
Fujimoris Architektur-Armee scheint fast fähig zu sein, zu eigenem Leben zu erwachen. Sie breitet sich über das kleine Land aus, zu Wasser, in der Luft oder auf den eigenen kleinen Beinen – aber im Herzen bleibt die Erinnerung an Wald, Felder und Dörfer aus alten Zeiten.

Prunkwinden. Der Ehrgeiz der Weißen Schule – immer zeitgemäß, immer Avantgarde zu sein – ist ein zweischneidiges Schwert. Von neuen technischen Triumphen eingeholt, sind ihre Glanzstücke schon nach kurzer Zeit überholt.

Bei aller Ehrfurcht wissen wir jedoch, dass diese in jeder Hinsicht, von der Fassade bis zur Finanzierung erstaunlichen Leistungen unser Herz berühren. Internationale Bauträger aus Wirtschaft und Politik kuratieren überaus konventionelle und konservative Sammlungen repräsentativer Werke führender Architekten. Die Architektur-Aristokratie – Lord Norman Foster, Baron Foster of Thames Bank; Nicholas Grimshaw, Commander of the Order of the British Empire; Rem Koolhaas, Chevalier de la Légion d'Honneur; Kazuo Sejima, Officier de L'ordre des Arts et des Lettres – ist überall zu finden. Dies führt selbst an den exotischsten Orten dazu, dass sich die Großstädte immer ähnlicher sehen: die Wunderwerke der Perfektion vertreten eine Ästhetik, die in London und New York, Peking und Berlin gleichermaßen gepflegt und verstanden wird. Für sich allein ist jedes Bauwerk eine weitere glänzende Perle – doch zusammengenommen hinterlassen sie das ungute Gefühl, dass etwas fehlt. Die Architektur der Weißen Schule liegt schimmernd und makellos, blutleer und schön in gläsernen Särgen.

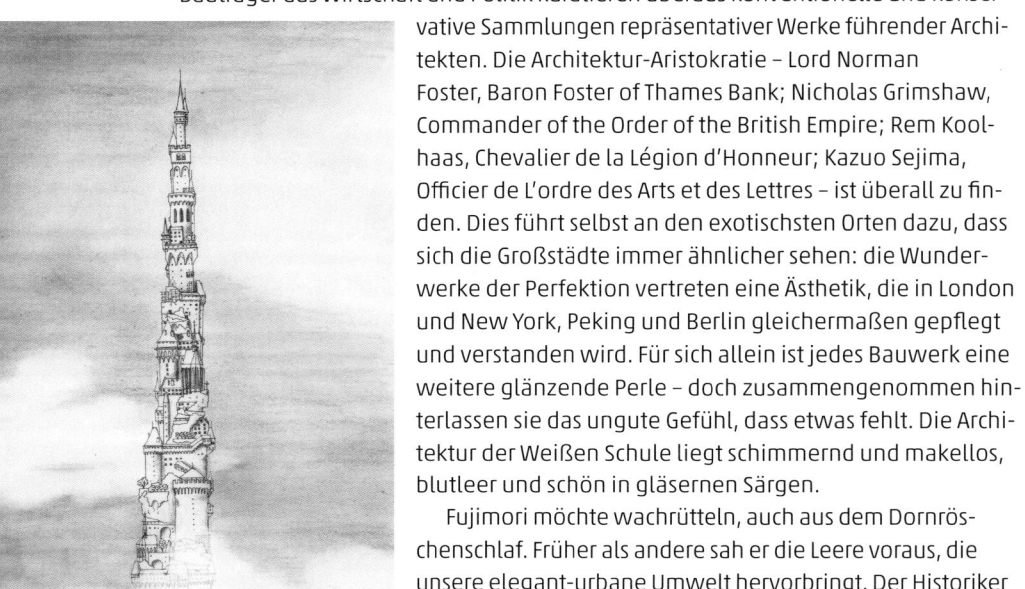

Fujimori möchte wachrütteln, auch aus dem Dornröschenschlaf. Früher als andere sah er die Leere voraus, die unsere elegant-urbane Umwelt hervorbringt. Der Historiker Fujimori hatte Zeit, einen schnellen, wirtschaftlichen Auf- und Abschwung zu beobachten: In den 1980er-Jahren boomte Japan kurz und baute enorm viel, bis die Blase platzte – dann wurde das Bauen zum kostspieligen Krückstock. Die Architektur entwickelte sich vom Kulturgut zur Ware, zum Mittel für fiskalische Zwecke, Immobilienspekulationen trieben die Gemeinden zu Abriss und Neubau, Abriss und Neubau.

Fujimori vertritt die These, die Architektur sei zweimal international gewesen, einmal zu Beginn ihrer Geschichte, in der Jungsteinzeit, und im 20. Jahrhundert. Seine aufständische Rote Schule lehnt den postaufklärerischen Internationalismus der Weißen ab und vertritt eine zeitlose Architektur, die sich aus universellen Archetypen zusammensetzt. Die Weiße Schule strebt himmelwärts; die Rote Schule ist erdgebunden. Gegen die Freude an raffiniertem Erfindergeist kommt die innovative Technologie der Weißen nicht an; ihr Luxus wird für Sinnlichkeit und einfache Freuden wie ein wohliges Bad oder eine Tasse Tee beiseite geschoben. Rot ist ein wenig dick, grob gezimmert, aus rohem Stein und verwittertem Holz. Rot setzt Industriellem das Handgemachte, leicht Hausbackene entgegen, lässt Zufall und Ornament zu. Das Rot der Roten Schule ist das Rot einer glühenden Kohle, nah vor Augen; das Rot von Schlackebrocken, rotem Kupfer und Ton; von Blut an einer falsch geführten Klinge. Der skrupellosen Raffgier, Rationalität und Rigorosität der Weißen Schule,

2 Burj Khalifa
Vielleicht ist es nur im Märchen so, dass hohe Gebäude handgearbeitet sein können und ein Gefühl für Geschichte haben sollten.

ihrer filigranen Finesse wird mit Geschichte, Gewicht und Leidenschaft begegnet.

So ziemlich das einzige, worin sich beide Schulen heute einig sind, ist der rechte Winkel – den finden beide langweilig.

So hofft Fujimori, wenigstens ein paar weiße Rosen rot anmalen zu können, wie die Gärtner aus *Alice im Wunderland* (Abb. 3). Er ist der Bannerträger der radikalsten und rebellischsten Ausprägung seiner hoch-romantischen Roten Schule. Wie Don Quixote befehligt er eine Ein-Mann-Armee. Schon als junger Architekturhistoriker war er dem einsamen Studium staubiger Folianten aus dem Weg gegangen, indem er Feldforschung betrieb. Er war ein »Architekturdetektiv«, immer ermittelnd unterwegs. Sein Thema – von Intellektuellen lange ignoriert – war die frühe, naive Architektur der Meiji-Zeit im 19. Jahrhundert, von Laien erbaut, zu kitschig und prächtig für den gebildeten Geschmack. Einst erzählten die Kunsthandwerker mit geschnitzten Putten und bemalten Pfingstrosen aus Stuck von der japanischen Begeisterung für exotische Importe. Bevor Fujimori in die jetzige Schlacht zog, hatte er fast im Alleingang den ungebildeten Überschwang rehabilitiert. Der Mann hat offensichtlich keine Angst davor, sich mit anderen anzulegen oder aus der Reihe zu tanzen.

Vor langer Zeit, als Häuserbauen für Fujimori nur ein weiteres Abenteuer war, griff er ländliche, regionale Bauformen auf. Er verstand sie als Gegenposition zur international geprägten, urbanen Architektur, die zu diesem Zeitpunkt auch kleine, idyllische Gemeinden in seiner Heimat eroberte. Fujimoris Rote Schule entstand aus der simplen Erkenntnis, dass offensichtlich keiner der vielen, guten Architekten Japans ein einfaches Gebäude zustande brachte, das dem kleinen Bergdorf, in dem er aufgewachsen war, angemessen war. Er entwarf einen unspektakulären, bezaubernden, malerischen Bau in einer damals noch ländlichen Umgebung – ein bescheidenes kleines Museum, das nichts anderes sein sollte als elementar. Eine Zugbrücke im Inneren führte zu einem kleinen Türmchen, Wände und Fenster wirkten alle wie von Hand gemacht. Damals waren die Wunderwerke japanischer Architektur Kunstobjekte, bei denen die Kosten keine Rolle spielten. Nicht so für das Historische Museum der Priesterfamilie Moriya (S. 62–67). Obwohl Fujimori kein unbedeutender Mann war, standen nur geringe finanzielle Mittel zur Verfügung, sodass Fujimori selbst kostenlose Stützbalken aus dem Wald holen musste. Aus diesem ersten Projekt entwickelte er eine Architektur aus der Ideenwelt des »Es-war-einmal«, in offener Opposition zu den immer komplizierteren, fehlerlosen Formen des allgemeinen Architekturmetiers.

Anschließend baute Fujimori im Moloch Tokio für seine Familie ein

3 **Fujimori malt Rosen rot**
Unser Held scheint ein bescheidener Mann zu sein, doch seine Pläne sind kühn: Fujimoris rote Rosen sind eine unerhörte Erinnerung an die Entbehrungen durch unsere Alternativen.

coarse, rugged, robust

artless

natural materials recall origins

the gut

tactile, experiential

handmade, aware of local practice

rooted

anticipates that people adapt

naive

unworked

pulpy   untamed + iffy

Red

innocent

individualistic, openly eccentric

intuitive

imprecise

primitive

searches for the past within the present

open to age, accident   rough

regional

the hand

(almost) alive

engages common practices

off-beat, even silly

smooth
precise
pure, sleek
up-to-date
innovative
transfer of tech
scientific
floating, light

White

arid
mechanically bland
efficient
forward-thinking & futuristic
engages discourse
the head, scholarly
intellectual
inoffensive

seltsames kleines Domizil, mit Gras und Blumen bewachsen (S. 68–73). Dann baute er ein ähnliches Schmuckstück für einen Freund, mit einem kleinen Teehaus (S. 74–81), in das man sich zurückziehen kann. Er entwarf einen grandiosen Museumsbau aus krummen Balken, Stroh und Erde in Hamamatsu, wo es wie eine Festung stolz auf einem Hügel steht (S. 82–87). Und er baute, unten im Süden, ein großes Studentenwohnheim, in dem zweihundert junge Männer und Frauen wie im Kloster wohnen und quasi wie im Wald gemeinsam essen, und gewann damit viele Preise (S. 94–99). Jedes Bauwerk war aus einfachen Materialien in annähernd naturbelassenem Zustand errichtet, aus Holz und Stroh und Stein und Erde. Alle erinnerten ein bisschen an frühere Zeiten und Zustände. Für kurze Zeit wurde Fujimoris Architektur seriös, aber sie blieb es nicht. Sein Ruf wuchs, zu Hause und in der Welt, doch seine Bauwerke begannen seltsamerweise zu schrumpfen. Sie verloren an Seriosität und gewannen an Genialität.

Schon kurze Zeit später konzentrierte sich Fujimori auf die Werke, für die er berühmt wurde: seinen Schatz an kleinen Teehäusern. Heutzutage wirkt die japanische Kunst des Teetrinkens auf Nichteingeweihte einschüchternd: jede kleinste Bewegung ist akribisch festgelegt. Fujimori gibt dem Tee neue Kraft, belebt ihn als simple, eher gesellige als choreografierte Handlung, bei der zwei oder drei Menschen gemeinsam etwas Warmes trinken. Seine Teehäuser sind unprätentiös, zusammengezimmert mit der Hilfe von Straßenjungen, dem so genannten Jōmon-Bautrupp. Einige von ihnen gehörten auch zu einer zweiten fröhlichen Gruppe, der Gesellschaft für Straßenbeobachtung (ROJO, S. 200–221). Die wilde Bande erledigte die Arbeit, für die sich ausgebildete Bauarbeiter zu gut waren: Sie hackten Anmachholz für das Shin-ken (Feuerholz-Teehaus), pflanzten Gras an der Fassade und auf dem Dach des Tsubaki-Schloss (Kamelienschloss, S. 100–105) und verformten landein, landaus Kupferplatten, während Fujimori sie immer wieder anspornte, doch bitte etwas nachlässiger zu bauen.

Fujimoris Teehäuschen haben alle kleine Türen und Fenster. Viele erreicht man nur über krumme Leitern, passend zu den krummen Kaminen, die aus den Dächern ragen. Und doch besitzen diese Teehäuschen hohen ästhetischen Wert. Die Aura des Archetypischen hebt die kleinen Gebäude über das Normale hinaus. Von Anfang an wollten namhafte Schriftsteller und Künstler Fujimoris Refugien haben, und sogar ein Premierminister zur angenehmen Unterhaltung ausländischer Gäste. Fujimori baute viele solcher Häuschen, selbst an einem Nobel-Skiort, einen auf alt gemachten Tempel etwa oder ein herausragendes Museum. Für sich baute er auch eines, am Berghang in seinem Heimatort, das Takasugi-an (Zu hohes Teehaus, S. 124–129), sein Lieblingsteehaus.

Manchmal sind Fujimoris Teestuben kaum mehr als eine irgendwo im Haus versteckte Kaminecke, wie bei dem kleinen Refugium, das er seinem Freund Genpei

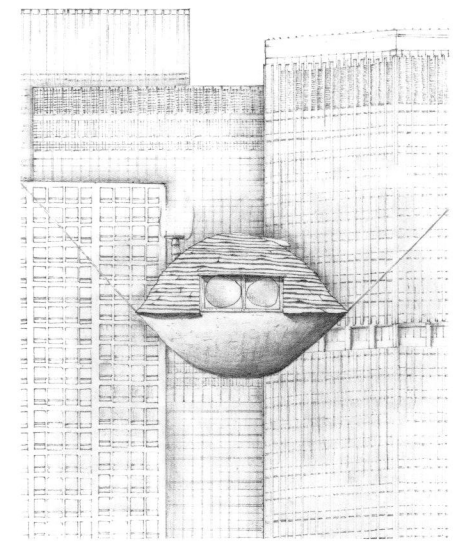

4 Lehmboot im Wolkenkratzer
Kleine Teehäuser stammen aus einer anderen Zeit, gleichgültig gegenüber den ökonomischen und wissenschaftlichen Erfolgen unserer modernen Zeit.

Akasegawa errichtete. Yakisugi-Haus (Haus der verkohlten Zedern, S. 154–159), Kohlenhaus (S. 160–163) und Schokoladenhaus (S. 170–175) besitzen Studierstuben, in denen die Besitzer große Gedanken wälzen können (wenngleich keineswegs klar ist, ob sie es auch taten oder tun). Bei anderen Gelegenheiten und an anderen Orten baute Fujimori für Freunde kleine Klausen, die in einer gewissen Entfernung zum Wohnhaus errichtet wurden. Aus irgendeinem Grund demonstrierten all diese autonomen Bauwerke ihre Unabhängigkeit schon früh durch lange Stelzen, die Beinen gleichen. Angefangen mit dem Ku-an (Teehaus im rechten Winkel, S. 118–123), das auf einer Astgabel thront, und dem kleinen Ichiya-tei (Teehaus für eine Nacht, S. 112–117), das in aller Eile woanders gebaut und dann an seinen eigentlichen Bestimmungsort transportiert werden musste und das Fujimori auf acht oder neun Pfähle setzte. Das Takasugi-an steht auf zwei sehr langen Beinen, das Chashitsu Tetsu (Teehaus Tetsu, S. 142–147) ist auf einen einzigen Pfahl aufgespießt. Beim Dachhaus (S. 164–169), das ein paar Jahre später entstand, hat man den Eindruck, Fujimoris Unterschlupf sei spaßeshalber auf das ausladende Dach der Villa eines reichen Mannes gehüpft.

Auch im Ausland vernahm man die Kunde von Fujimoris Häuschen und bestellte sich welche. Also flog Fujimori nach Venedig, Melbourne und London. Seine kleinen Werke verbreiteten sich wie Samen in alle Welt und schlugen schnell Triebe. Jedes war bezaubernder und kostbarer als das Vorherige, errichtet von jungen Kunststudenten, die an der jeweiligen Universität studierten.

An einem abgeschiedenen See hinterließ Fujimori vor nicht allzu langer Zeit zwei kleine Teehäuser, das eine war sehr hoch und stand am Ufer, wo es das zweite beobachten konnte, das auf einem Holzboot saß. Ab diesem Moment genossen Fujimoris Teehäuser endlich die Unabhängigkeit, nach der sie so lange gestrebt haben. Denn nach dem kleinen Boot auf dem kleinen See baute Fujimori ein Teehaus, das er Fliegendes Lehmboot (S. 184–189) nannte. Es fliegt in der Luft. In diesem Augenblick, da ich diese Zeilen schreibe, wird irgendwo in Europa von unserem Abenteurer ein neues Teehaus auf eisernen Rädern gebaut, das ein wenig an die Walnussschalenkutsche des Däumling erinnert (S. 190–199). Von der Villa Stuck aus wird es durch München rollen. Ein Märchen wird Wirklichkeit. Mit ihrem authentischen, fast kindlich-enthusiastischen Charme werden Fujimoris Teehäuser in den Hauptstädten der Welt zu Stars.

Mittlerweile erkennt man sie, sie sind fast eine Art Markenzeichen, und wie der verehrte Meister Le Corbusier hat Fujimori seine fünf charakteristischen Punkte: Dach, Höhle, Stütze, Feuer und Erde. Schon *Dach* ist revolutionär: der Regen läuft ab – eigentlich elementar einfach. Fujimoris Dächer haben eine Art Traufe. Wenn man an einem Regentag über die Schwelle hinaus tritt, bietet sie Schutz. Die meisten japanischen Stararchitekten hingegen lehnen diesen Abschluss ab, bevorzugen klare Flächen und Kanten: Platz für ein Helikopterfeld oder Maschinen etwa. Höhle assoziiert einen kuscheligen Ort: gemütlicher als der ins Endlose ausgedehnte Raum konventioneller Architektur und mit weicheren Übergängen. Ein oder zwei *Stützen* stehen Wache, oft nur aus geschälten Baumstämmen mit Verästelungen.

Sie sind Avatare für uns und für die Wälder, aus denen sie kommen und die möglicherweise ja noch heute von uralten Geistern bewohnt werden. Das Prinzip *Feuer* lebt auf zwei Arten in Fujimoris Arbeit weiter: in einer Feuerstelle, um die Hände zu wärmen, sowie durch das Material, das an den schrundigen, verkohlten Zedernbrettern oder der Holzkohle zu erkennen ist. *Erde* meint nicht nur den Lehm, der zuletzt über die unebene Oberfläche der Wände gestrichen wird – Erde riecht nach früheren, archaischen Zeiten, Erde ist organisch und industriell kaum verwertbar, Erde ist ein uralter, hochgeschätzter Baustoff.

Doch Fujimori ist kein Drachentöter. Seine Lumpenbande soll die Weißen nicht völlig besiegen. Trotz aller Märchenabenteuer haben auch der Däumling oder sein japanisches Gegenstück Issun-bōshi die Welt, die sie durchwanderten, kaum verändert. Beide werden von einem großen Tier verschluckt und haben im Magen nur ein lächerliches Schwert, so klein wie eine Nadel, um dagegen anzukämpfen. Für Fujimori ist die moderne Welt nicht im Wesen böse; er hofft lediglich, ein paar Unzulänglichkeiten in ihrer kühlen Eleganz deutlich zu machen. Im Märchen bringen Unschuld und ein gutes Herz womöglich ein Übel an den Tag, aber am Schluss sitzt der König noch immer auf dem Thron, und Institutionen werden selten gestürzt. Fujimori mag es vielleicht gelingen, uns alle vom Bann unserer digitalen Spielsachen und überbewerteten Volkswirtschaften zu befreien, aber er kann uns nicht in ein Land führen, wo sie nicht mehr herrschen. Selbst diejenigen, die am stärksten von ihm geprägt sind, wie Kengo Kuma, sind Pragmatiker und gehören nicht zu den Radikalen unter den Roten.

Schließlich haben andere Architekten in der Vergangenheit dieselbe Schlacht ausgefochten, ebenfalls ohne Erfolg. Als jungen Studenten an der Tōhoku Universität führte die Begeisterung für Seichi Shirais Werk – in Japan das Wuchtigste, schroff und voller Schatten – Fujimori auf eine Wallfahrt durch die Präfektur Akita. Er wanderte von Ort zu Ort, übernachtete im Zelt. Shirai schwebte eine rätselhaft urzeitliche, universelle Architektur vor. Diese Vorliebe hatte er während seines Philosophiestudiums von 1928 bis 1931 in Berlin entwickelt. Seine Gebäude haben Herz und Seele; ihre rauen Stein- und Ziegelmauern atmen und bluten nahezu. Ein anderer Architekt, Sutemi Horiguchi, kehrte wenige Jahre vor Shirai aus Deutschland mit der Erkenntnis zurück, dass Stroh, Erde und Reet ein Gebäude mit seinem Standort verbinden. Seiner Ansicht nach waren die Architekten allzu verliebt in die modernen Materialien Stahl, Glas und Beton. Horiguchi entwickelte sich zu einem hochgeschätzten Experten. Fujimori fand es ermutigend, dass sich der ältere Kollege nicht nur mit dem Thema Tee auskannte, sondern in jungen Jahren, als einige seiner besten Bauwerke entstanden, beileibe kein begnadeter Zeichner gewesen war. Der dritte exzeptionelle Einfluss auf unseren Helden hatte der Architekturprofessor Takamasa Yoshizaka und dessen Studenten, Osamu Ishiyama und Architekten aus dem Team Zoo. Yoshizaka untersuchte

5 **Seewölfe**
Heutzutage kann man kaum noch Japans große Seewölfe sehen, sie sind fast vergessen. Doch auch wenn es ignoriert wurde, die Seewölfe kamen zurück, haben im März 2011 wieder die Wasser gerufen und kurzerhand den kleinen Freuden und den großen Politikern ein Ende gesetzt.

Iglus und turkestanische Nomadenzelte, Vogelnester und Termitenhügel. Auch Yoshizaka zog zu Fuß in die Welt hinaus. Er baute mit provozierender Einfachheit, öffnete seine Architektur dem Wind und dem Regen.

Fujimoris Ansatz ist jedoch viel verspielter als der seiner Kollegen, auch gegenüber des exzentrischen Yoshizaka. Bisweilen wird Fujimoris Bezug zum Märchen fast offenbar. Er feiert jedes freundliche Gesicht in einer Fassade, lässt von jedem Dach Rapunzelpflanzen herab. Hier und da testet Fujimori die Grenzen seines architektonischen Reichs, streut Perlmutt oder Gold über eine Gipswand, auch wenn er später traurig feststellt, dass das Werk viel zu schmuck ist und so gar nicht seinen Vorstellungen entspricht.

In unseren Riesenstädten mag man gern glauben, das Zeitalter kleiner Dörfer, die von dem leben, was Fischgründe und Wälder hergeben, sei lange vorbei. In der Tat hat das moderne Leben in Fujimoris Heimatort spürbar Einzug gehalten. Als Fujimori auszog, an fremden Orten zu bauen, hielten ihn die Freunde daheim für den amüsanten Botschafter einer netten Geschichte aus längst vergangenen und nur vage erinnerten Zeiten, einem vormodernen Leben, das er, wie Horiguchi und Shirai, vom Fortschritt der Industrie überrollt sah. Vielleicht ist er beim weit ausholenden Verbreiten seiner Teehäuschensamen vom Weg abgekommen, hat den Kontakt zum Alltag verloren, sich von Schlachten bezaubern lassen, die an fremden Gestaden heftiger toben. Hinter den Toren großer Museen sind Fujimoris Teehäuser ein schöner Gewinn für den »beau monde« – zuhause müssen andere die von ihm begonnene Schlacht ausfechten. Sie schlagen sich wacker, wenn nicht ebenso gut.

Vor nicht allzu langer Zeit, an einem Frühlingstag im Jahr 2011, erwachte ein riesiger Seewolf im tiefen Wasser vor der japanischen Küste und schüttelte sich (Abb.5). Das Wasser erhob sich und verschluckte kleine Dörfer. Eine große Zahl von Menschen wurde losgerissen, darunter viele sehr alte. Jetzt hausen sie in kleinen Blechhütten mit einfach verglasten Fenstern, Reihen von Baracken, die fast übernacht errichtet wurden. Und im Winter schneit und schneit es. Fujimoris Freunde bauen kleine warme Hütten, eine nach der anderen, dort können die Menschen gemeinsam eine Tasse Tee trinken. Aber Fujimori, der einzige, der einem Zufluchtsort ein Herz geben kann, ist auf Abenteuerfahrt weit, weit weg.

Wie war das noch mit dem Däumling? Seine Geschichte endet mit den Sätzen: »Ich bin viel in der Welt herumgekommen, gottlob, dass ich wieder frische Luft schöpfe!« »Wo bist du denn all' gewesen?« fragt der Vater. »Ich war in einem Mauseloch, in einer Kuh Bauch und in eines Wolfes Wanst. Nun bleib' ich bei euch.«

Vielleicht kehrt auch Fujimori eines Tages zur frischen Luft von Tōhoku zurück, wo er vor langer Zeit seine Studien begann, und baut eine kleine Klause, die nicht wegläuft.

Zur Roten Schule, vgl. *Materials and Meaning in Contemporary Architecture: Tradition and Today,* London 2010, von derselben Autorin.

Kinder- und Hausmärchen der Brüder Grimm. Gesamtausgabe, Berlin/Wien o.J., S. 149.

Illustrationen von Takashi Owada, 2012

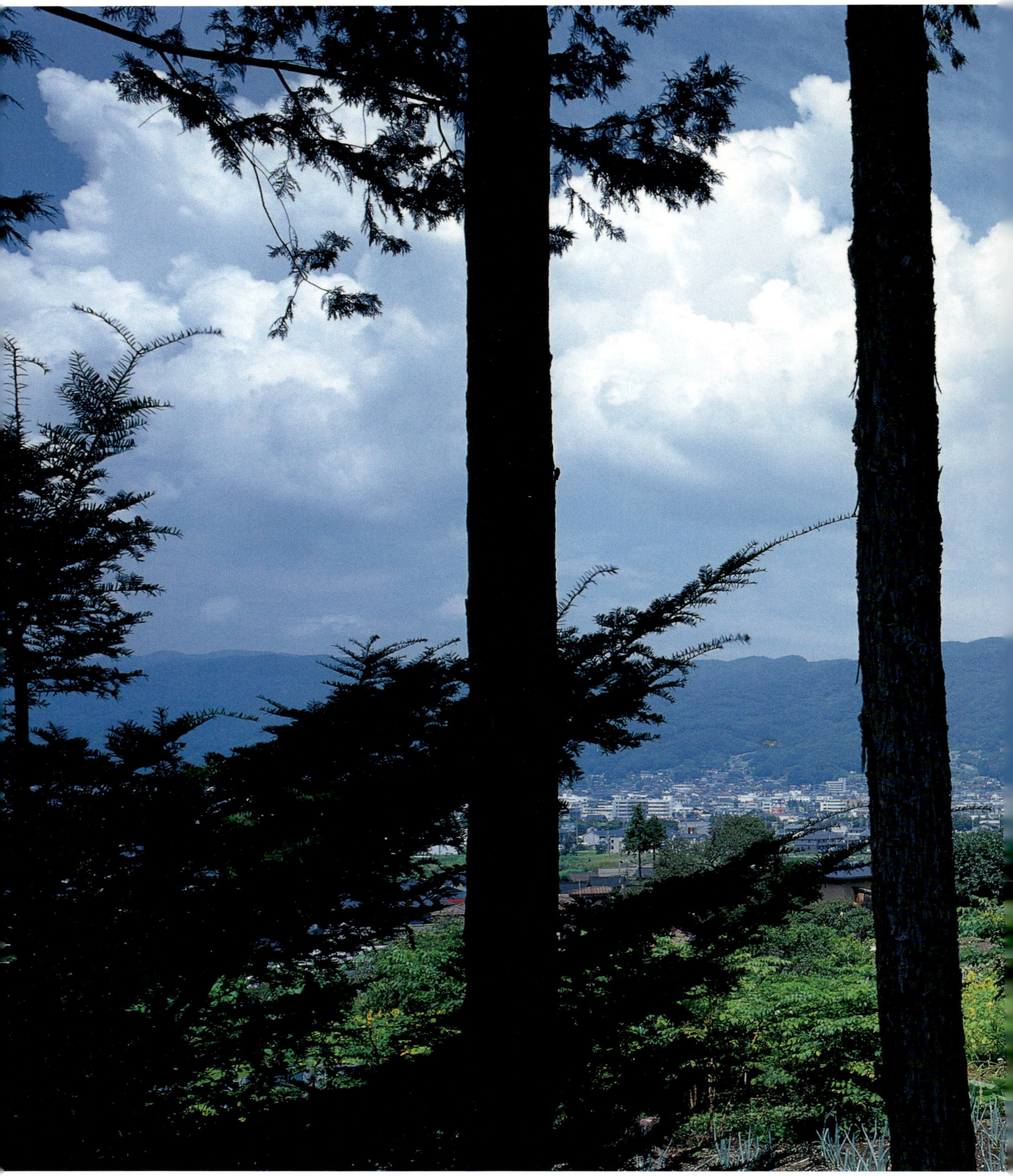

Architektur

Unten links sieht man das Wohnhaus der Moriya-Familie. Der Busch in der Mitte ist der Mishaguchi-Schrein, der dem Berggott gewidmet ist. Der Moriya-Berg, der Berg des Gottes, wird von dem Berg rechts, wo der Gott Mishaguchi wohnt, verdeckt.

神長官守矢史料館
Historisches Museum der Priesterfamilie Moriya, 1991

Bei diesem Projekt war das Thema Holzverschalung. Das Museum steht jetzt seit über zwanzig Jahren. Als es fertig war, wurde der seltsame, expressive Bau zweimal ausdrücklich gewürdigt. Osamu Ishiyama schrieb: »Berg, Fluss, Gras, Baum, alles in Harmonie« (Shinkenchiku, Juni 1991) und Kengo Kuma kommentierte: »noch nie gesehen, aber irgendwie nostalgisch« (Architecture Riffle – 001 Jinchōkan Moriya Historical Museum).

Das kleine Haus korrespondiert mit den Bergen, dem Fluss, den Bäumen und dem Gras der Umgebung. Es sieht anders als aus die benachbarten Privathäuser, hat aber gleichzeitig etwas Vertrautes. Das »Harmonische« und »Nostalgische«, das die beiden Architekten betonen, ist in den vergangenen Jahren seit der Fertigstellung noch stärker geworden. Das Haus geht mittlerweile in der natürlichen Umgebung mit den Bergen, dem Fluss, dem Gras und den Bäumen auf. Es ist uns so vertraut wie ein unverändert gebliebener Heimatort.

Als ich beschlossen hatte, den Baukörper aus Stahlbeton und Stahl mit natürlichen Materialien zu verkleiden, war die Außenhaut des Depots das größte Problem. Ich fand eine ortsansässige Baufirma, die sich um die Porphyritplatten für das Dach und die Holzverschalung für die Wände kümmerte. Sie bekamen die Fassade hin, obwohl sie so etwas seit fünfzig Jahren nicht gemacht hatten. Die Lehmmauern für das Depot waren dagegen ein echtes Problem. Es gibt keine Lehmmauer, die den Frost der strengen Winter der Region und das Tauwetter übersteht. Schließlich mixten wir lehmfarbenen Mörtel (aus weißem Zement, Sand und Farbpulver) mit Stroh und verputzten ihn dann mit echtem Lehm.

Die meisten Besucher werden die Mörtelstrohmischung für echten Lehm halten, wegen des Strohs. Wenn die Augen Stroh sehen, schließt der von Erinnerungen geleitete Verstand nicht von Stroh auf Zement, sondern von Stroh auf Lehm.

Es heißt immer, wir sollen das Ding an sich betrachten. Aber das menschliche Auge kann das Ding an sich nicht sehen, sondern sieht durch die im Gehirn gespeicherten Erinnerungen. Ich habe bei diesem frühen Projekt viel gelernt.

Das Haus sieht aus wie ein kleines Tier, das sich im Gebüsch versteckt. Es ähnelt einem Drachenkopf. Der Grund für diese Erscheinung ist nicht die Form des Gebäudes, sondern die Bambusblätter rund herum.

Die Präsentation an der rechten Wand des Raumes ist einer rituellen Zeremonie gewidmet, in der es um ein gemeinsames Essen von Menschen und Göttern der Opfergaben geht. Dieses wurde von der Moriya-Familie bis zur Edo-Zeit abgehalten. Ich habe tatsächlich ein paar der zeremoniellen Gerichte probiert. Die gegrillte Haut eines Wildschweins schmeckt wie trockener Tintenfisch. Auf keinen Fall wollte ich »rohes Wild angemacht mit seinem Hirn« probieren, weil es sich doch sehr unappetitlich anhörte. »

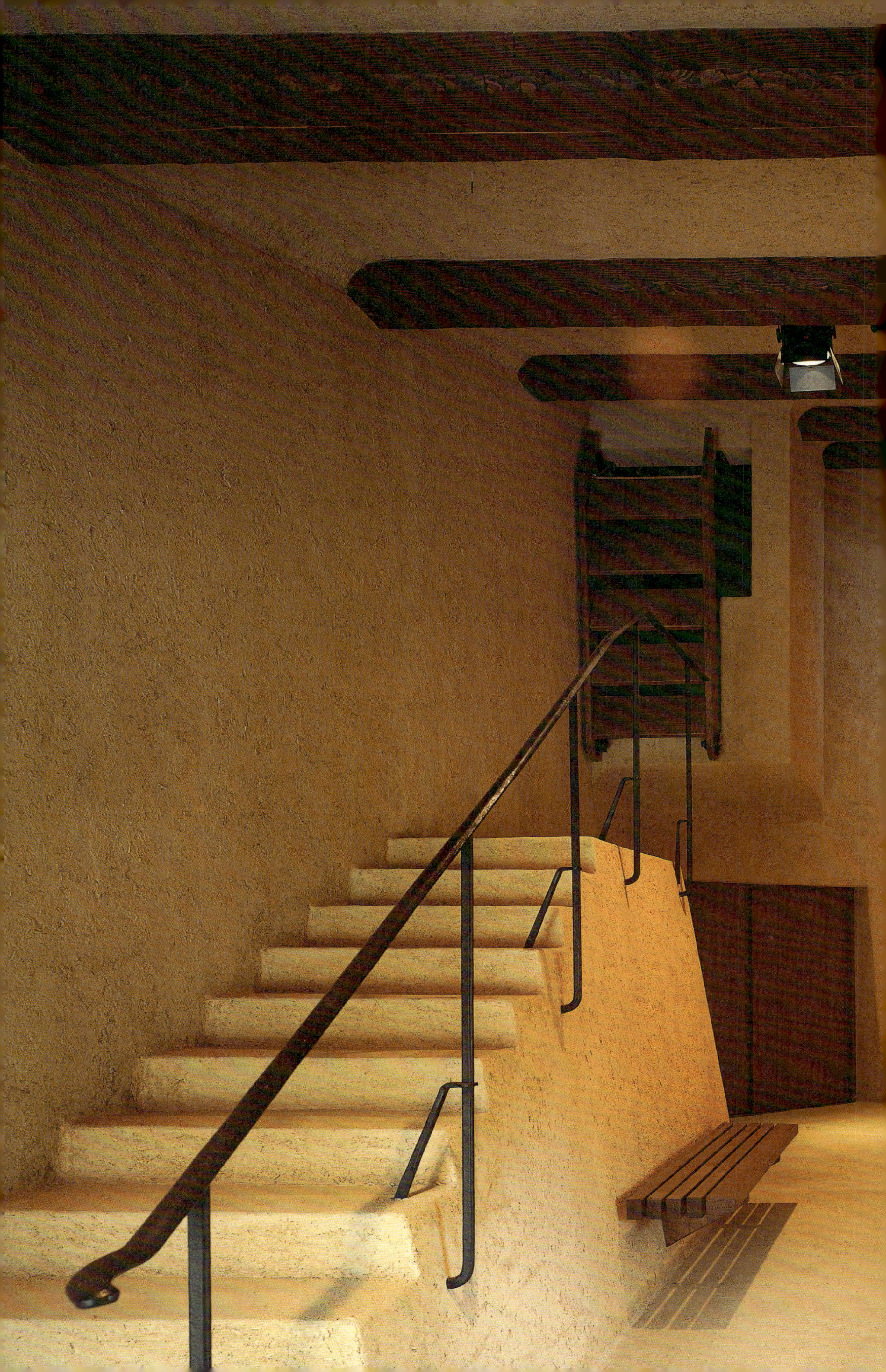

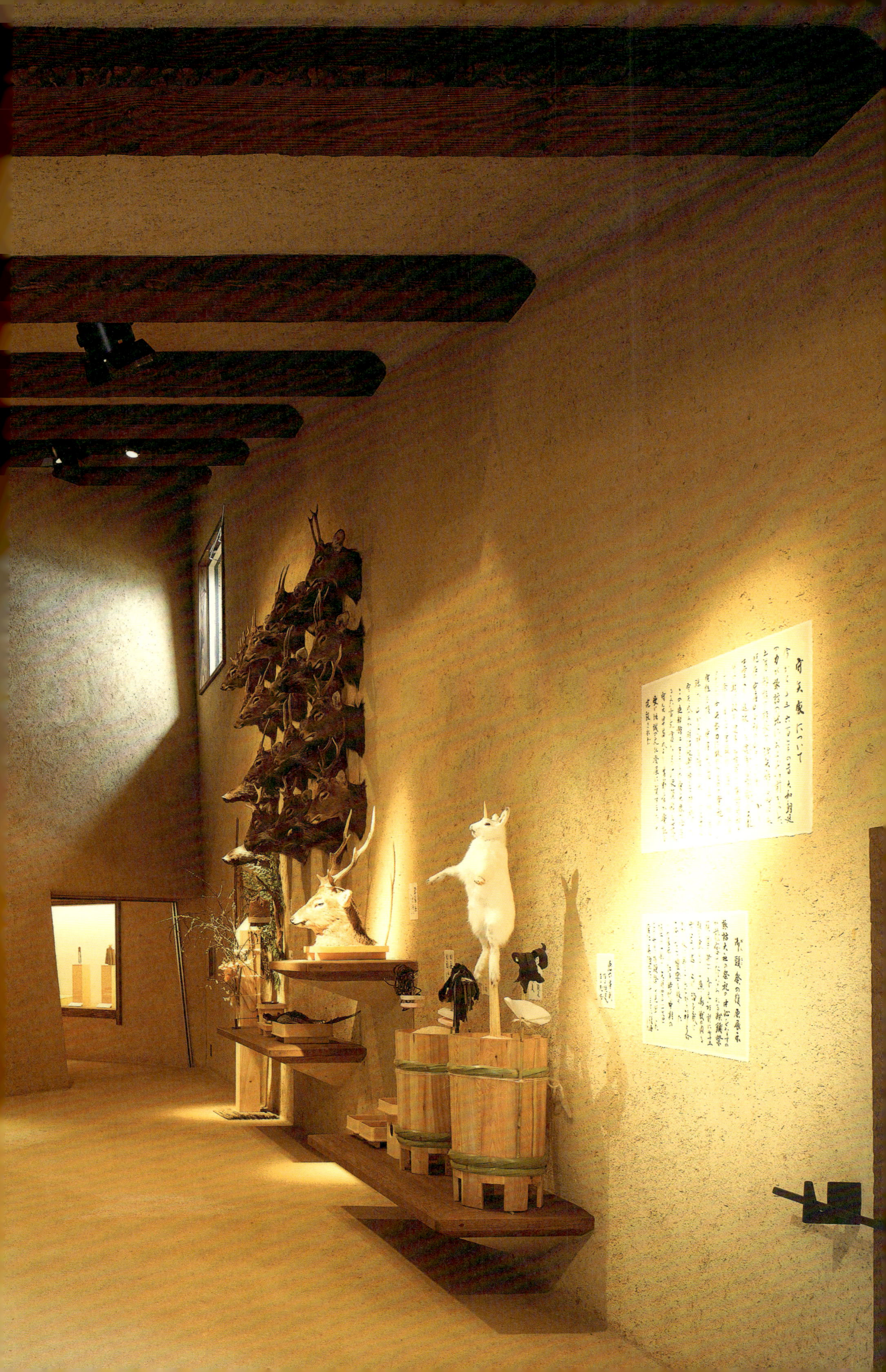
守矢家について
御頭祭の復原展示

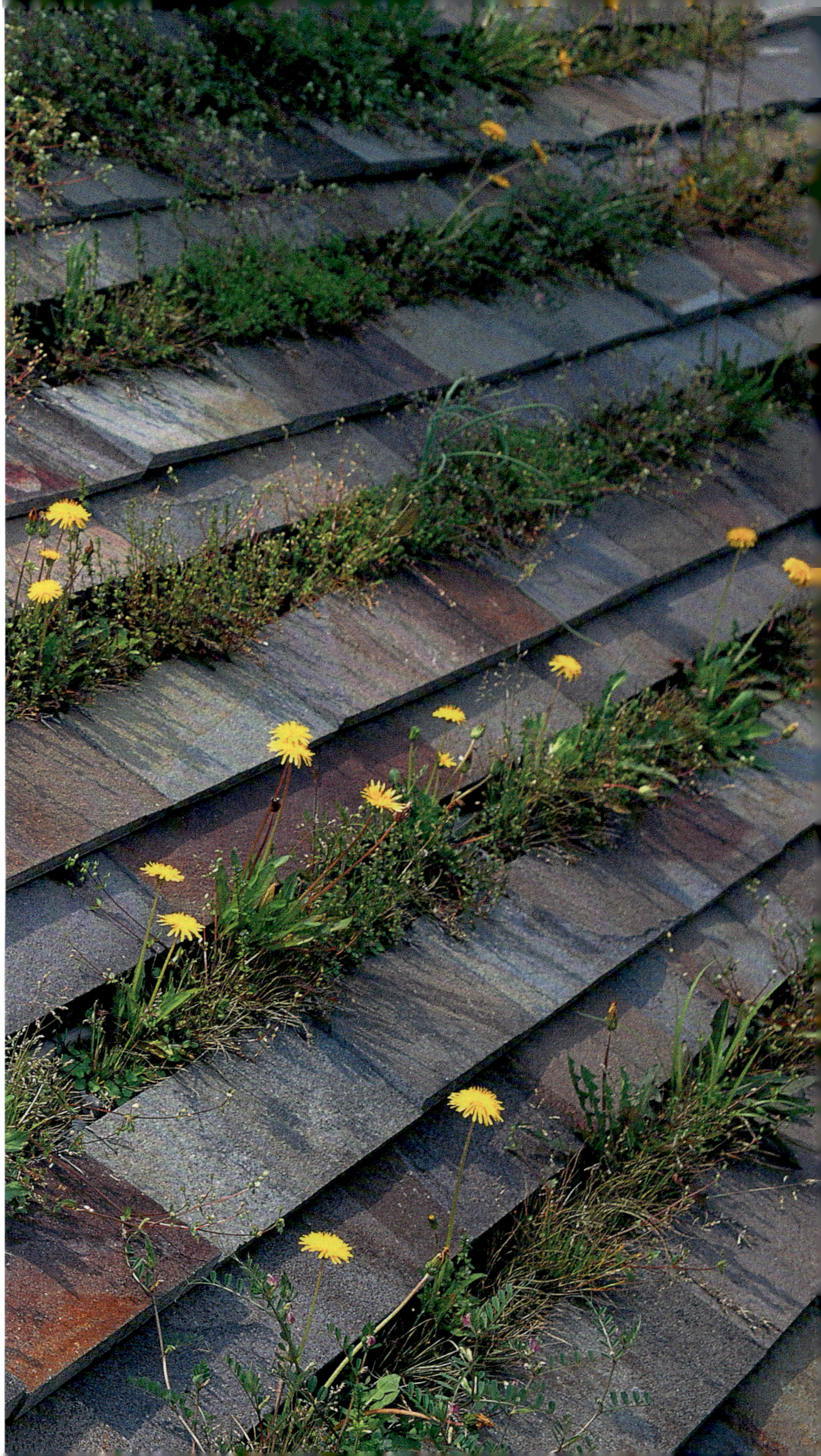

タンポポハウス
Tanpopo-Haus (Löwenzahnhaus), 1995

Als ich mit dem Historischen Museum der Priesterfamilie Moriya fertig war, wandte ich mich wieder meiner Hauptbeschäftigung zu, der architekturgeschichtlichen Forschung. Aber ich hatte Lust auf mehr. Der Wunsch zu bauen, den ich seit der Diplomarbeit unterdrückt hatte, war nach dem Historischen Museum der Priesterfamilie Moriya übermächtig.

Ich hatte erst einen Bau abgeschlossen und war mir nicht sicher, wie er angenommen würde. Die Avantgardearchitekten meiner Generation wie Osamu Ishiyama, Toyō Itō und Tadao Andō fanden ihn gut, ältere Architekten waren sich dagegen nicht sicher, was von meinen Entwürfen zu halten war.

Natürlich hatte ich keine Angebote für neue Bauten und so beschloss ich, mir selbst ein Haus zu entwerfen. Mein zweiter Auftrag war also mein eigenes Haus. Ursprünglich hatte ich überlegt, das ganze Haus mit Lehm zu verputzen, von den Seitenwänden bis zum Dach, und an allen Seiten zu begrünen. Dann wäre jedoch nach jedem Regenguss das Mauerwerk an den Fenstern feucht geworden. Stattdessen verschalte ich das Haus mit Holz und Porphyrit und pflanzte Gras in die abstehenden Leisten. Die begrünte Schicht ist hinterlüftet auf das Dach und die Wände aus Beton montiert, so kann das Wasser durch die Erd- und Porphyritschicht laufen und dann abgeführt werden. Die Ausarbeitung solcher Details war ziemlich kompliziert, aber mit Unterstützung meines Mitarbeiters Yoshio Uchida habe ich eine gute Lösung gefunden.

Ich wollte mein Haus eigentlich Grashaus nennen, analog zum Glashaus, aber Ishiyama gab ihm den Namen Löwenzahnhaus.

Später ging der Löwenzahn auf dem Dach wegen der sich schwierig gestaltenden Pflege ein, aber im Garten wächst viel Löwenzahn, der sich selbst ausgesät hat. Eines Tages werde ich ihn aufs Dach pflanzen.

Auf dem Dach wächst Löwenzahn. Der japanische Löwenzahn hat weniger Blüten als der westliche und sieht einfacher aus. Ich habe meine Schwierigkeiten mit Unkraut, das stärker wächst als Löwenzahn.

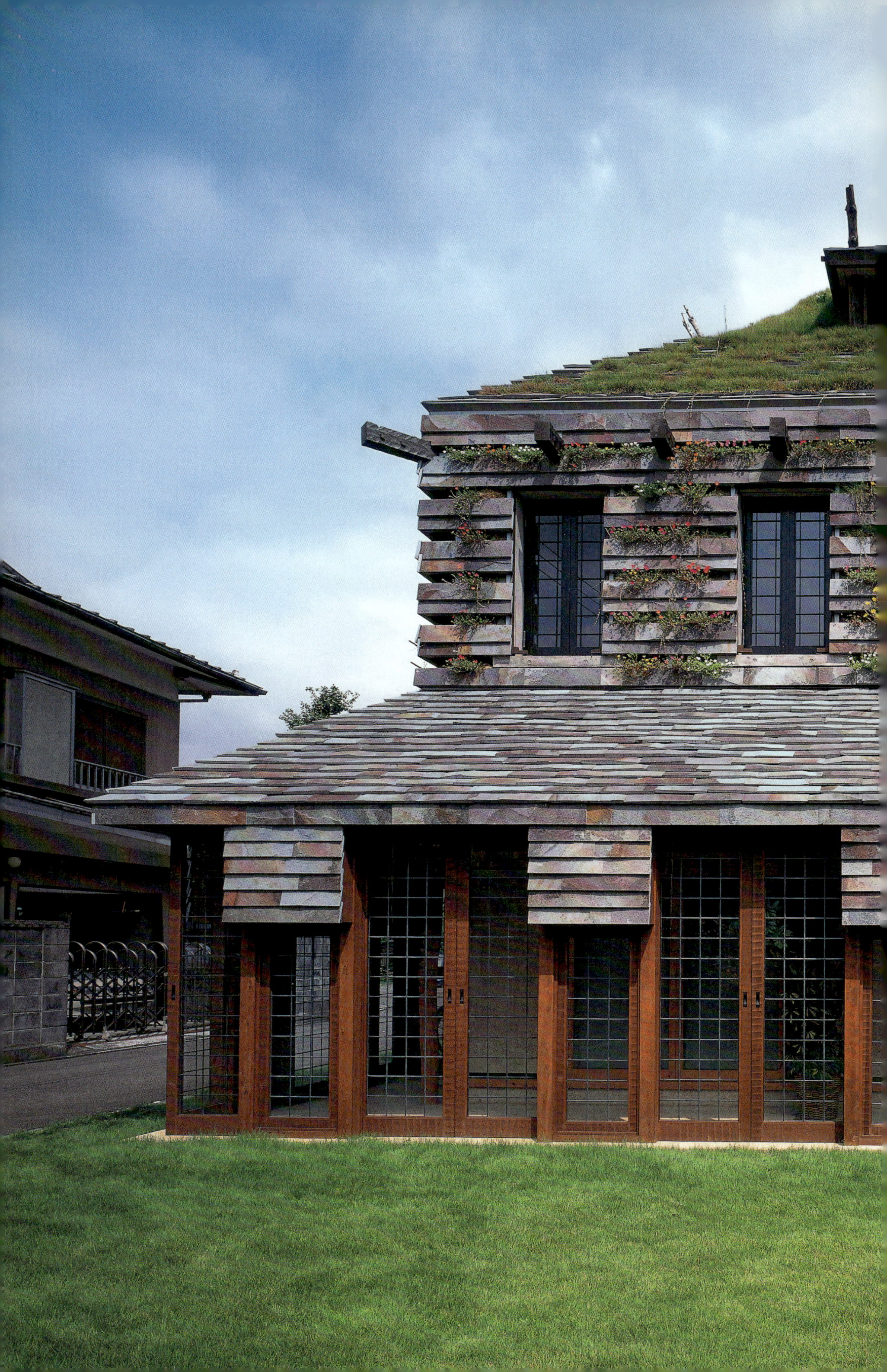

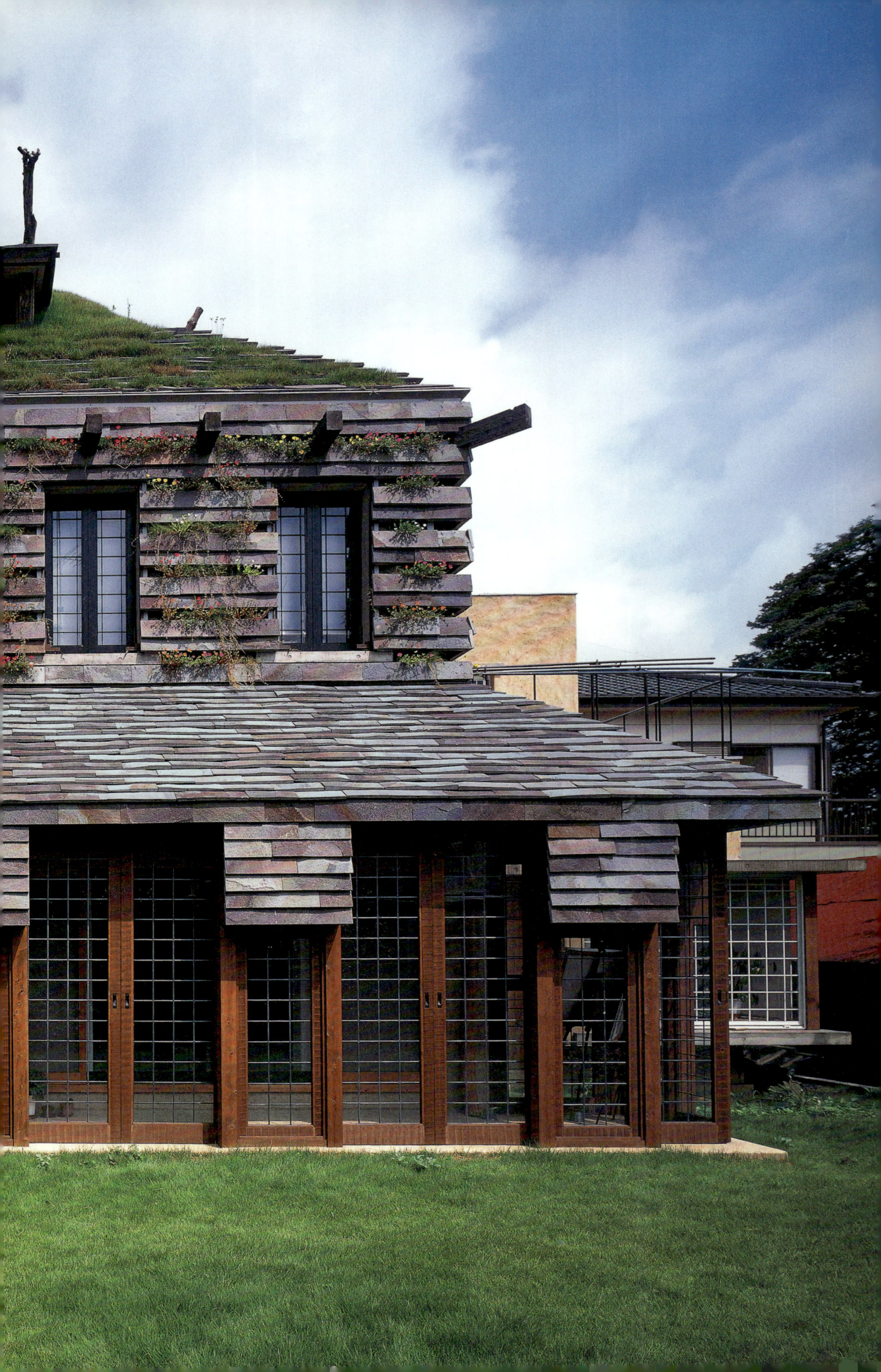

« Nachdem der Löwenzahn vertrocknet war, pflanzte ich Gemüse-Portulak (Portulaca oleracea). Nur einige wenige Pflanzenarten gedeihen während des Sommers in praller Sonne und trockener Luft.

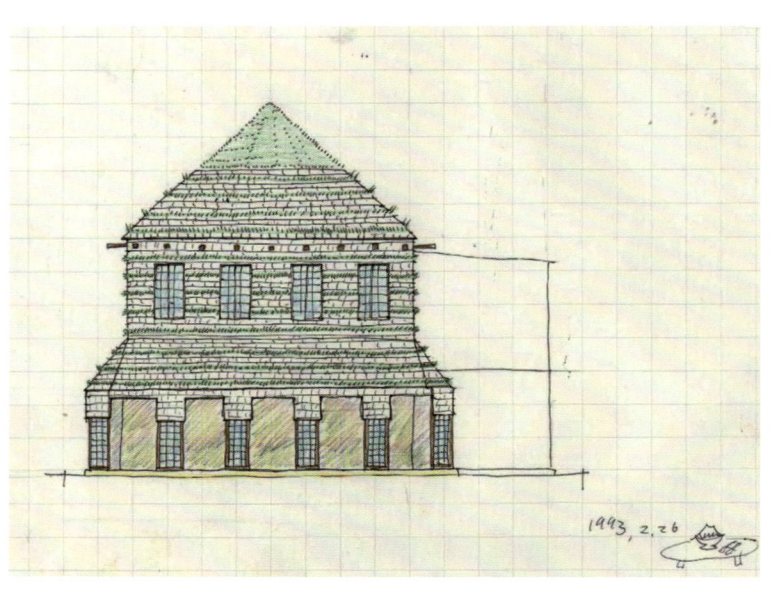

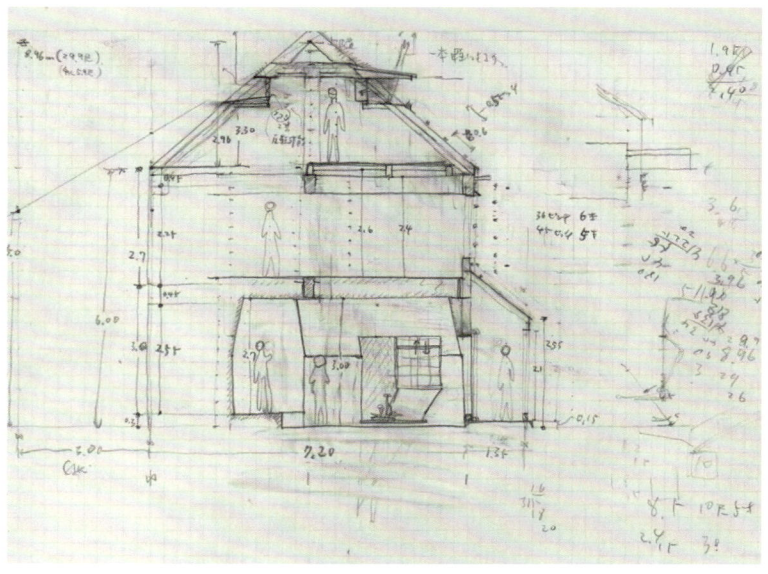

Der Hauptraum ist mit einer Wand aus gemaserten Planken aus Eichenholz ausgestattet. Die Ritzen sind mit Gips ausgefüllt und anschließend abgeschliffen. Ein Teil des Fußbodens ist mit einer Rattanmatte bedeckt. Hier liegt der Ursprung meiner Vorliebe für Holzböden und Rattanmatten.

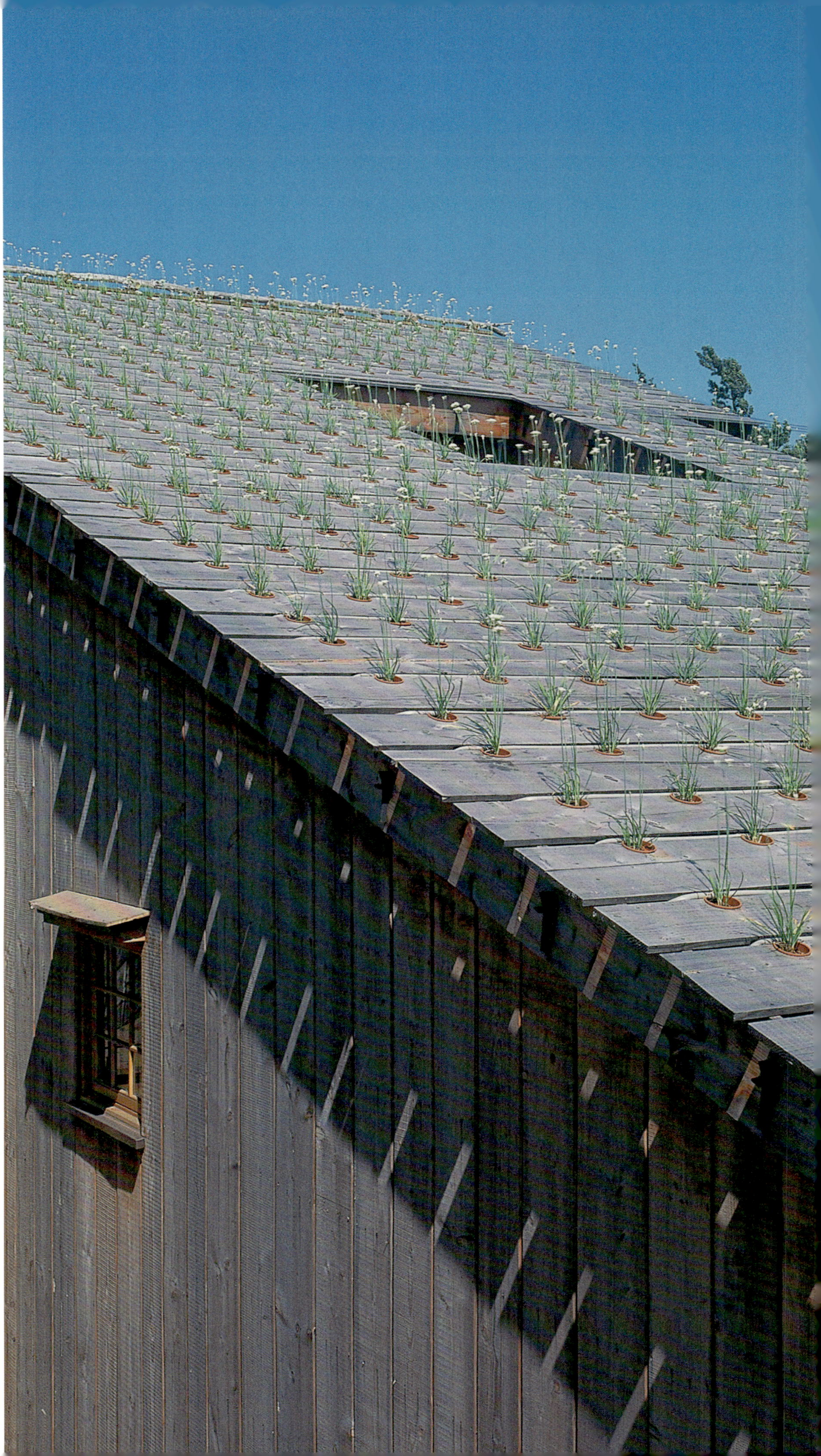

ニラハウス
Nira-Haus (Schnittlauchhaus), 1997

Als mein Freund Genpai Akasegawa meine ersten beiden Projekte, das Historische Museum der Priesterfamilie Moriya und das Tanpopo-Haus, gesehen hatte, bat er mich, auch sein Haus zu entwerfen. Er ist ein guter Mensch, vor dem ich große Achtung habe. Da er nicht mehr der Jüngste ist, entwickelte ich Ideen für ein Haus mit hohem Wohnkomfort. Er aber sagte: »Da ich dich schon bitte, warum machst Du nicht etwas Skurriles?«

Seine Aufforderung beflügelte mich. Ich habe immer viele Ideen zu »etwas Skurrilem« im Kopf. Hoch erfreut schlug ich ihm zwei skurrile Ideen vor. Zum einen eine Zugbrücke für den Eingang, zum anderen eine Schnittlauchplantage auf dem Dach. Ich dachte, er votiert für die Zugbrücke, aber er meinte überraschenderweise, ein Zugbrückeneingang wäre ihm peinlich. Die Idee mit dem Schnittlauchdach wurde umgesetzt.

Das Haus mit Satteldach und Eingang an der Vorderseite orientiert sich an den Saltbox-Holzhäusern aus der amerikanischen Pionierzeit. Auch von den horizontalen Proportionen von Antonin Raymonds Sommerhaus (1933) habe ich gelernt. Ich nahm meinen Bauherren zum Sommerhaus in Karuizawa mit (das jetzt das Musée Peynet ist), um ihm die Wirkung holzverkleideter Innen- und Außenwände vorzuführen.

Einer der Gründe, warum ich ausgerechnet Schnittlauch aufs Dach pflanzen wollte, ist, dass er unempfindlich gegen Trockenheit ist. Aus einigen erhaltenen dieser bepflanzten Dächern (»shibamune«) sprießt bis heute Schnittlauch, und die weißen Blüten wiegen sich im Wind. Schnittlauch verträgt die starke Sonne und das sehr trockene Wetter des japanischen Sommers.

Wir beschlossen zwar, Schnittlauch zu pflanzen, wussten aber weder, wer Schnittlauch anbaut, noch wer ihn pflanzen könnte. Baufirmen übernehmen keine Arbeiten, bei denen sie nicht wissen, wie man es macht und was es kostet. Schließlich brachte ein Freund von Akasegawa, der in Niigata Schnittlauch zieht, einige Pflanzen nach Tokio, Bauherr und Architekt trommelten Freunde zusammen, um sie einzugraben. Wir zogen einen Schlauch übers Dach, setzten die Stängel in Töpfe und pflanzten sie aufs Dach. Damals nannte sich unsere Truppe noch nicht Jōmon-Gruppe.

Im Frühsommer ist das Dach mit blühendem Schnittlauch begrünt. Das Dach ist von der Straße aus einsehbar.

76

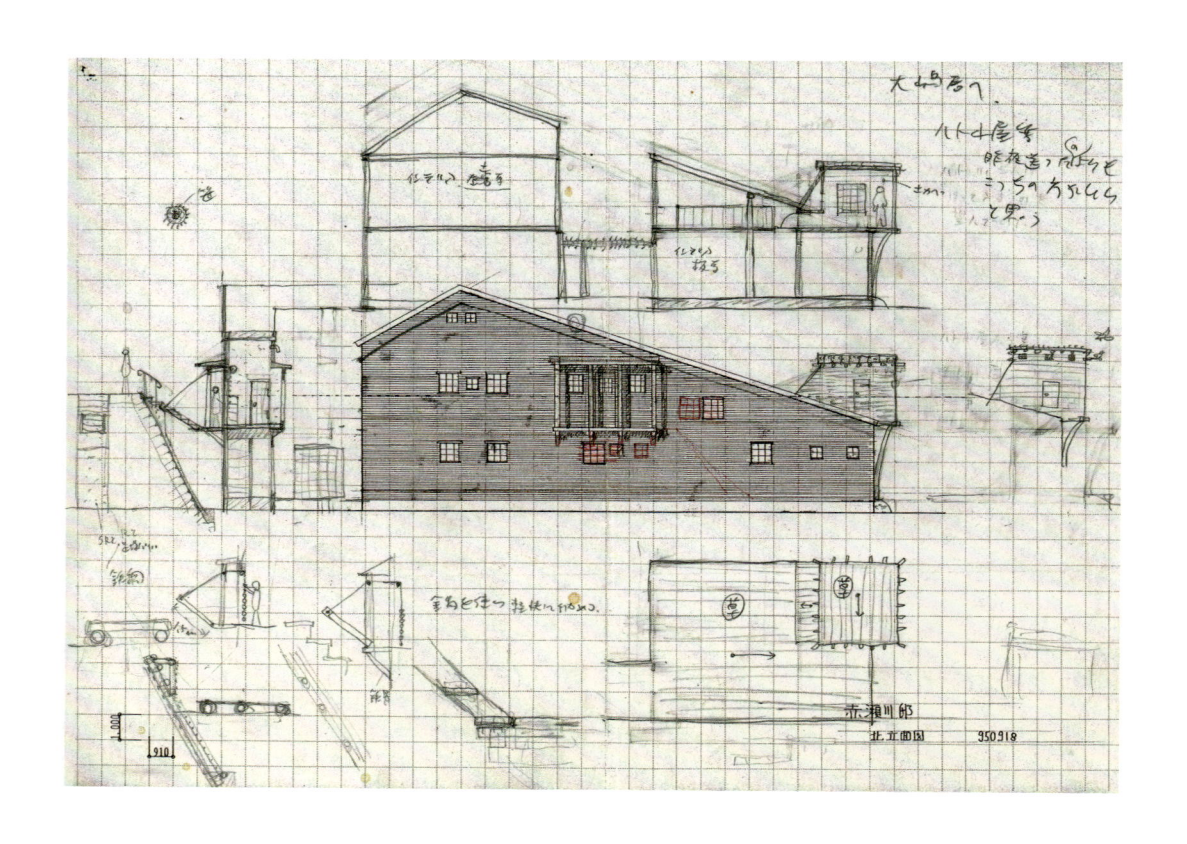

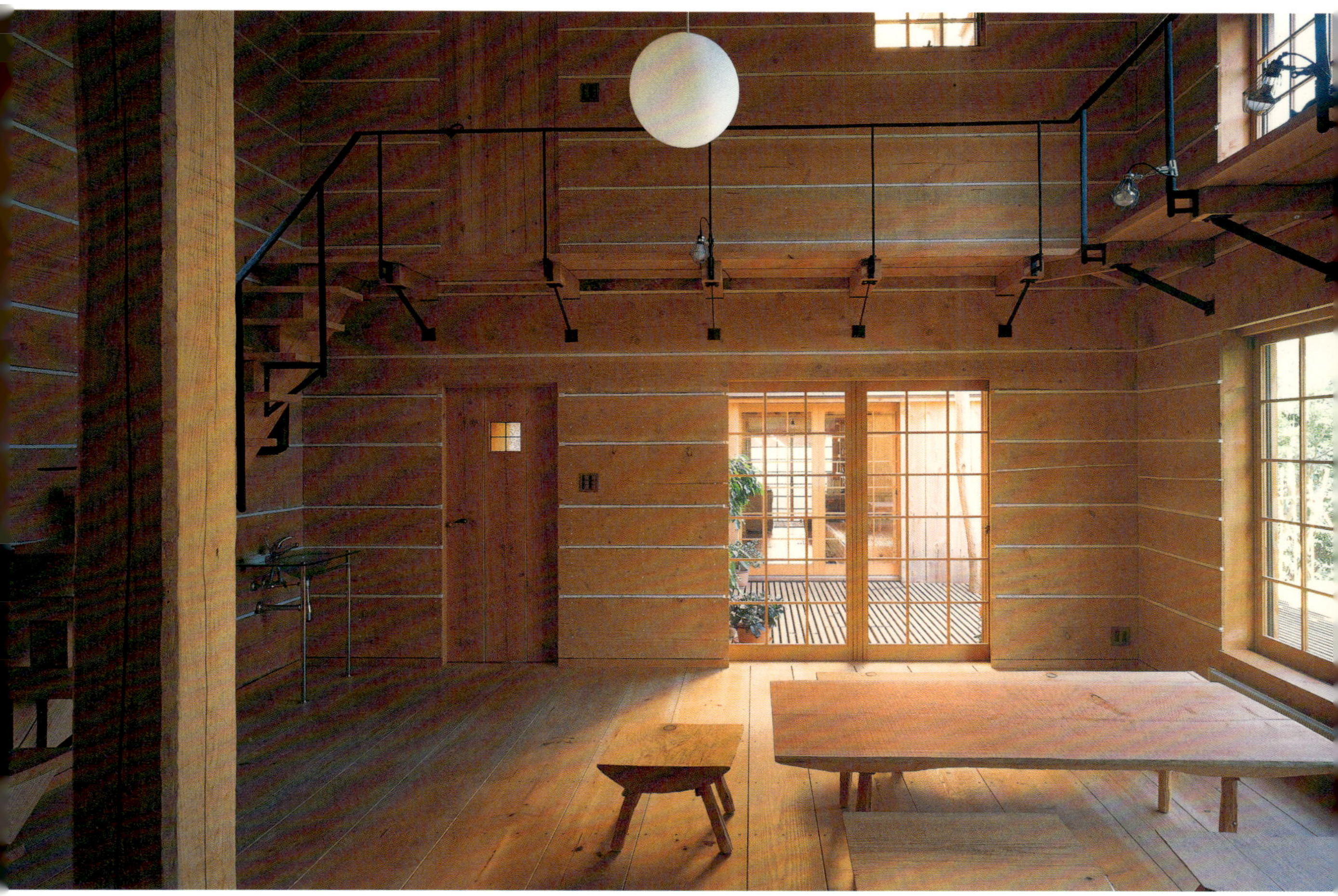

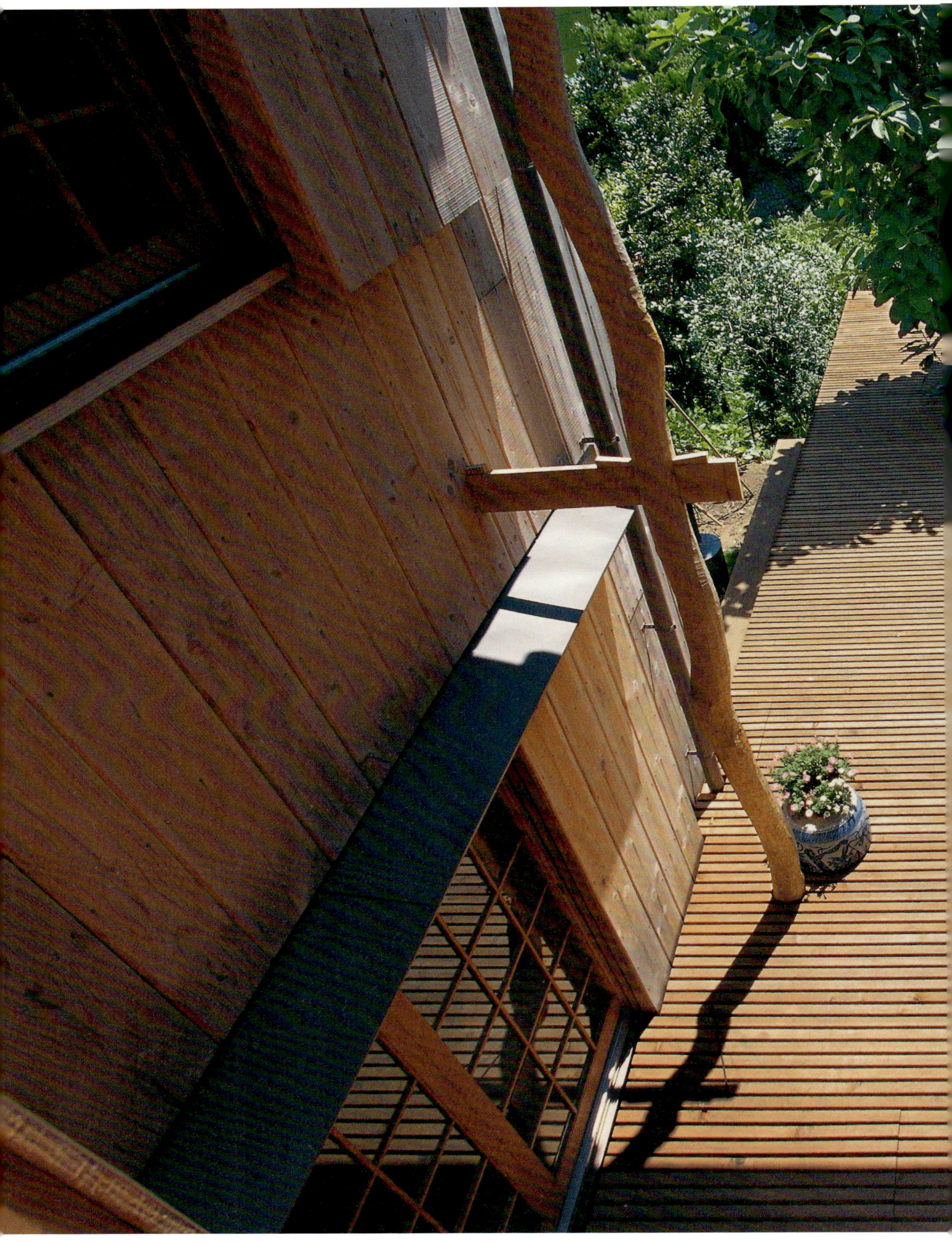

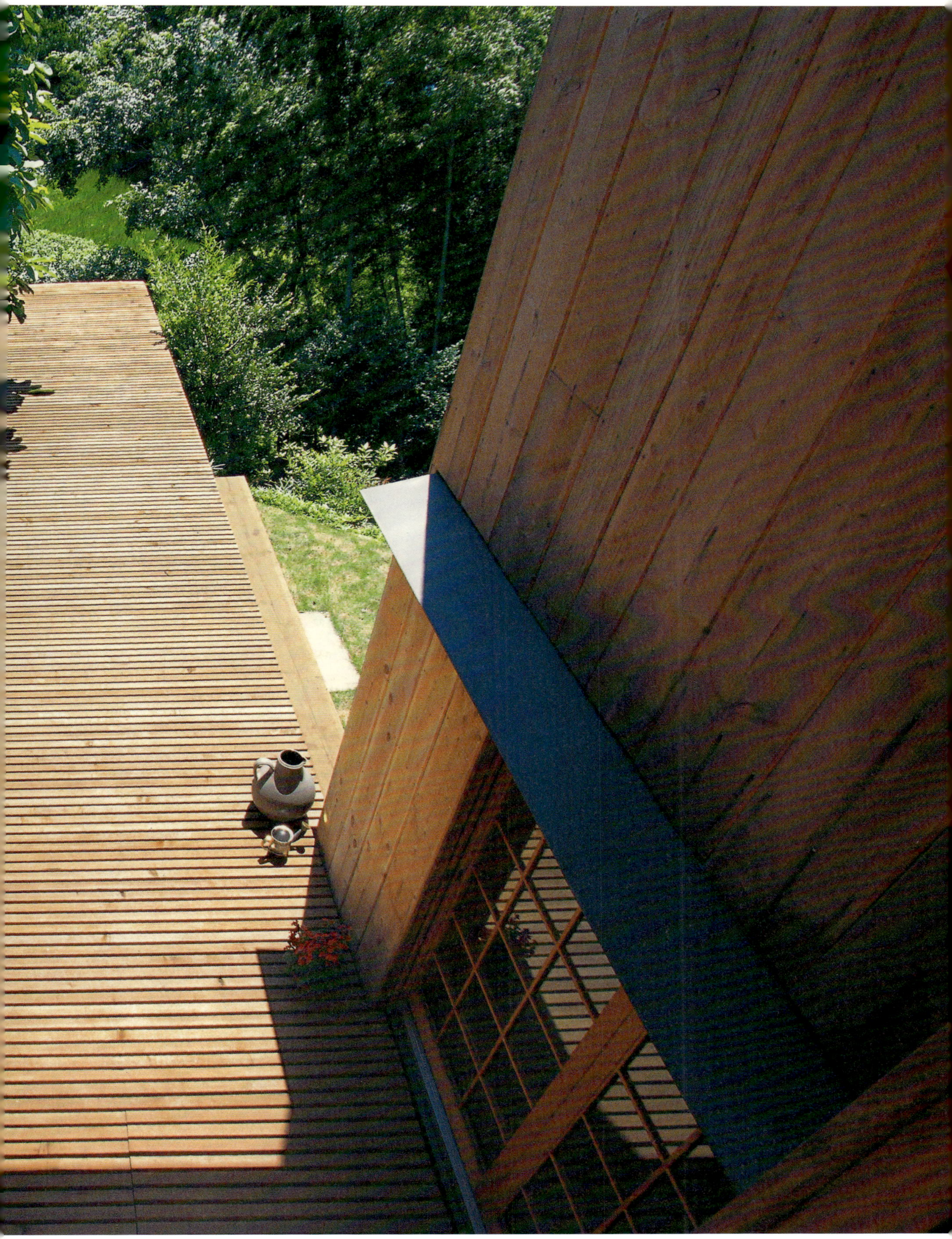

« Diesen Garten sieht man, wenn man durch die Eingangstür geht und durch das dem Hang zugewandte Fenster hinausblickt. Zwischen dem Atelier und dem Wohnhaus erstreckt sich eine Terrasse zum Hang hin. In der Mitte der Terrasse wächst ein Magnolienbaum.

Wenn man das Haus vom Hang aus sieht, spürt man die Rauheit der unebenen Struktur des Gebäudes, das an eine Festung erinnert. Die Brücke über dem Hof ist für die Katzen gemacht, aber ich habe nie eine darüber gehen sehen. Die Brücke soll eine strukturelle Verbindung zwischen rechts und links herstellen und so eine kohärente Erscheinung schaffen.

Das Museum besteht aus drei Baukörpern: zwei dreieckigen links und rechts und einem quadratischen in der Mitte. Die Verbindung des quadratischen Baus mit dem linken Dreieck funktioniert gut, aber nicht mit dem rechten. Ich hätte mich auf Le Corbusier verlassen sollen.

秋野不矩美術館
Akino Fuku Museum, 1997

Bei diesem Projekt war das Thema Lehm und Putz. Akino Fuku suchte einen Architekten für das Museum, das ihr Heimatort ihr errichten wollte, und sie bat mich um einen Entwurf, nachdem sie das Historische Museum der Priesterfamilie Moriya gesehen hatte.

Akino widmete sich der Nihongamalerei (Bilder in klassischer, japanischer Maltechnik) und lebte in Kyoto. Mit der traditionellen Nihongamalerei, die »Kachofugetsu«-Motive (Natur, Blumen, Vögel, Wind und ein Mond) und das schwüle japanische Klima preist, konnte sie nichts anfangen. Sie malte lieber Szenen aus Indien, wo ein entgegengesetztes Klima herrscht. Die meisten ihrer Hauptwerke haben indische Motive.

Vielleicht hatte sich Akino für mich entschieden, weil sie im Historischen Museum der Priesterfamilie Moriya die Trockenheit Indiens oder Zentralasiens wiederfand. Oder es hatten sie die von ihr bevorzugten mineralischen Pigmente der Fassade angesprochen.

Ein Architekt muss sich darüber Gedanken machen, was die idealen psychologischen und körperlichen Voraussetzungen beim Betrachten von Bildern sind. Wie wollen Bilder betrachtet werden? Die Antwort lautet: »Menschen wollen Bilder nackt sehen« und »Bilder wollen im Licht stehen«. Die ideale Bedingung ist, dass ein Mensch allein vor einem einzigen Bild steht. Wie können sich Museen dieser Idealsituation annähern?

Es ist nicht jedermanns Sache, nackt in einem Museum zu stehen. Unsere Aufmerksamkeit konzentriert sich dann nicht auf die Bilder, sondern auf andere nackte Menschen. Die Kleider können wir schlecht ablegen, aber wir könnten vielleicht die Schuhe ausziehen.

Und wie können wir das Bild frei in einem Lichtkegel schweben lassen, ohne dass die Wand dahinter stört? Wie wäre es, Boden, Wand und Decke einheitlich weiß zu streichen und ein Bild in diesen, mit weißem Licht gefüllten Raum zu hängen? Wichtig ist dabei, dass die Lichtquelle in der Decke nicht zu sehen ist und keine Schatten entstehen.

Unser Experiment war erfolgreich. Wenn man den quadratischen Ausstellungsraum betritt, wirkt das Bild, als schwebe es auf halber Höhe in einem weißen Raum.

1996.9.7

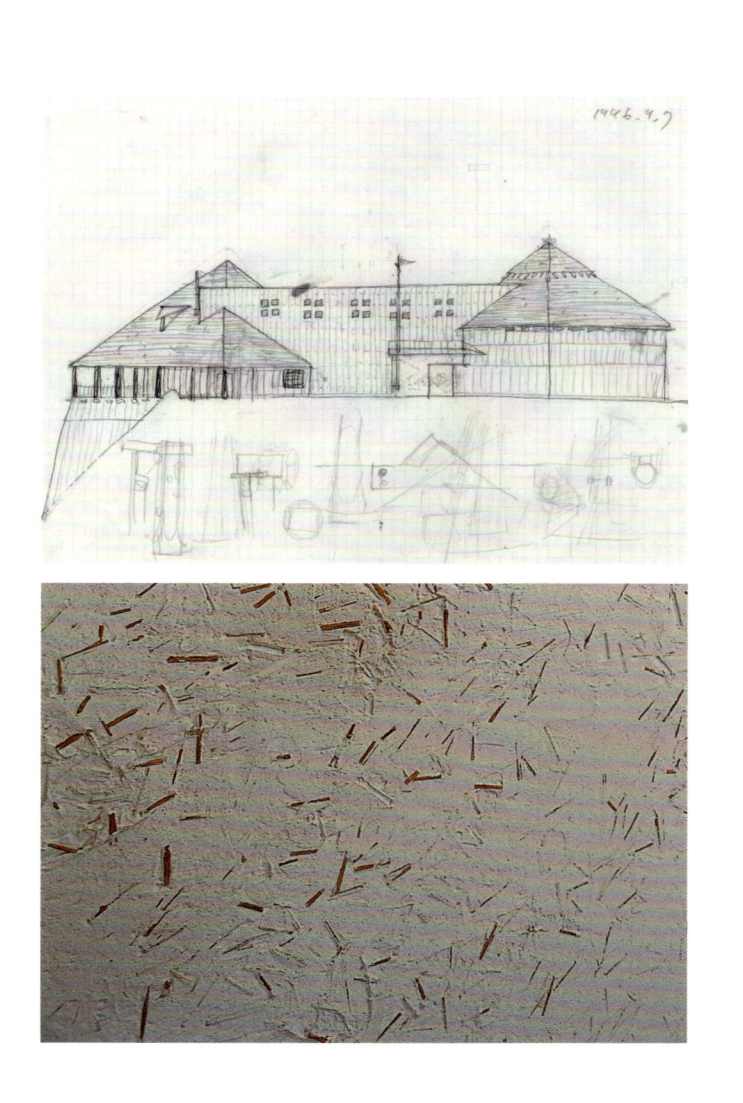

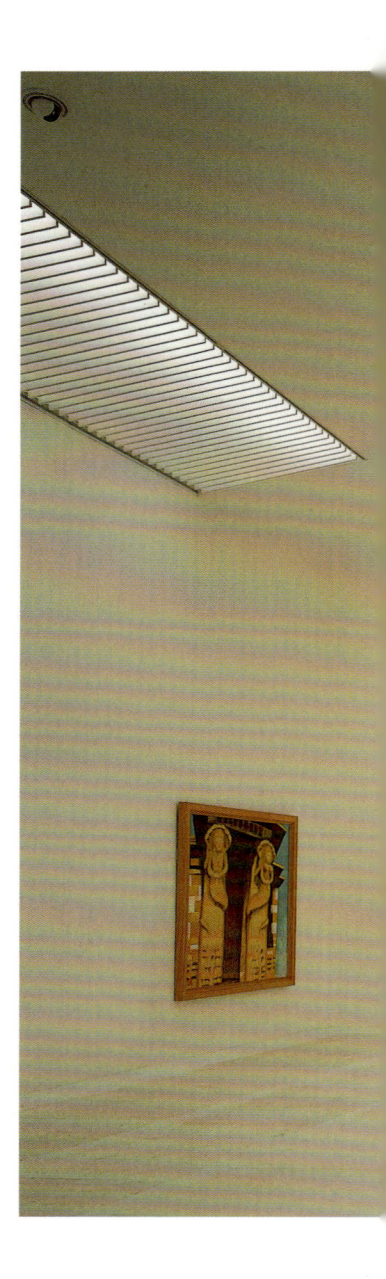

Der Boden ist mit großen unpolierten, weißen Marmorplatten verlegt. Wände und Decke sind mit Gips verputzt. Die Lichtquellen sind versteckt. Diffuse Spiegelungen lassen die Grenze zwischen Boden und Wänden verschwimmen. Ein rein weißer Raum gefüllt mit Licht ist so entstanden.

Hier versuchte ich mich zum ersten Mal daran die Oberfläche von Holz mit einem Brenner zu verkohlen. Das Verkohlen von Stützpfeilern und Balken war zuvor noch nie in Japan versucht worden.

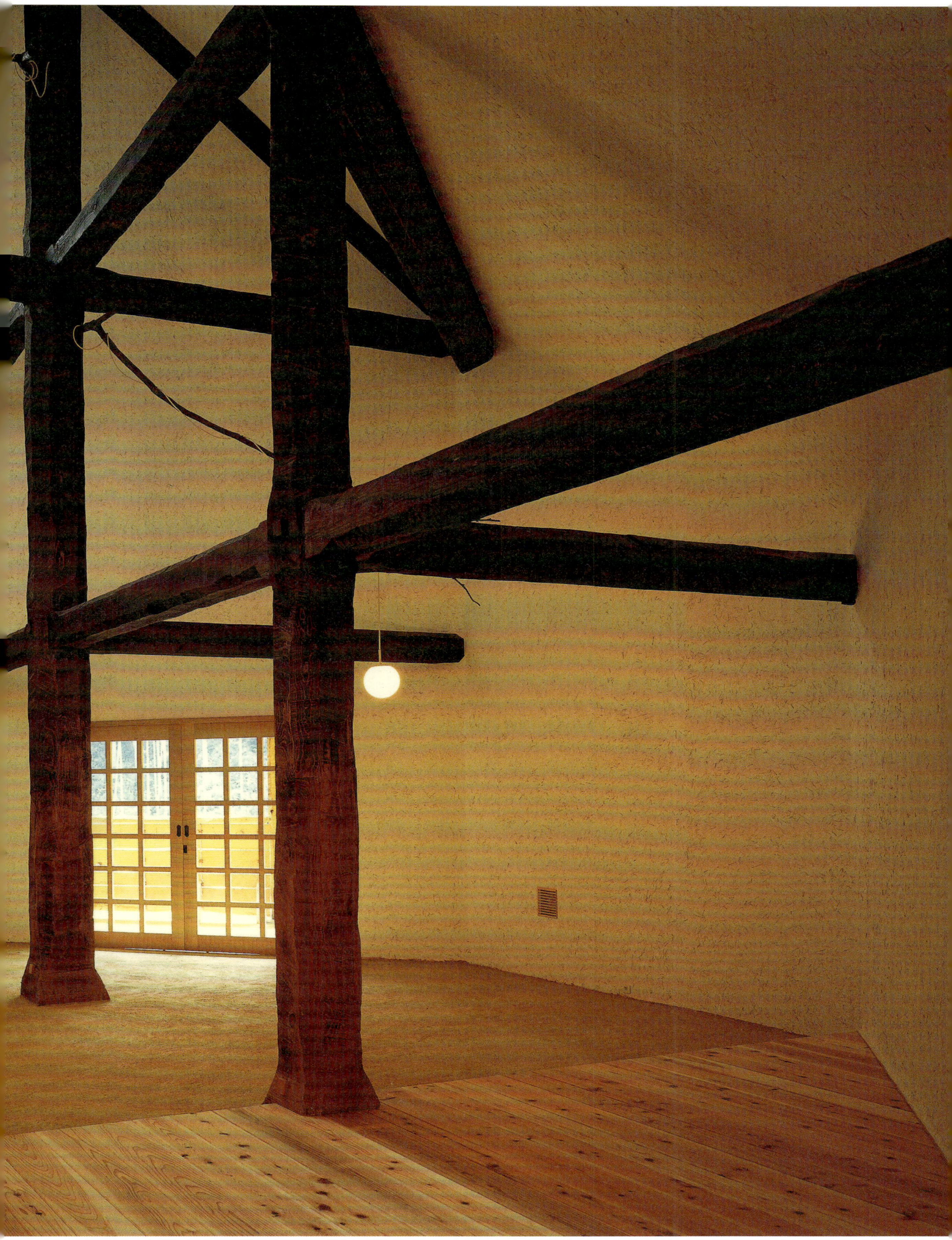

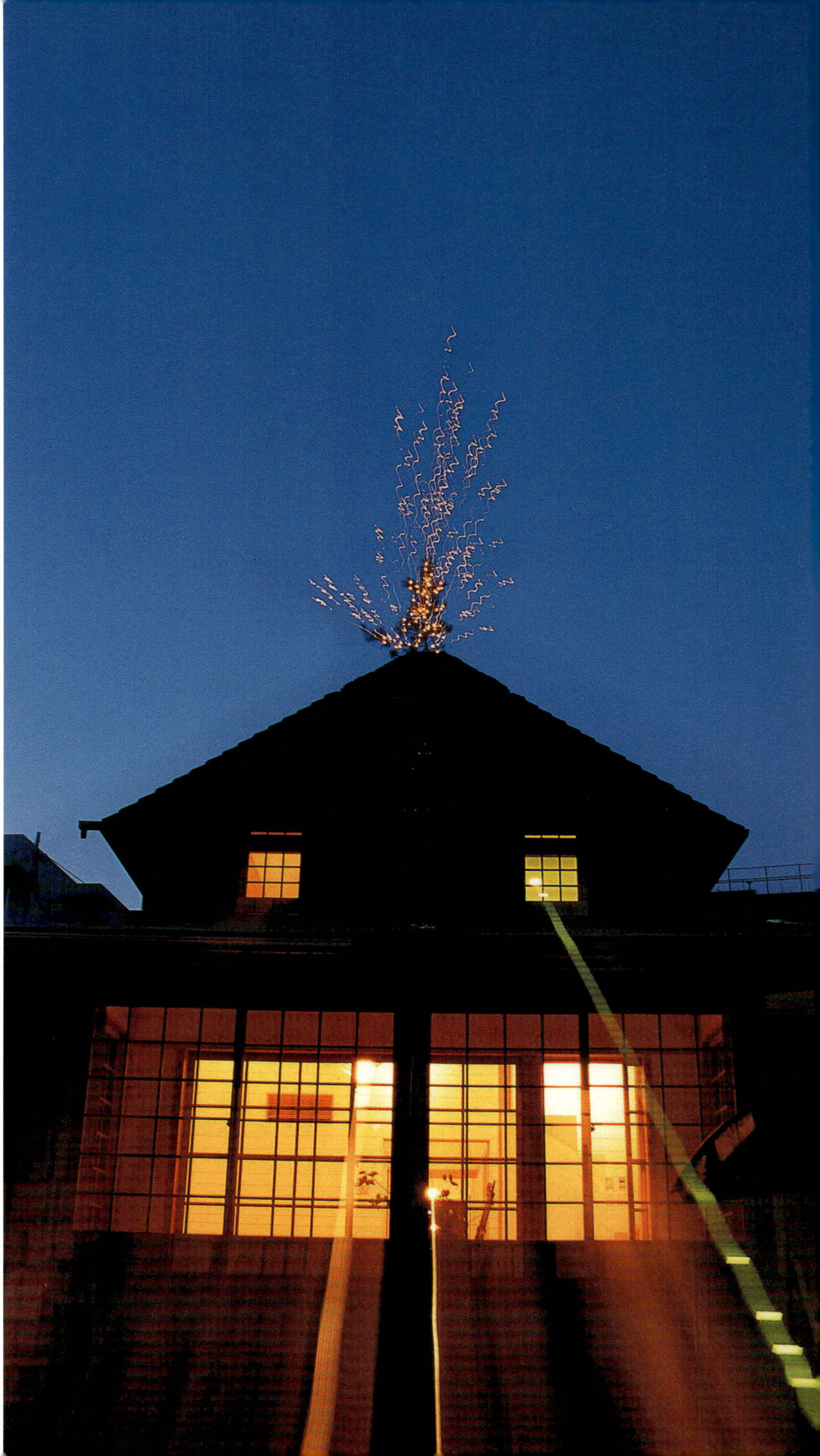

一本松ハウス
Ipponmatsu-Haus (Haus der einsamen Kiefer), 1998

Die Familie dieses Bauherrn hatte früher den Beinamen Holzkohlenkönige. Ich hatte ihnen bei der Einstufung von deren großem Anwesen als bedeutendes Kulturgut geholfen. Dann wollte es das Schicksal, dass man mich bat, auf ihrem neuen Grundstück ein kleines Haus zu bauen.

Ich hatte von Anfang an vor, den First des Spitzdachs zu bepflanzen, machte dies aber in den ersten Zeichnungen nicht unmissverständlich klar. Statt einer Pflanze zeichnete ich nur ein paar gepunktete Linien. Ich erwähnte die Sache mit der Pflanze auf dem Dach gar nicht. Und die Bauherren fragten nicht danach, obgleich sie ahnten, dass ich etwas im Schilde führte. In der Endphase der Entwurfsbesprechungen fragten sie schließlich nach kurzem, verlegenem Schweigen: »Und was wollen Sie oben auf unser Haus pflanzen?«

Natürlich stellten sie diese Frage, sie hatten ja mein Löwenzahnhaus besucht und vom Schnittlauchhaus gehört. Erleichtert sagte ich, »eine Kiefer«. Das riesige Anwesen liegt nämlich in einem Kiefernwald.

Als der Baum dann auf dem Dach stand, sah er aus wie der japanische Dutt eines selbstverliebten Adeligen. Ich hielt die Säge parat, falls die Auftraggeber sauer würden. Aber sie mussten bei dem Anblick laut lachen, und mir fiel ein Stein vom Herzen. Als ich die Beleuchtung einschaltete, klatschten sie vor Freude in die Hände. Solche Bauherren trifft man selten.

Die Wand des Schlafzimmers im Obergeschoss besteht aus einem mit Mörtel verputzten Strohnetz. Dieses entwickelt eine ausdrucksstarke Wirkung und soll gleichzeitig dem Schrumpfen des Mörtels vorbeugen. Manche Teehäuser haben Stroh in der Lehmwand, aber ich habe noch nie jemanden gesehen, der Stroh in einer Mörtelwand verwendet hat. In Japan haben Lehmwände traditionell eine raue Oberfläche, eine Mörtelwand aber sollte glatt sein.

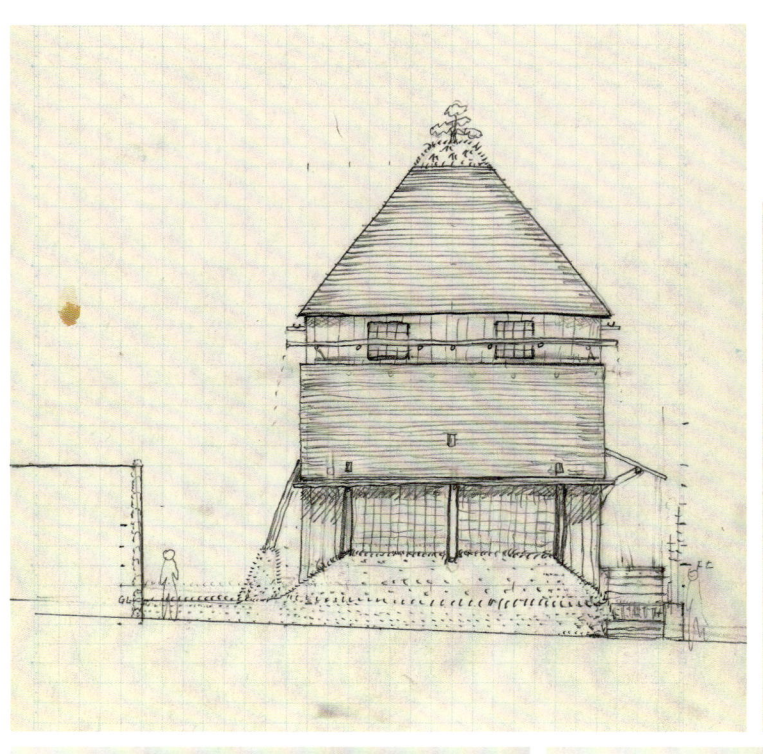

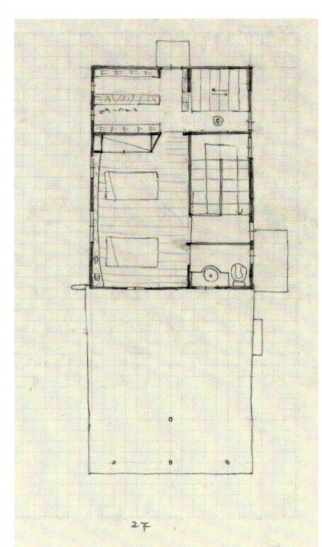

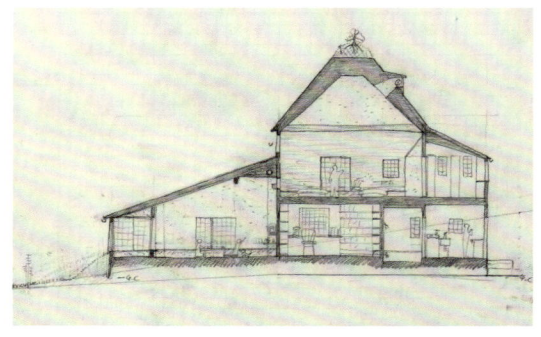

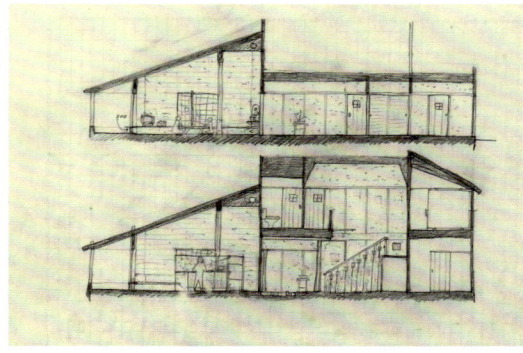

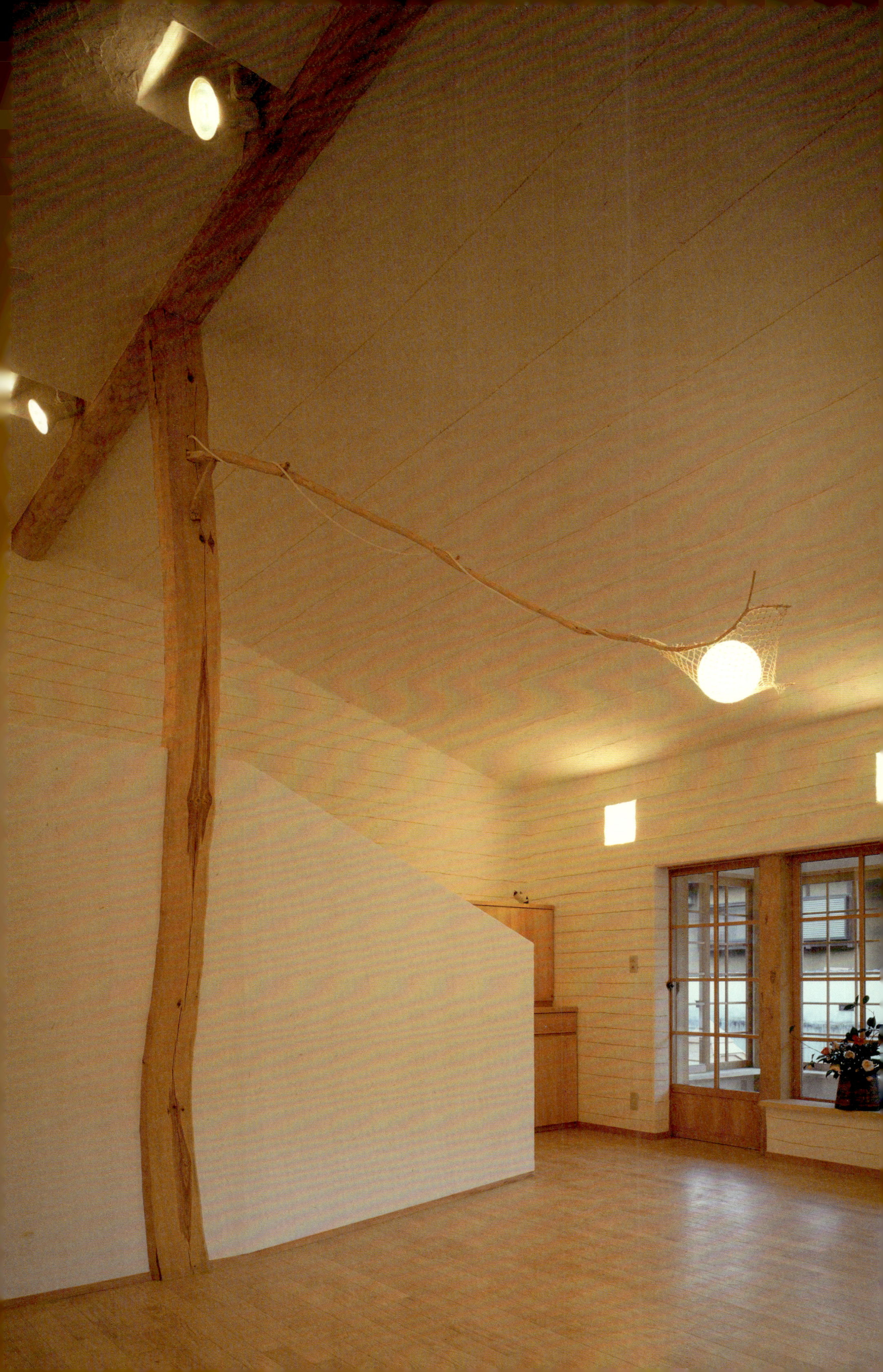

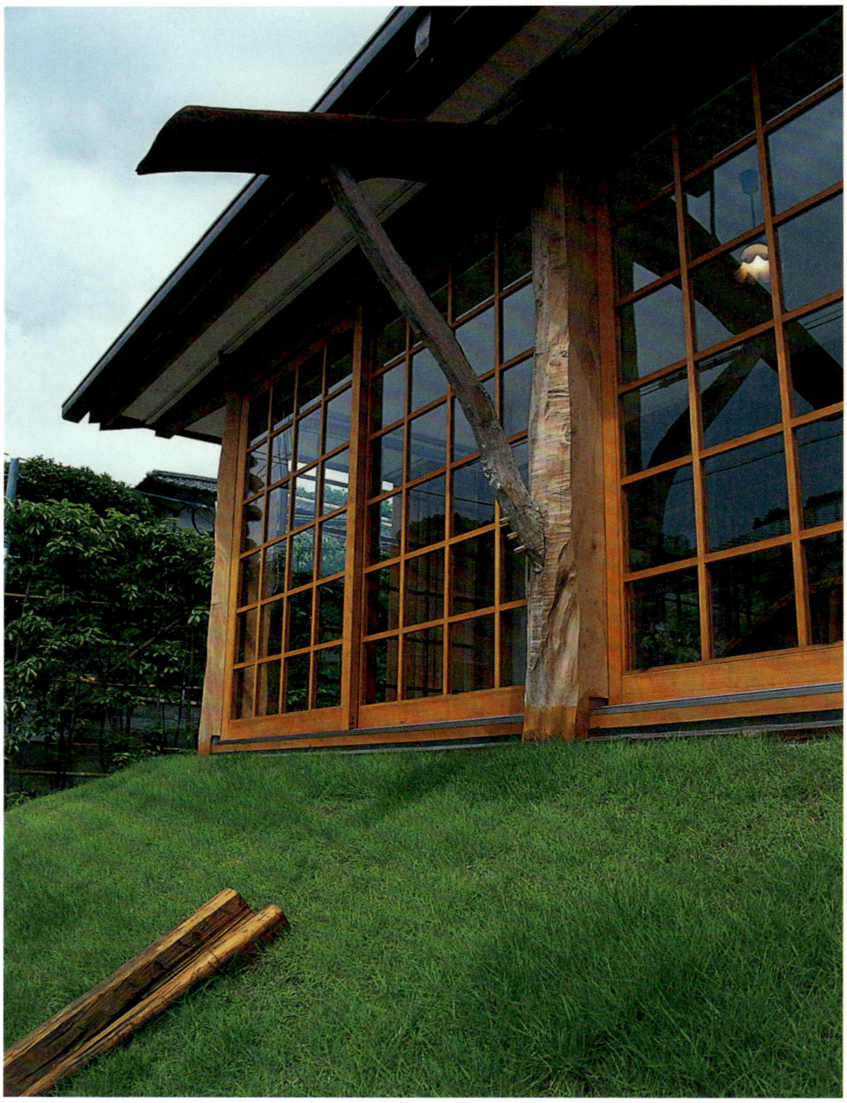

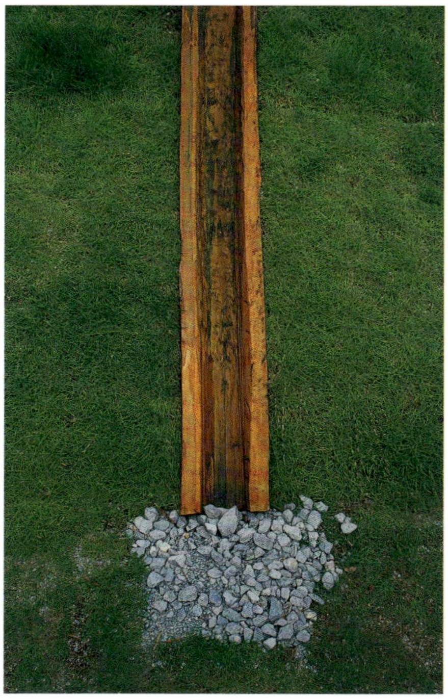

Hier verwendete ich
erstmals Kupferblech.
Zuvor hatte ich Pflanzen,
Löwenzahn und Schnitt-
lauch verwendet, um
eine ganze Fläche zu
erhalten, aber hier
setzte ich nur an einer
Stelle eine Pflanze
ein – als Symbol.

Die Gesamtkomposition des Baus ist wie die eines europäischen Klosters, deren Innenhöfe von Kreuzgängen umgeben sind. Hier sind es 100 Räume für 200 Männer und Frauen, die um vier Innenhöfe liegen.

熊本県立農業大学校学生寮
Studentenwohnheim der Kumamoto Landwirtschaftsschule, 2000

Hier ging es um Zeder und Japanische Rotkiefer. Als Bevollmächtigte des Kumamoto Artpolis-Projekts baten mich Teiichi Takahashi und Toyō Itō um meine Mitwirkung. Die Artpolis-Projekte sind eine 1988 gestartete Initiative von Herrn Morihiro Hosokawa, dem damaligen Gouverneur von Kumamoto, zur Steigerung der Qualität öffentlicher Bauvorhaben. Die Bevollmächtigten sind dafür verantwortlich, geeignete Architekten zu finden. Kumamoto ist für seine Land- und Forstwirtschaft bekannt. In jüngster Zeit gibt es aufgrund steigender Importe eine Überproduktion an einheimischem Holz, deshalb machten die Auftraggeber die Verwendung einheimischer Bauhölzer zur Auflage.

Um mich kundig zu machen, welche Hölzer in Kumamoto produziert werden, besuchte ich etliche Holzmärkte und Sägemühlen. Der überwiegende Teil war entweder Zeder oder Japanische Zypresse. Weil Japanische Zypresse teuer ist, wollten wir Zeder verwenden, aber das Zedernholz in Kumamoto ist von minderer Qualität. Wahrscheinlich liegt es an den warmen, regenreichen Sommern in Kumamoto, dass die Zedern schnell wachsen. Dadurch liegen die Jahresringe zu weit auseinander und das Holz hat nicht genug Festigkeit. Als ich mir die Stämme der Kumamotozeder ansah, hatte ich das Gefühl, diese Gemüsestängel könnte ich auch mit den Zähnen fällen.

Um das weniger feste, weichere Zedernholz als tragendes Baumaterial zu verwenden, muss man die dicken Pfosten mit starken Brettern verschalen. Wir haben es mit zwei Arten von Stützen zu tun. Die einen befinden sich unsichtbar in der Wand, die anderen stehen frei in der Eingangshalle und dem Speisesaal. Für unsichtbare Stützen konnten wir einheimische Zeder nehmen, aber nicht für die frei stehenden Pfosten. Zeder und Japanische Zypresse wachsen eher gerade. Sie für Stützpfeiler zu verwenden ist recht langweilig, weil sie zu gerade sind. Glücklicherweise fand ich heraus, dass es in der Gegend auch Japanische Rotkiefern gibt. Die Stämme krümmen sich beim Wachsen, was für Koniferen ungewöhnlich ist. Sie krümmen sich nur ganz leicht. Wenn sie sich wie Laubbäume krümmen, hat man viel Verlust.

Wir sägten die Japanischen Rotkieferstämme an beiden Seiten zu. Wenn man das macht, sieht der Stamm in der Aufsicht gerade aus, aber in der Seitenansicht sieht man die Krümmung. Diese Schnittart heißt »taiko-otoshi« (Trommelzuschnitt), weil das Stück nach dem Zuschnitt wie ein Stück einer Trommel aussieht. Nach dem Zuschneiden hobelten wir die übrigen Flächen mit einem japanischen Hobel glatt.

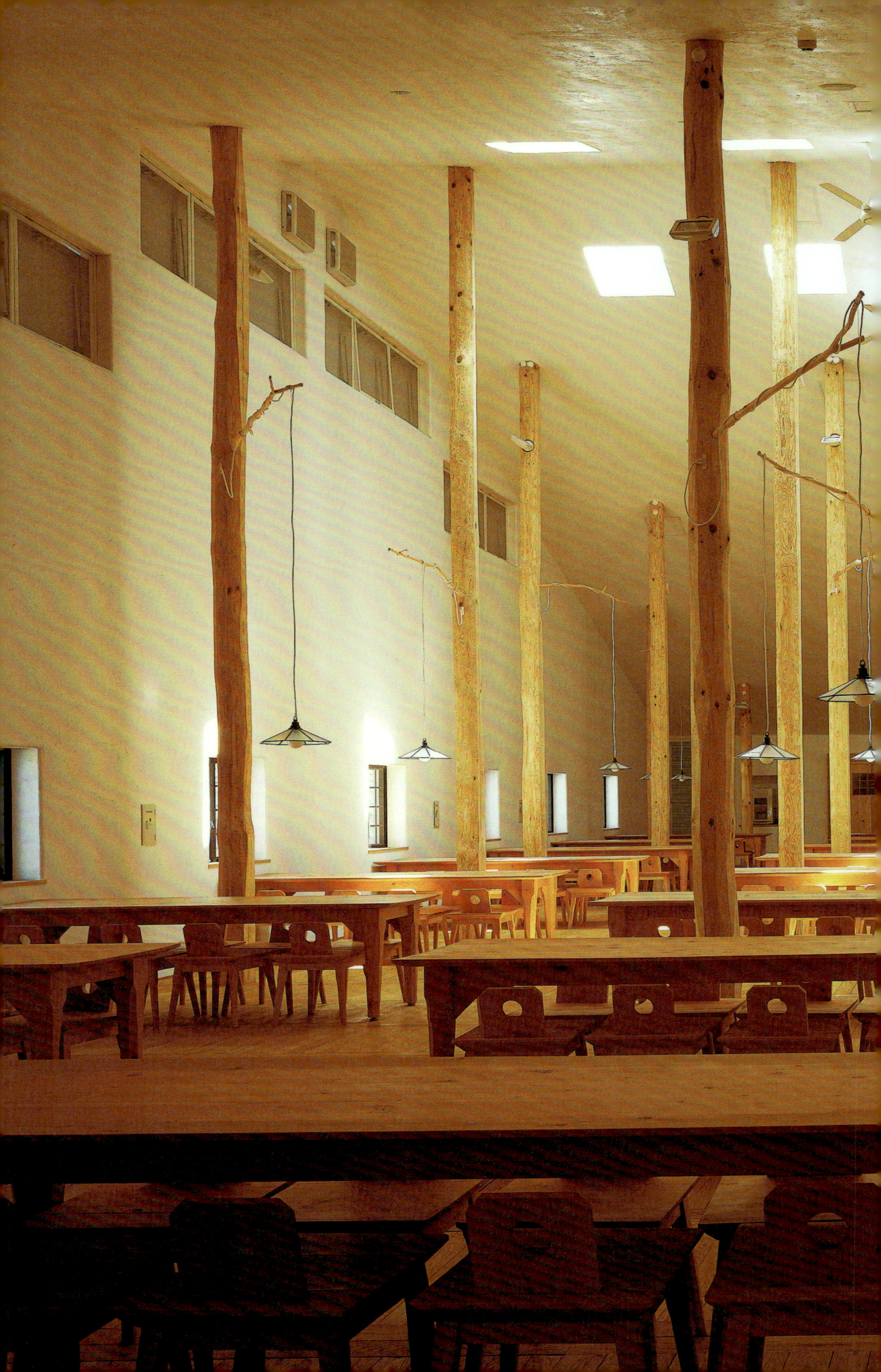

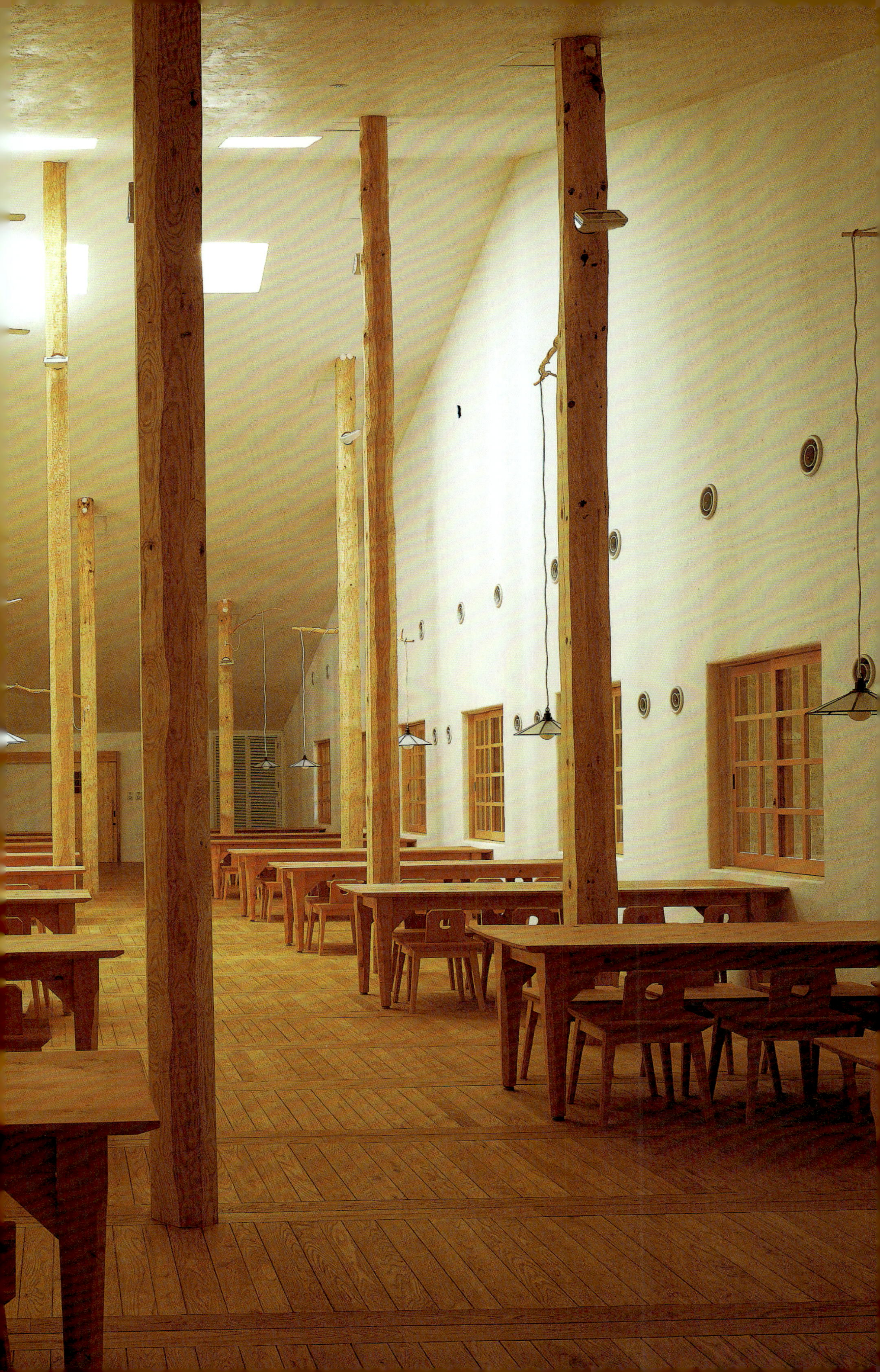

« Im Speisesaal sind viele Pfeiler. Um den Eindruck zu verstärken, dass man sich im Wald befindet, habe ich die Dachbalken unter der Decke versteckt.

Ein Grundriss mit Innenhöfen und Kreuzgängen ist in der zeitgenössischen Architektur selten versucht worden, kann aber in manchen Situationen, je nach Topografie und Klima eines Ortes, durchaus angebracht sein.

Beim Eintreten hat das Innere etwas sehr Entspannendes. Die Bewohner können ein Gemeinschaftsgefühl entwickeln. Die Auswirkungen von Wind und Regen sind in den Innenhöfen weniger stark.

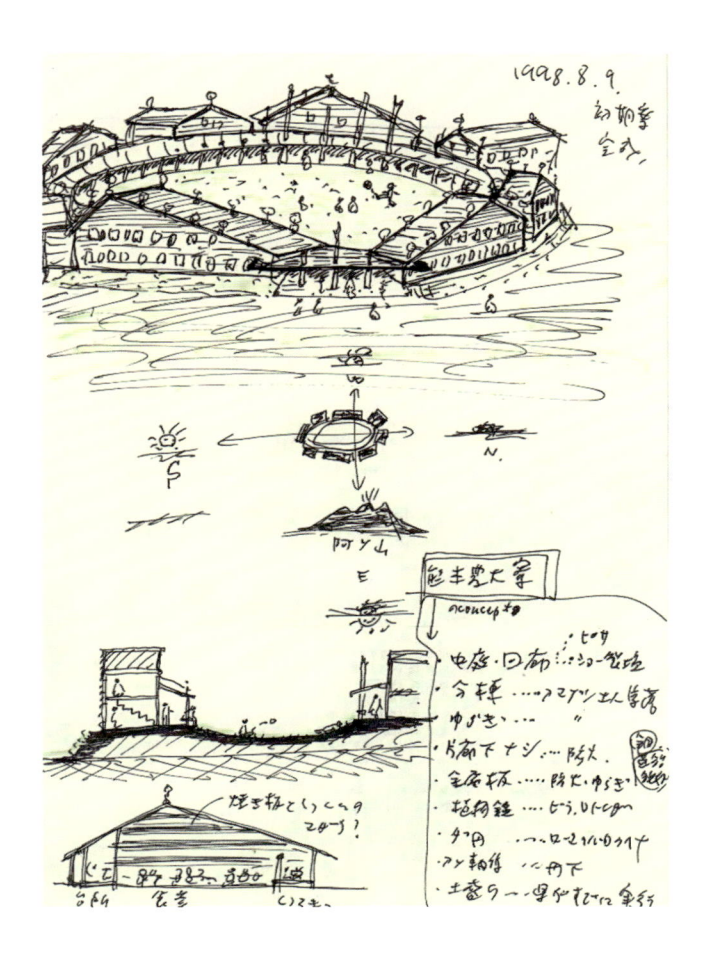

Beim Eintreten erblickt man ein Foyer und einen Innenhof und am hinteren Ende des Gebäudes dann einen Speiseraum unter einem großen Giebeldach. Zwischen den Pfeilern ist eine Fensterwand angebracht, die das Foyer vom Innenhof trennt. Heute ist der Hof von Kaninchen bevölkert.

Dieses Gebäude erhebt sich auf einer Hügelkuppe in der Nähe des Ozeans. Dahinter erstreckt sich der Berg Miharayama, der berühmt ist für seine Vulkantätigkeit. Auf der Insel gilt ein Vulkanausbruch seit alters her als göttliches Feuer und wird »gojinka« genannt. Der Vulkan wird als Gott verehrt.

ツバキ城
Tsubaki-Schloss (Kamelienschloss), 2000

Hier handelt es sich um eine Sakebrauerei auf der Insel Izu-Ōshima, die von Eikyu Taniguchi geleitet wird. Das Ehepaar Taniguchi gibt sich große Mühe mit der Produktion von »shōchū«, einer Branntwein-Spezialität von Ōshima. Ihre eigene Marke Gojinka ist bei Shōchū-Liebhabern in ganz Japan berühmt, wird aber nur in begrenzten Mengen produziert.

Taniguchi ist ein Gründungsmitglied der Jōmon-Gruppe, die an der Errichtung der von mir entworfenen Bauwerke mitwirkt. Als er von seinem Vater eine Sakebrauerei erbte, bat er mich, einen Erweiterungstrakt für seine Fabrik zu entwerfen. Das Lagerhaus und die Brauerei wurden restauriert, dazwischen wurde ein Neubau eingefügt, in dem sich ein Büro, ein Verkostungsraum im Erdgeschoss und ein Arbeitszimmer im ersten Stock befinden. Das Letztere ist für Taniguchi, der auch schriftstellerisch tätig ist.

Die Stahlbetonwand ist mit Porphyritplatten verschalt, und die Fugen sind mit Gras ausgefüllt, analog zu den Wänden des Lagerhauses, das mit quadratischen Meeresschneckenkacheln verkleidet ist. Hierbei handelt es sich um eine traditionelle japanische Fassade aus flachen Kacheln, die Fugen sind zum Schutz vor eindringendem Wasser mit Mörtel ausgefüllt. Der Fassadentyp heißt Meeresschneckenwand (»namako-kabe«), weil die Struktur an eine Meeresschnecke erinnert. Ein pyramidenförmiges Dach sitzt auf einem Parallelepipedgerüst aus Stahlbeton. Pflanzt man Gras in eine Erdschicht, die auf Holz aufliegt, besteht die Gefahr, dass Wasser durchs Dach dringt. Um auf den Unterbau für die Erdschicht verzichten zu können, strich ich wie bei einem normalen Dach die Latten mit wasserdichter Lasur. Die Erdschicht wurde wie ein Hut oben drauf gesetzt. Das Trägersystem für die Erdschicht besteht aus Edelstahlwinkeln. Die Erdschicht ist dünn, etwa 4 cm dick.

Ich nannte das Gebäude Tsubaki-Schloss (Kamelienschloss), weil Izu-Ōshima seit der Edozeit (1603–1868) für Tsubaki-(Kamelien-)Öl berühmt ist. Die Inselbewohner diskutierten heftig, ob auf dem Dach Kamelien wachsen würden, was letztlich nicht passierte. Die symbolische Kamelie auf dem Dach wuchs auch nicht gut, aber der Gojinka-Shōchū verkauft sich bestens, seit das Tsubaki-Schloss fertig ist.

Im Erdgeschoss sind ein Büro und ein Verkostungsbereich untergebracht. Im Obergeschoss befindet sich ein Arbeitszimmer. Die Wand besteht aus Mörtel, der auf einem Strohgeflecht angebracht ist. Als Dünger vorgesehene Strohfasern sind dem Putzmörtel beigemischt. Die gelbliche Farbe ist dem Stroh zu verdanken. »

Um den Charakter der Kastanie zum Ausdruck zu bringen, ist es besser, wenn man die Oberfläche rau lässt. Der heraussehende kurze Zaun ist das Werk meines Freundes Genpei Akasegawa von der Jōmon-Gruppe. Er hat ihn mit einer kleinen Axt abgeschabt. Das Holz ist durchweg japanische Kastanie. Die Bäume stammen von einem Berg in meinem Heimatort und wurden von Takashi Nakamura im Sägewerk Kakudai Seizaisho bearbeitet. Im Vergleich zu früher wird Kastanie heute selten als Baumaterial verwendet, sie ist aber meine Lieblingsholzart. Sie ist stark und verströmt Wärme.

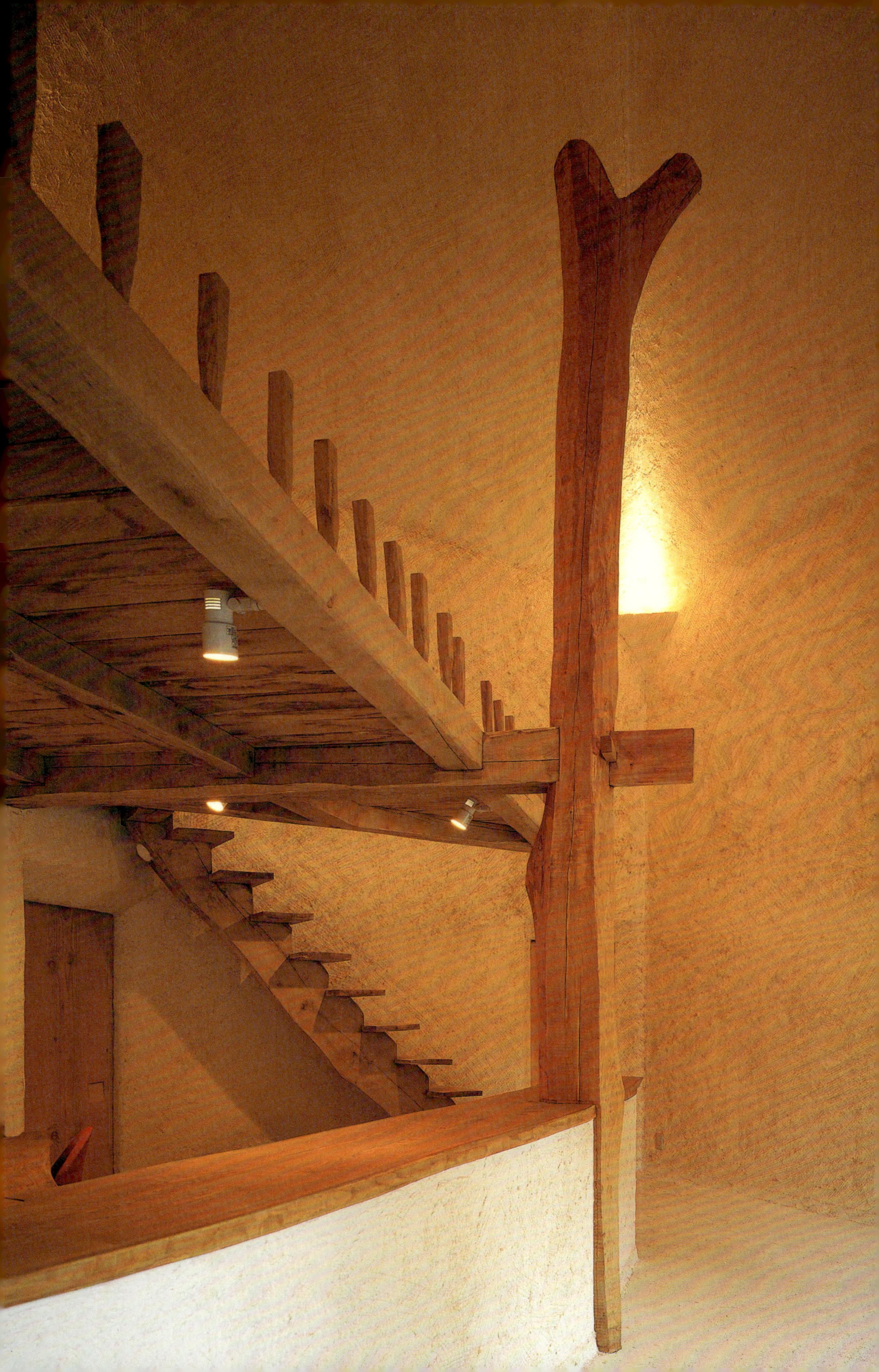

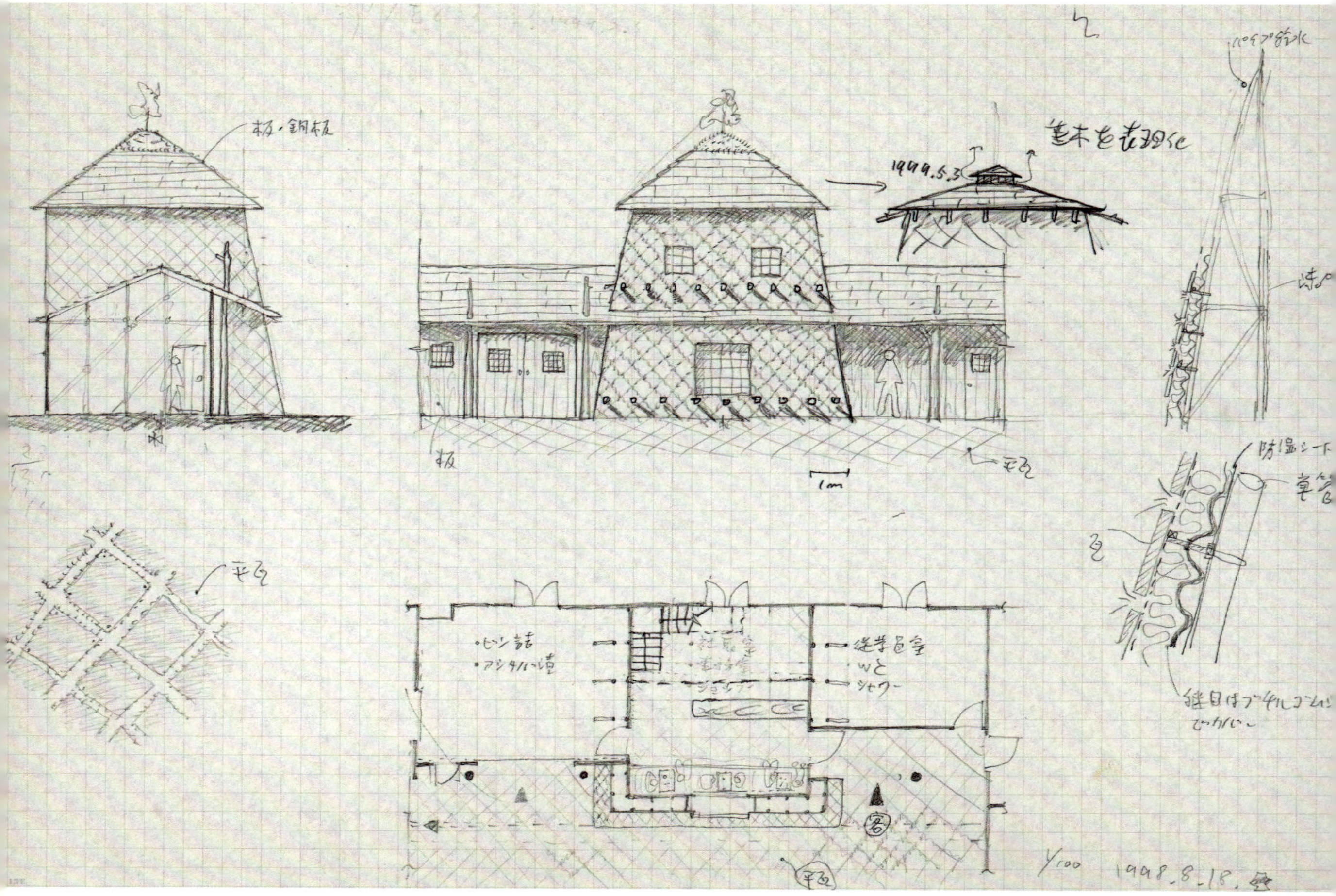

Ich habe zwar schon mit haarigen Erscheinungsformen gearbeitet, aber Tsubaki-Schloss ist wirklich behaart. Vor allem das Sonnenlicht, das in schrägem Winkel auf die Wand und das Dach fällt, lässt die Schatten des Grases als Behaarung zu Tage treten.

Üblicherweise bemerken die Leute das Gras an der Wand gar nicht. Die meisten Gäste sehen es erst, wenn sie darauf aufmerksam gemacht werden. Wir haben Scheuklappen vor den Augen und sehen nur Dinge, die wir bereits kennen.

Von links nach rechts sieht man die Thermalquelle, die Trockenkammer, den Raum mit der Töpferscheibe und ein Dach des alten Wohnhauses von Fumimaro Konoe. Der Hof wird zum Trocknen von Tonwaren, zum Ausbreiten fertiger Keramiken und manchmal auch für Feste genutzt.

不東庵工房
Futō-an Kōbō (Werkstatt der Futō-Klause), 2001

Thema dieses Projekts war Kupferblech. Nach seinem Rücktritt als japanischer Premierminister und seinem generellen Rückzug aus der Politik begann Morihiro Hosokawa in seinem Wochenendhaus Futo-an in Yugawara mit dem Töpfern. Das Haus hatte er geerbt. Es hatte Fürst Fumimaro Konoe gehört und war zu Beginn der Shōwa-Zeit (1926–1989) als traditionelles japanisches Haus erbaut worden. Ich vermute, es wurde von Eikichi Hasebe oder einem seiner Schüler entworfen. Man bat mich, hinter dem Haus im traditionell japanischen Stil eine Töpferwerkstatt zu bauen.

Im Garten gab es eine heiße Quelle, einen kleinen Gemüsegarten und einen Lagerplatz. Ich fand, man dürfe die ungewöhnliche Privatquelle unmöglich ignorieren, und legte um die Quelle herum einen Garten im Garten an, so kann Hosokawa den Garten nutzen, um draußen zu arbeiten. Um den Garten herum plante ich einen Arbeitsbereich für die Drehscheibe und einen Platz für Brennöfen. Drehscheibe und Brennofen erfordern hohe Decken, das vorhandene japanische Haus ist jedoch ein eingeschossiger Bau mit niedriger Decke. Da die neue Werkstatt hinter dem vorhandenen Haus stehen soll, darf sie nicht höher sein als das Haupthaus. Ich machte die Decke über Drehscheibe und Brennofen zwar höher, zog die Traufe aber so weit herab, dass sie unterhalb der Traufe des Haupthauses blieb.

Die Traufe der Werkstatt liegt etwa auf Schulterhöhe. Die beiden Türme sind trapezförmig, nach dem Vorbild der Pylone bei den alten Ägyptern.

Am meisten Kopfzerbrechen bereitete mir die Außenhaut von Dach und Wänden, da eine Holzverschalung wie bei meinen vorausgegangenen Projekten (Nira-Haus, Ipponmatsu-Haus, Studentenwohnheim der Kumamoto Landwirtschaftsschule), wegen der hohen Temperaturen im Brennofen nicht infrage kam. Also beschloss ich, das Gebäude komplett mit Kupferblech zu verkleiden.

Zu diesem Zweck musste ich die Bleche zuerst falzen und markieren. Beim Falzen und noch nach der Montage war es mir wichtig, dass sie hochglänzend blieben. Doch die Zeit vergeht, und sie setzen Patina an. Ich hätte wohl noch weiter daran arbeiten sollen.

Nach diesem Projekt experimentierte ich noch mit diversen Arten, Kupferblech als Verkleidung einzusetzen.

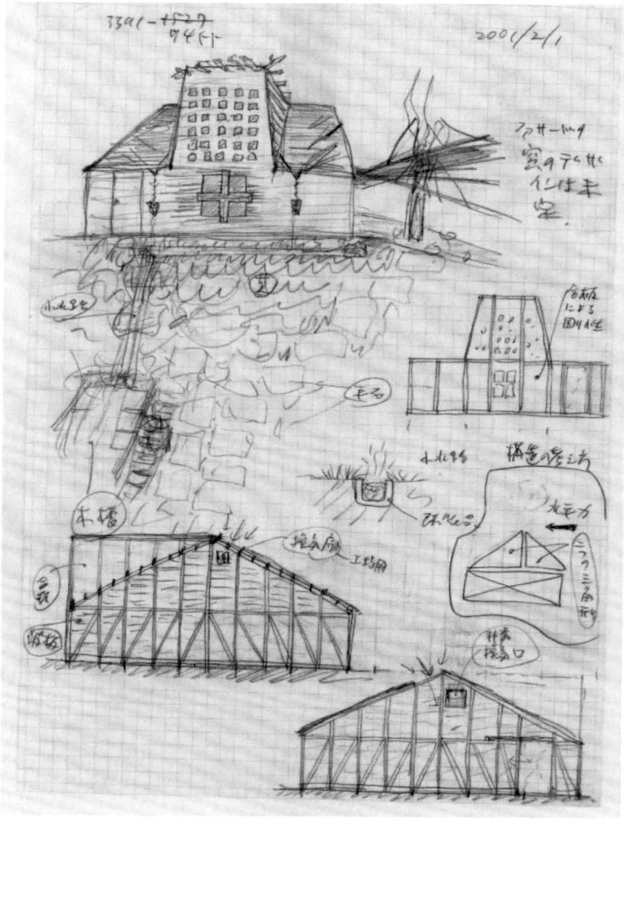
2001/2/1
ファサードの窓のデザインは未定.

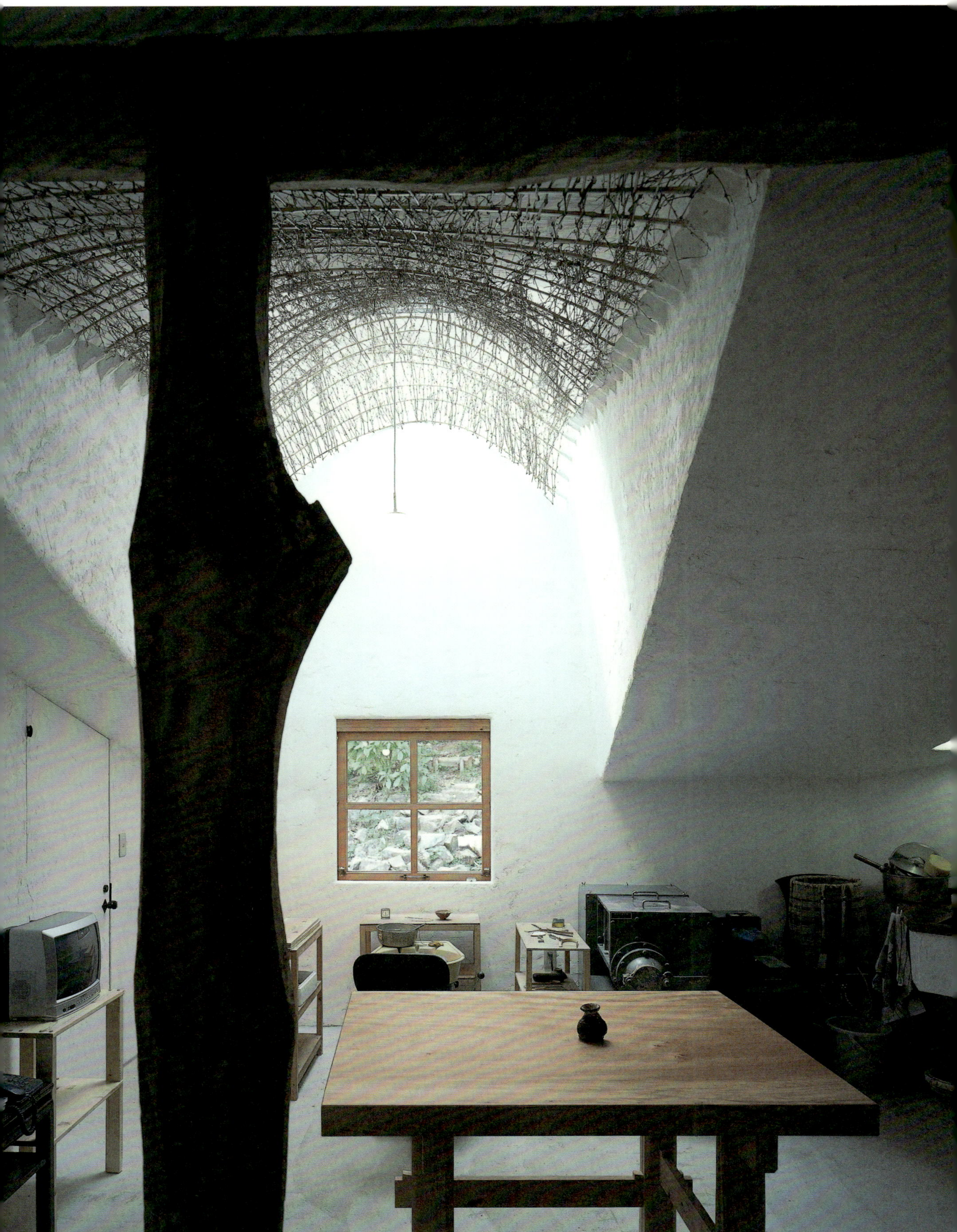

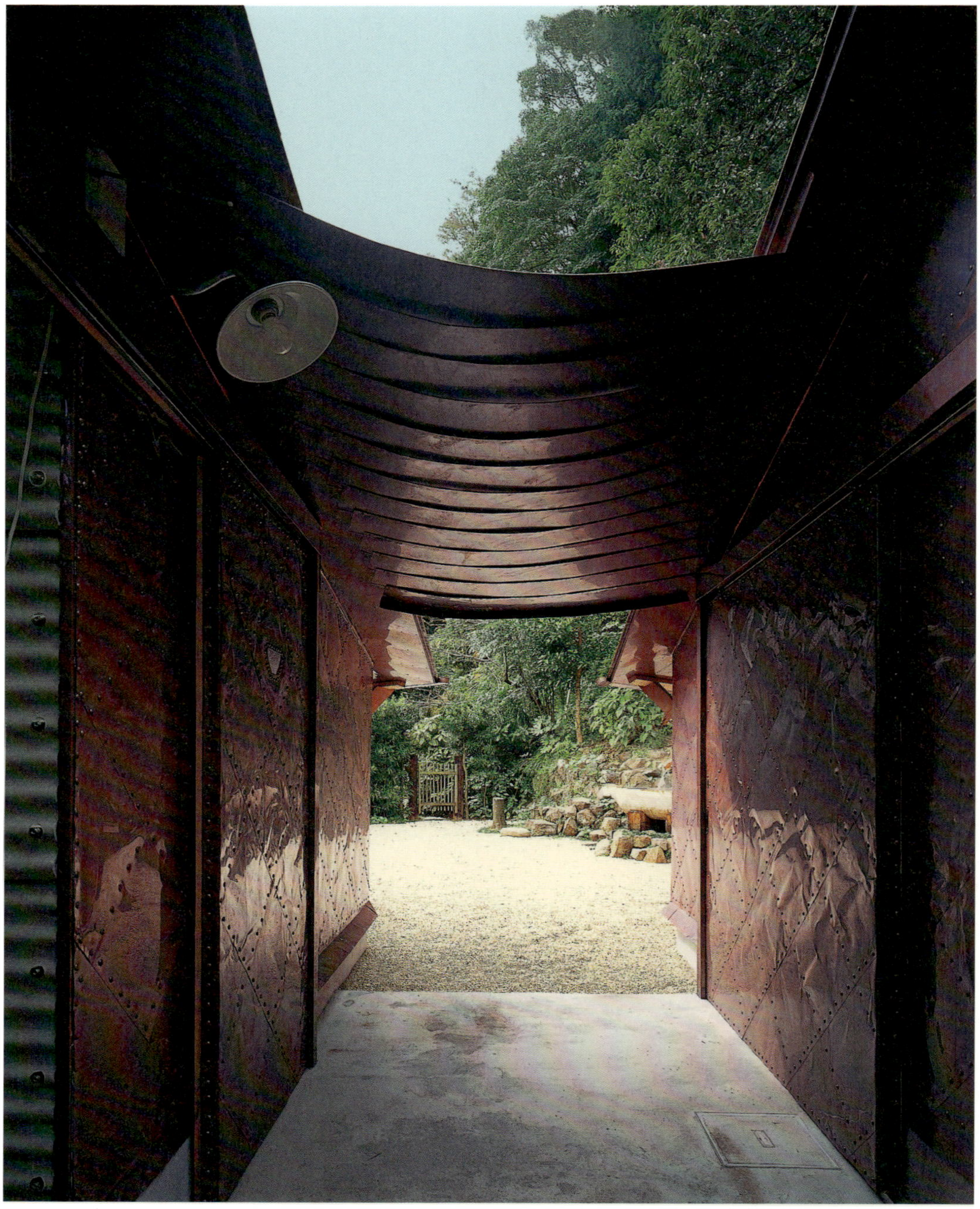

Kupferblech bleibt, auch wenn es uneben ist, nur wenige Monate lang glänzend. Dann verliert es seinen Glanz und die Farbe dunkelt durch die Reaktion mit dem schwefelsaurem Salz und dem Sauerstoff aus der Luft nach. Die Unebenheit sieht man dann kaum mehr, und die Licht- und Schattenkontraste werden schwächer.

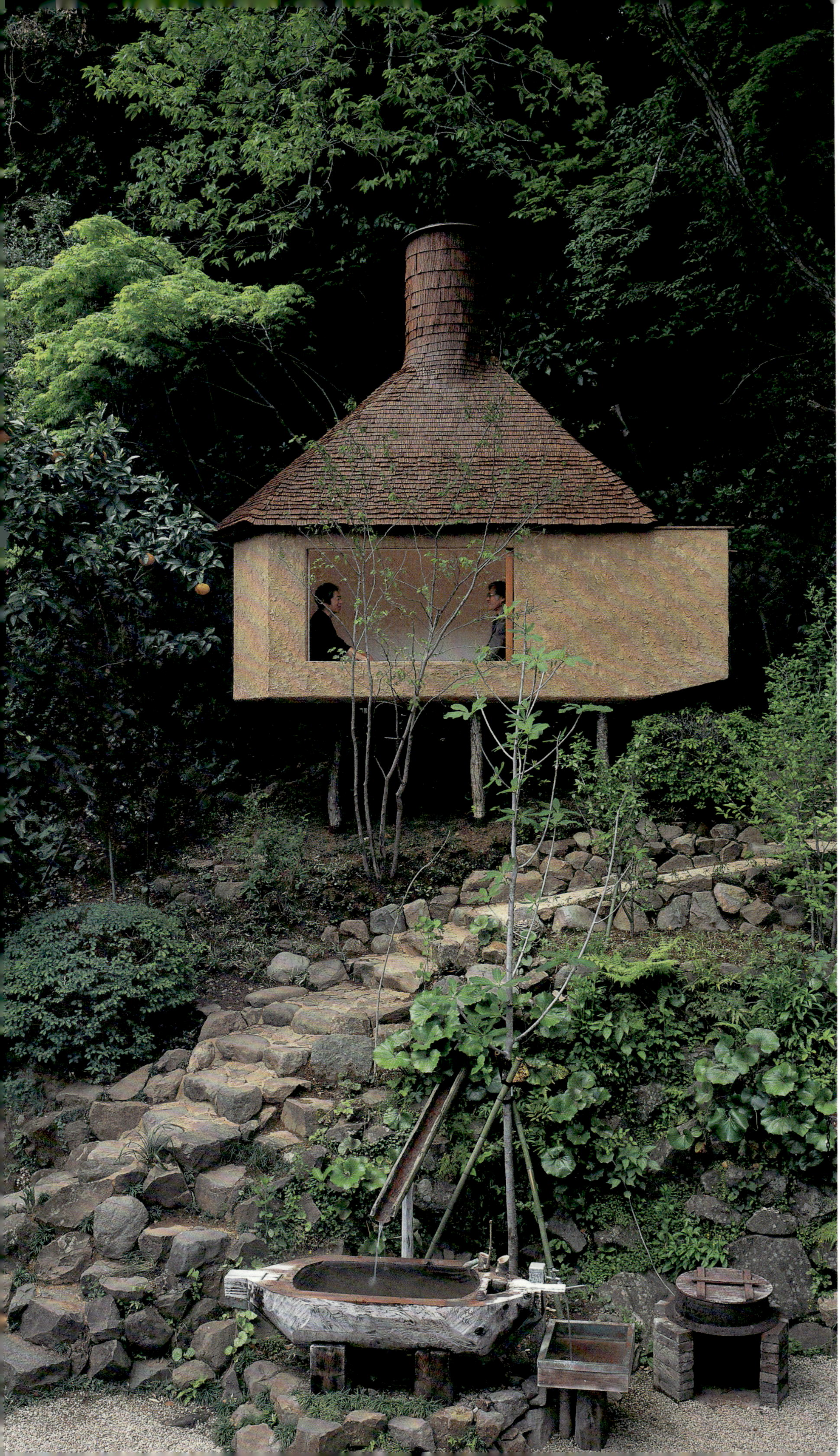

一夜亭
Ichiya-tei (Teehaus für eine Nacht), 2003

Dies ist das erste Teehaus, das ich entworfen habe. Genauer gesagt, ist es mein erstes freistehendes Teehaus, denn es gibt zwei Teehaustypen: Das eine steht frei in einem Garten, das andere ist an ein Hauptgebäude angebaut.

Freistehende Teehäuser befinden sich oft unauffällig in einem Garten in der Nähe des Salons, in dem Gäste bewirtet werden. Sie verstecken sich hinter Bäumen wie ein Farbklecks, der auf einem Landschaftsgemälde eine Hütte im Hintergrund darstellt. Das strohgedeckte Teehaus geht auf die Idee zurück, »das Gefühl zu erzeugen, man sei in den Bergen, obwohl man in der Stadt ist«. Diesen Teehaustyp findet man in den Höfen von Häusern in Großstädten wie Kyoto. Das freistehende Teehaus folgt dieser Tradition. Das Entscheidende bei freistehenden Teehäusern ist, die gegensätzlichen Zustände »In-der-Stadt-sein« und »In-einer-Berghütte-sein« durch die Wahl von Standort und Gestaltung in Einklang zu bringen. Zwei Jahre, nachdem ich für den ehemaligen Premierminister Morihiro Hosokawa ein Atelier in seinem Gästehaus entworfen hatte, bat er mich, für ihn ein Teehaus zu bauen. Das Ganze müsse, so hieß es, innerhalb von drei Monaten über die Bühne gehen. Angeblich hat Rikyū in wenigen Tagen ein Teehaus für Hideoshi Toyotomi gebaut, den mächtigsten Mann seiner Zeit im späten 16. Jahrhundert. Ich erhielt den Auftrag zwar von der 17. Nachfolgegeneration Sansai Hosokawas, Rikyūs bestem Schüler, doch in diesem Zeitraum ein Teehaus zu errichten, war schwierig. Eigentlich wollte Hosokawa dem französischen Präsidenten Jacques Chirac, mit dem er gut befreundet war, bei dessen Staatsbesuch in Japan Tee servieren, später hörte ich jedoch, die Reise sei wegen des Irakkriegs abgesagt worden.

Morihiro Hosokawa hat der Rikyū-Teeschule nicht völlig abgeschworen, doch er sehnt sich danach, unabhängig von festgelegten Formen seine eigene Teezeremonie abzuhalten. Er möchte für sich Tee machen oder Freunde zum Tee einladen. Er möchte Schalen nach seinem Geschmack aussuchen und darin Tee servieren. Er möchte Kunst an der Wand genießen und sich mit seinen Freunden bei einer Schale Tee darüber unterhalten. Er möchte für sich allein Bücher lesen oder über verschiedene Dinge nachdenken und dabei durchs Fenster die Landschaft betrachten. Um sich diese Bedürfnisse zu erfüllen, dachte ich, braucht er eigentlich nur einen kleinen Raum mit einem kleinen Eingang (»nijiriguchi« genannt) zum Rein- und Rauskriechen und eine Kochstelle. Diese drei Elemente machen ein Teehaus aus.

Statt eines »tokonoma« befindet sich im hinteren Teil des Raumes ein kleiner Alkoven, in dem ein Gemälde hängt und eine Pflanze steht. Der Meister sitzt vor der Feuerstelle, um die vier Gäste Platz haben. Das Fenster mit der handgeblasenen Scheibe ist von der Außenwand abgesetzt. Am oberen Ende der zylindrischen Decke befindet sich ein Oberlicht.

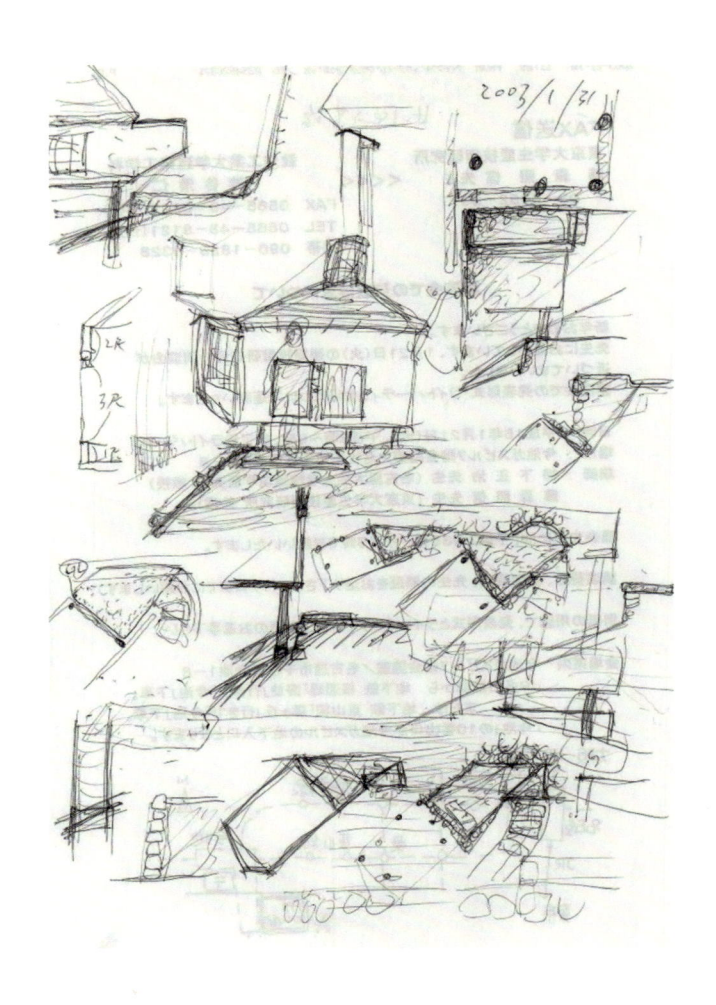

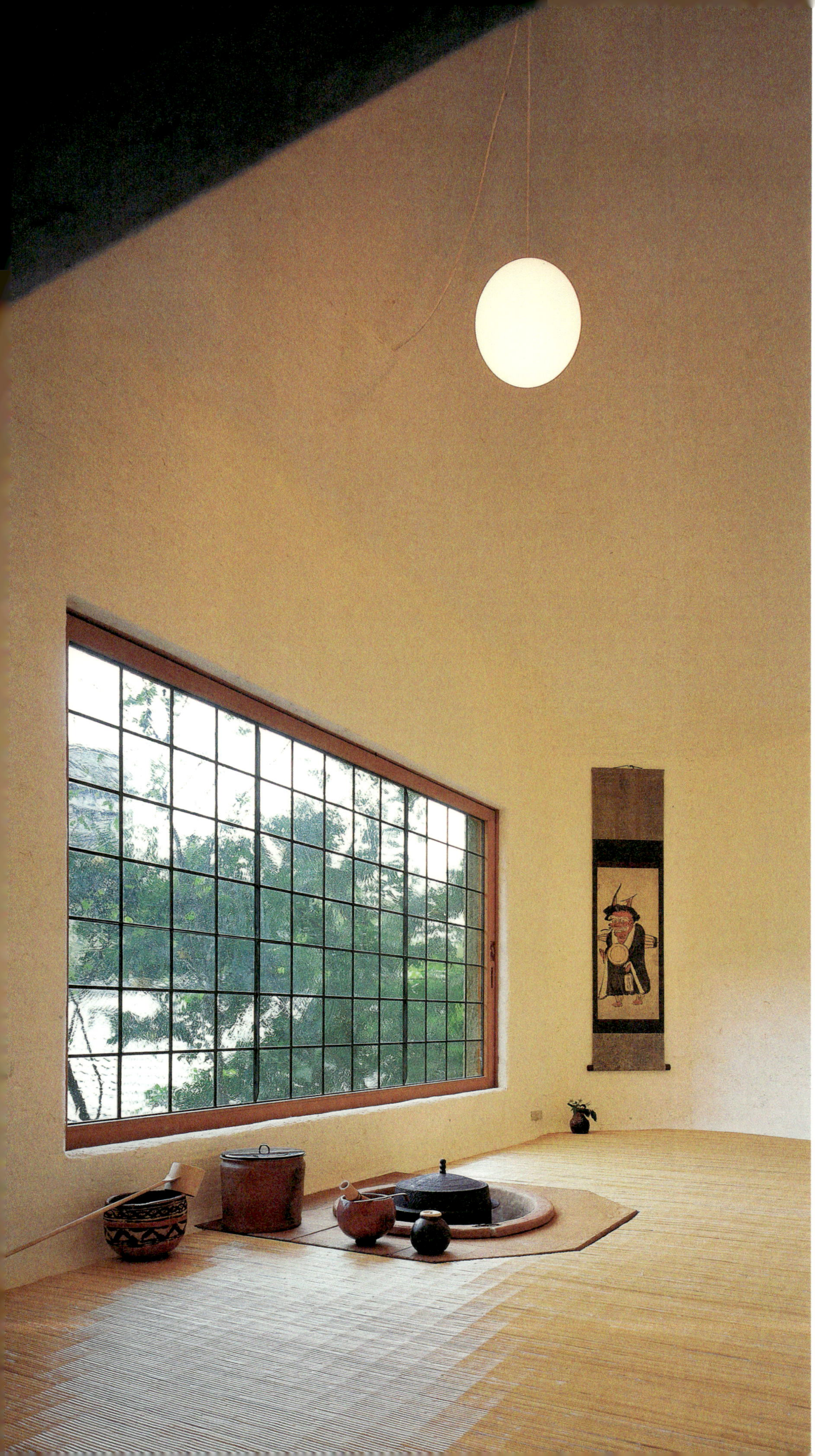

Vom Ichiya-tei blickt man durch die Blätter der Bäume auf ein Haus mit Ziegeldach: das Landhaus von Fumimaro Konoe, das zu Beginn der Shōwa-Zeit gebaut wurde. Ichiya-tei ist so gelegen, als ob es durch die Bäume auf das Konoe-Landhaus herabblickt. Die traditionelle Ausführung von Ichiya-tei – wie etwa die Lehmmauer, die Dachschindeln aus der Rinde der Japanischen Zeder oder die handgeblasenen Scheiben – bewirkt, dass es sich gut an das historische Erscheinungsbild des Konoe-Landhauses und an die natürliche Umgebung anpasst.

Der Eingang beruht auf dem traditionellen »nijiriguchi«, einer besonderen, Teehäusern eigene Art von Eingang, die von Rikyū entwickelt wurde. Die kleine Öffnung deutet auf eine andere Welt dahinter.

Ich platzierte im Garten eine »grüne Skulptur«. Der Bogen ist eine Hommage an Le Corbusiers Sowjetpalast. Das sich wie eine Schlange windende Band ist eine Hommage an den Surrealismus, insbesondere an Dalís Gemälde *Die Beständigkeit der Erinnerung*. Gäste betreten den Garten durch das rechts anschließende Gebäude, waschen ihre Hände im »tsukubai«, dem steinernen Waschbecken, um dann über die Trittsteine durch den Bogen zum Teehaus zu gehen.

矩庵
Ku-an (Teehaus im rechten Winkel), 2003

Das Ichiya-tei war mein erstes freistehendes Teehaus, aber mit dem Entwurf zum Ku-an hatte ich schon viel früher begonnen. Es steht im Tokushoji Tempelbezirk mitten in Kyoto. Hinter dem Tempel liegt ein von hohen Mauern umschlossener Garten. Oberpriester Hitoshi Akino wünschte sich dort ein Teehaus, und er wollte in die Bauarbeiten mit einbezogen werden.

Der Garten ist schmal und feucht, deshalb beschloss ich, das Teehaus an eine Ecke der Mauer anzubauen und auf Stelzen zu stellen. Auf meinen ersten Skizzen findet sich die Notiz: »etwas, das nach Mirokage Kuzumi aussieht«.
Morikage Kuzumi ist ein Maler der frühen Edo-Zeit (1603–1867), sein Hauptwerk heißt *Yūgao dana nōryō zu* (Genuss der Abendfrische unter einem Kürbisspalier). Auf diesem Bild liegen Eltern und Kind einer armen, aber glücklichen Samuraifamilie in der abendlichen Dämmerung friedlich auf einer Strohmatte unter einem Spalier, von dem weiße Blüten einer Flaschenkürbispflanze herabhängen. Durch eine einfache Strohmatte unter dem Spalier wird der Raum als architektonischer Raum definiert, obwohl er keinen Innenraum hat und nach allen Seiten hin offen ist.

Im Garten des Tokushoji Tempels wollte ich einen interessanten, architektonischen Raum wie auf Kuzumis Gemälde schaffen. Die dort dargestellte Behausung ist ärmlich. Bei starkem Wind würden die Lehmwände, das Spaltbambusflechtwerk, das Spalier und die Bodenmatte davonfliegen. Doch selbst wenn das geschieht, könnte sich die Familie noch immer in einem nahegelegen Hain Bambus schneiden und sich neue Flechtwände aus gespaltenem Bambus anfertigen. Das Bild zeigt eine provisorische, laienhaft gebaute Ad-hoc-Architektur. Etwas von dem Laienhaften, Provisorischen wollte ich auch für das Ku-an.

Rikyū orientierte sich bei der Gestaltung der Teezeremonie an einfachen Behausungen, wie sie in Kuzumis Bildern vorkommen. Rikyū stellte auf einem Außenkorridor (»engawa«) mit Holzboden einen kleinen Teeraum zusammen. Er verwendete kleine Türen, Raumteiler (»shoji«), Tatamimatten und Holzabfälle und schuf daraus einen Raum. Dieser provisorische, manuell gebaute Teeraum hieß »kakoi« (Klause). Als mir Kuzumi im Kopf herum ging, kannte ich die Geschichte von Rikyūs Kakoi noch nicht. Doch am Ende kam ich Rikyūs Idee näher.

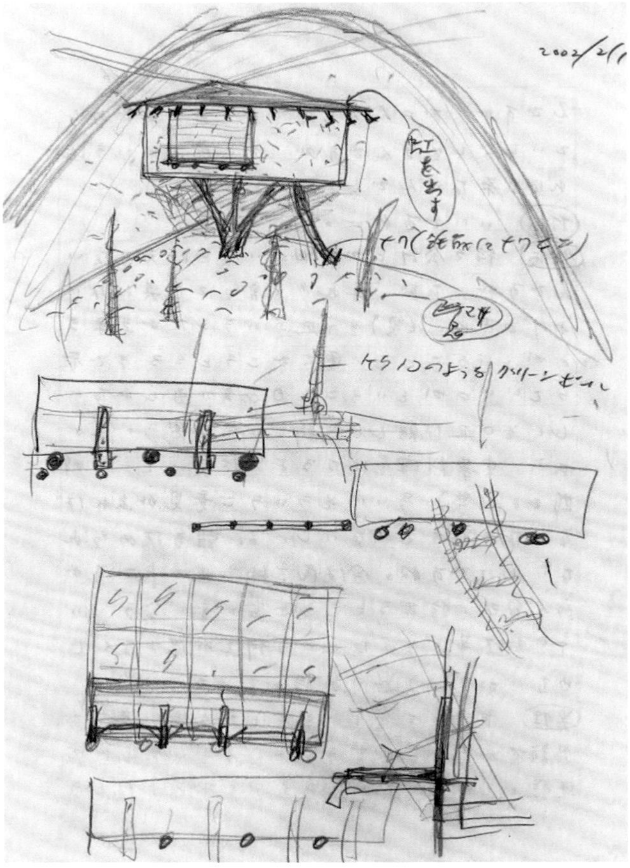

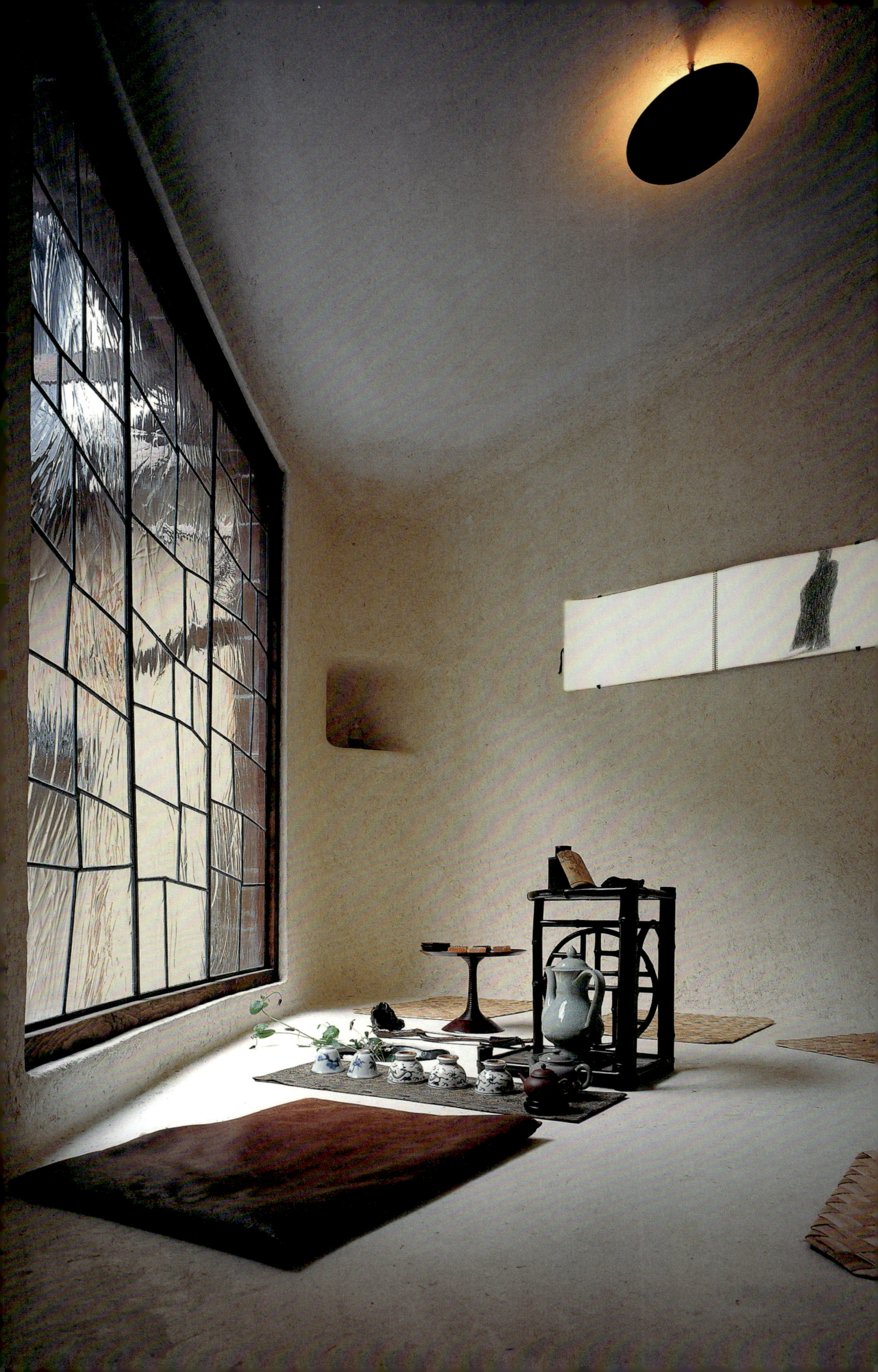

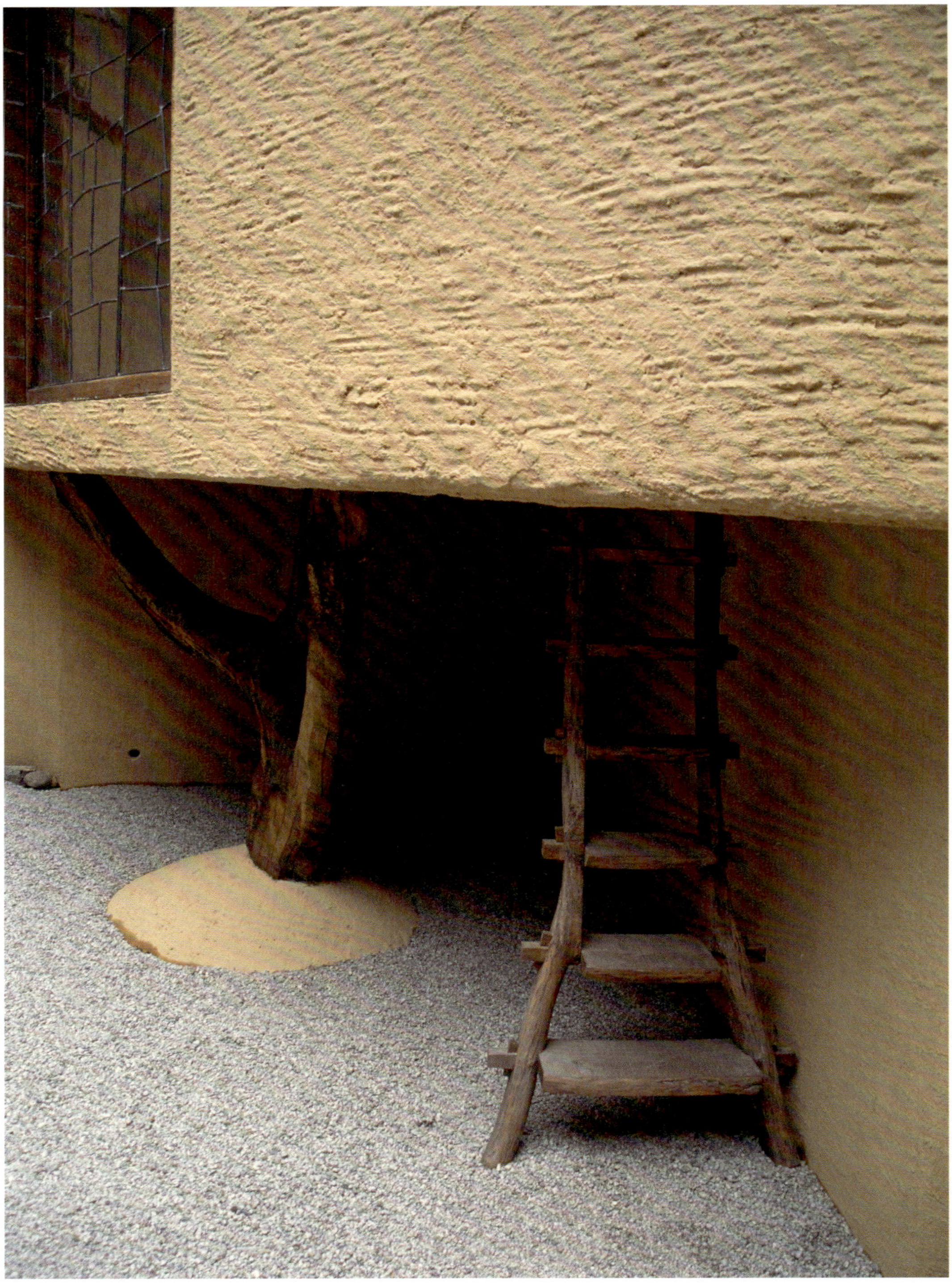

123

Lediglich eine Stütze zu haben ist gefährlich, aber mit drei Stützen zu bauen ist zu stabil und langweilig. Also verwendete ich zwei Stützen. Es reizt mich nicht, ein Baumhaus in der Krone eines Baumes zu bauen. Ich möchte Baumhäuser schaffen, die von oben bis unten künstlich konstruiert sind.

高過庵
Takasugi-an (Zu hohes Teehaus), 2004

Als die Zeit kam, das Ichiya-tei an Morihiro Hosokawa zu übergeben, war mir seltsam zumute. Ich wollte dieses Teehaus nicht hergeben.
 Seit Rikyū lag der Bau von Teehäusern in der Hand der Teemeister. Sie schämten sich, wenn sie auf Architekten und Zimmermeister angewiesen waren. Wenn man so will, gleicht ein Teehaus einem Gewand. Es ist ein kompakter, als Fortsetzung des menschlichen Körpers geschaffener Raum. Daher ist das Teehaus der Inbegriff persönlicher Architektur. Im Wesentlichen baut man sich sein Teehaus selbst und zum eigenen Gebrauch.
 Das Takasugi-an ist ein Teehaus, das ich für mich baute. Als erstes ging ich in die Berge in der Nähe meines Heimatorts und fällte zwei Japanische Kastanien. Ich stellte sie auf meinem Grundstück auf und verrichtete alle Bauarbeiten mithilfe von Freunden. Ich nahm Bezug auf den traditionellen Teehauseingang (»nijiriguchi«), durch den man nur kriechend hindurchkommt, indem ich einen kleinen Eingang machte. Doch bei diesem Teehaus muss man zuvor eine 6,50 m hohe Leiter erklimmen, eigentlich sollte man deshalb von »nijiri-agari-guchi« sprechen, einem Eingang, durch den man von unten hineinkriecht.
 Das Nijiriguchi ist eines der von Rikyū eingeführten rituellen Teehauselemente. Es dient der Trennung von Innenraum und Außenwelt. Und in der Tat hat man das Gefühl, eine andere Welt zu betreten, wenn man gebückt durch einen Nijiriguchi schlüpft. Das Takasugi-an bietet jedoch noch mehr, wenn man die »andere Welt« betreten hat. Man blickt von einer etwas über den Nachbarhäusern liegenden Höhe durch ein breites Fenster nach draußen.
 Durch das Teehausfenster sieht man eine unerwartete Szenerie mit Bauern bei der Feldarbeit, wie auf einem Gemälde von Pieter Bruegel. Mir war aufgefallen, dass der Blickwinkel bei Bruegel-Landschaften über dem der Menschen, aber unter dem der Götter liegt. Und auf Breughels Bildern weiß keiner, dass er betrachtet wird, oder wenn, ist es ihm egal. Für Renaissance-Gemälde eine ungewöhnliche Haltung.

高過庵

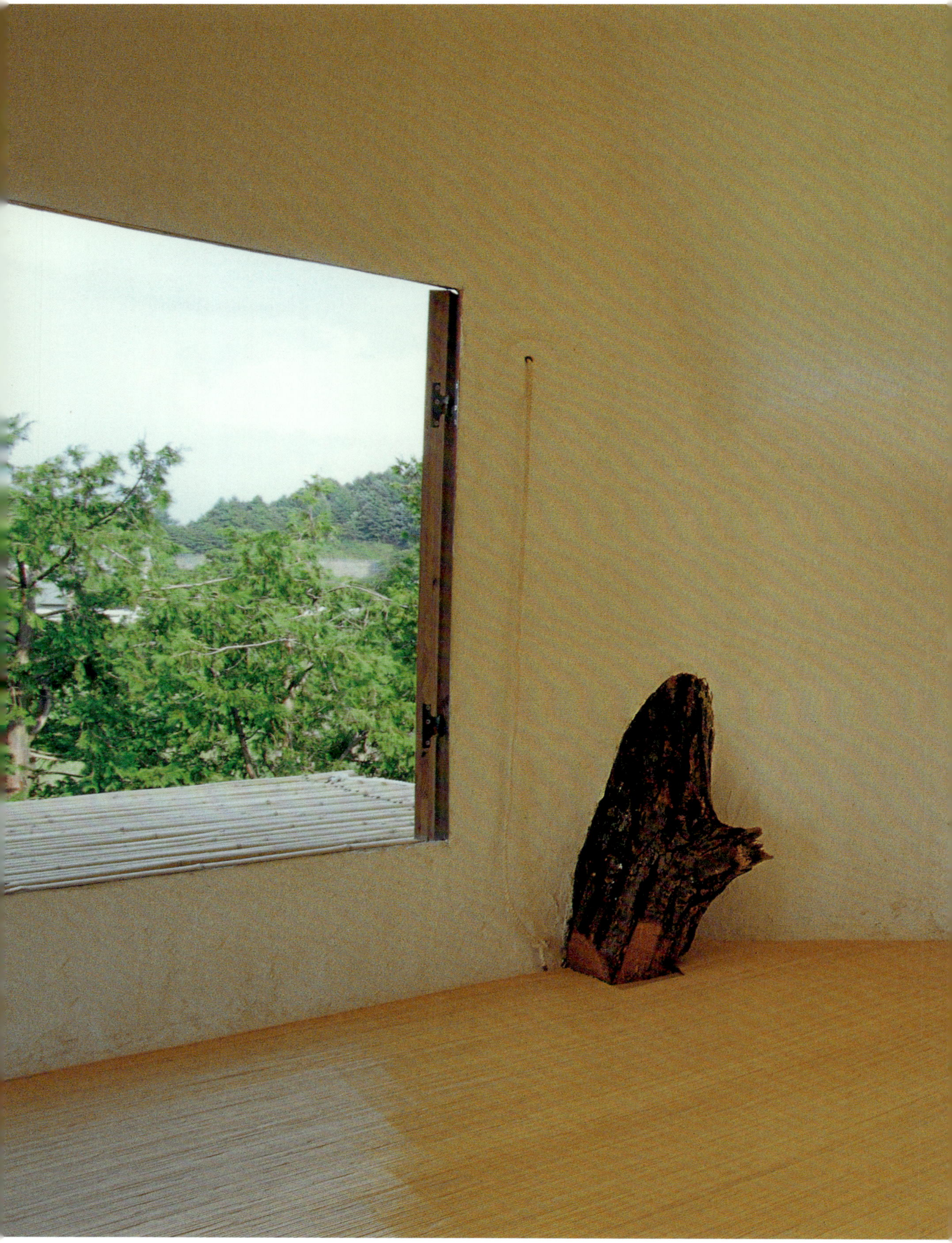

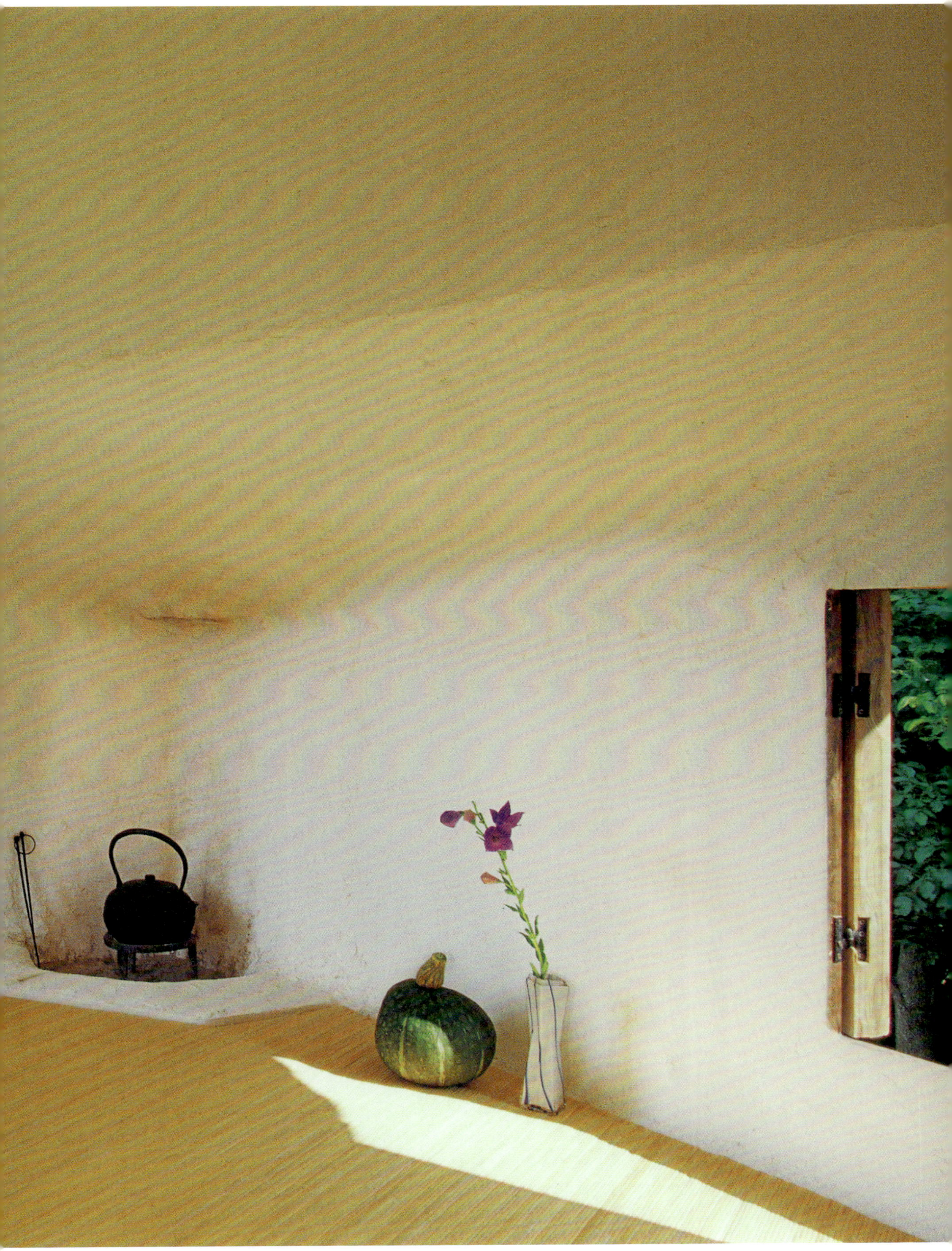

« In der Mitte befindet sich eine Kochstelle. Vor dem Fensters ist ein Bambusgitter zu sehen, das nachts das Mondlicht reflektiert. Dies war das erste Mal, dass ich Anregungen der kaiserlichen Villa Katsura-Rikyū aufnahm, die ich ansonsten nicht schätze.

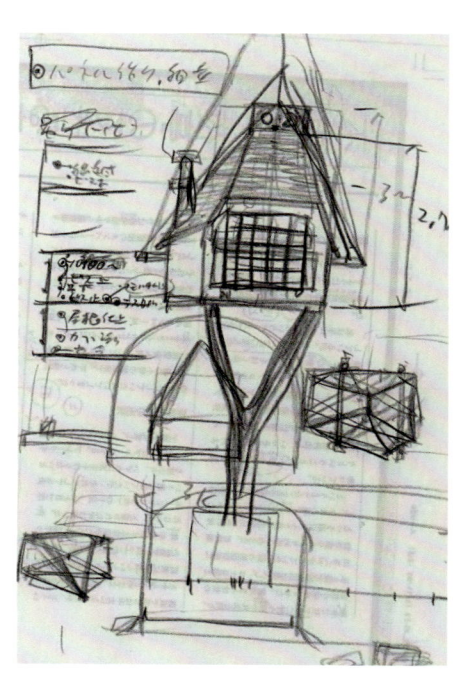

Das Dach ist mit handgewalztem Kupferblech bedeckt, weil ein Dach aus Zedernrindenschindeln oder Stroh zu leicht beschädigt werden kann. Im Folgenden wurden Dächer aus handgewalztem Kupferblech zu einen Standard meiner Bauten. Ich mag sie sehr und finde, dass der Verwitterungsprozess bei Kupfer recht schön verläuft.

Mein Interesse daran, ein Gebäude so aussehen zu lassen, als wenn wir Lehm zusammengeworfen hätten, fing mit meinem ersten Projekt an, dem Historischen Museum der Priesterfamilie Moriya. Wann immer ich an das Haus denke, erwacht mein Interesse wieder. Nachdem ich das Gebäude fertig gestellt hatte, habe ich echte Lagerhäuser aus Lehm in Mali, Afrika, besichtigt. Die Form von festem Lehm ist für eine gestalterische Tätigkeit wie Architektur von wesentlicher Bedeutung.

養老昆虫館
Yōrō Konchukan (Yōrō Insektenmuseum), 2005

Professor Takeshi Yōrō ist ein bekannter Anatom, der in Naturgeschichte sehr bewandert ist und seit Kindertagen ein Faible für Insekten hat. Jetzt beschäftigt er sich mittels Insekten mit Umweltthemen.

Er hatte überlegt, wie seine Sammlung von Rüsselkäfern aus Japan und aller Welt sowie die Insektensammlungen von Freunden am besten zu erhalten und auszustellen wären, sodass Forscher sie für ihre Studien verwenden könnten. Er beschloss, ein Haus zu bauen, das zugleich »Insektenarchiv« und Gästehaus ist. Das von Sammlungsregalen umstellte Archiv platzierten wir in die Mitte einer zentralen Halle. Die Forschungsräume und die Wohnräume für die Nutzung als Wochenendhaus gehen von der zentralen Halle ab. In den Garten stellten wir ein Gästehaus. Das Archiv ist ein Stahlbetonbau, beide Flügel sind Holzkonstruktionen. Bei diesem Projekt probierte ich drei neue Dinge aus. Erstens ein Shibamune-Dach, bei dem ich den First des Satteldachs bepflanzte. Anders als bei den begrünten Dächern in der Normandie verwenden wir beim japanischen Shibamune viele unterschiedliche Pflanzenarten. Iris, Moosfarne und Tigerlilie sind die drei Hauptpflanzen für japanische Gründächer. Ballonblume und Schnittlauch werden ebenfalls zur Dachbegrünung verwendet. Meine Lieblingsblumen sind Iris und Ballonblume. Es ist herrlich wie sie sich entlang des Strohdachfirsts im Wind wiegen. Daher pflanzte ich Iris und Ballonblumen auf die Kante der Mauer, die an der Vorderseite des Gebäudes bogenförmig vorspringt.

Die zweite Neuheit war eine bogenförmige Außenmauer, auf der das Shibamune aufliegt. Die Stahlbetonmauer ummantelte ich außen mit dickem Polystyrol, darüber kam eine Schicht Putz und als letztes eine Schicht Lehm. Es ist sehr kompliziert, mit Stahlbeton freie Bogenlinien oder geschwungene Oberflächen zu erzeugen, deshalb das Polystyrol. Damit lässt sich jede beliebige Form herstellen.

Die letzte Neuheit war die Verwendung verkohlter Zeder. Um Holzverschalungen witterungsbeständiger zu machen, werden die Schalbretter im Osten Japans mit Holzkohle gestrichen, im Westen werden Zedernbretter abgeflammt. Ich bin nicht sicher, seit wann die Praxis besteht, dass verkohltes Zedernholz bei Zäunen oder Lagerhäusern zum Schutz vor Regen eingesetzt wird.

Nach Abschluss der Bauarbeiten, als das Gerüst entfernt worden war, war erstmals die Silhouette des Gebäudes zu sehen. Professor Yōrō stellte fest, dass sie sich teilweise mit den Umrissen der Berge um Hakone deckt.

Nachdem ich das Gästehaus des Museums angehoben hatte, entschied ich mich, es auf einer einzigen Wand ruhen zu lassen. Der Boden und die Wand darunter sind aus Stahlbeton und der darauf ruhende Bau aus Holz.

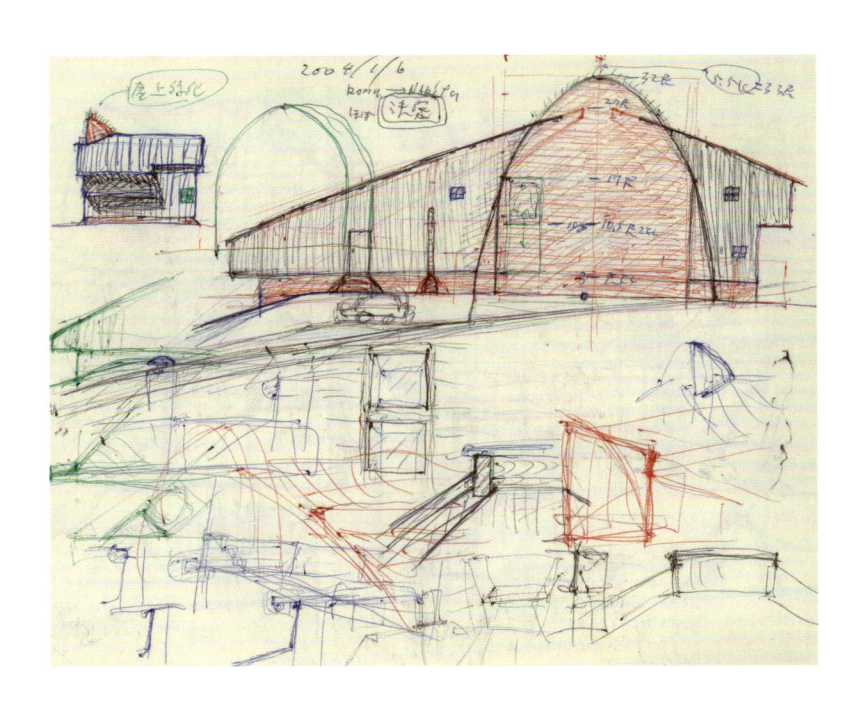

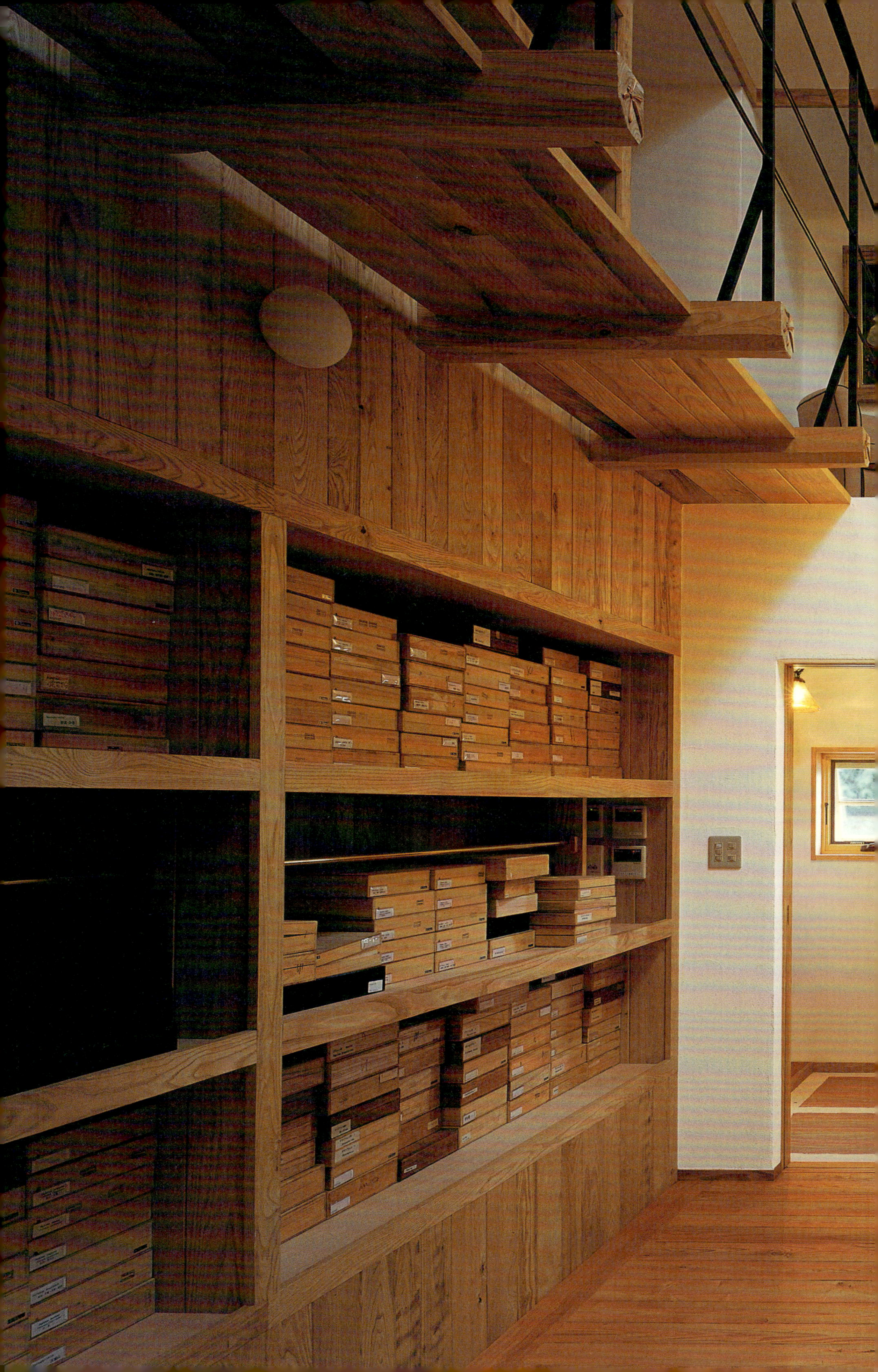

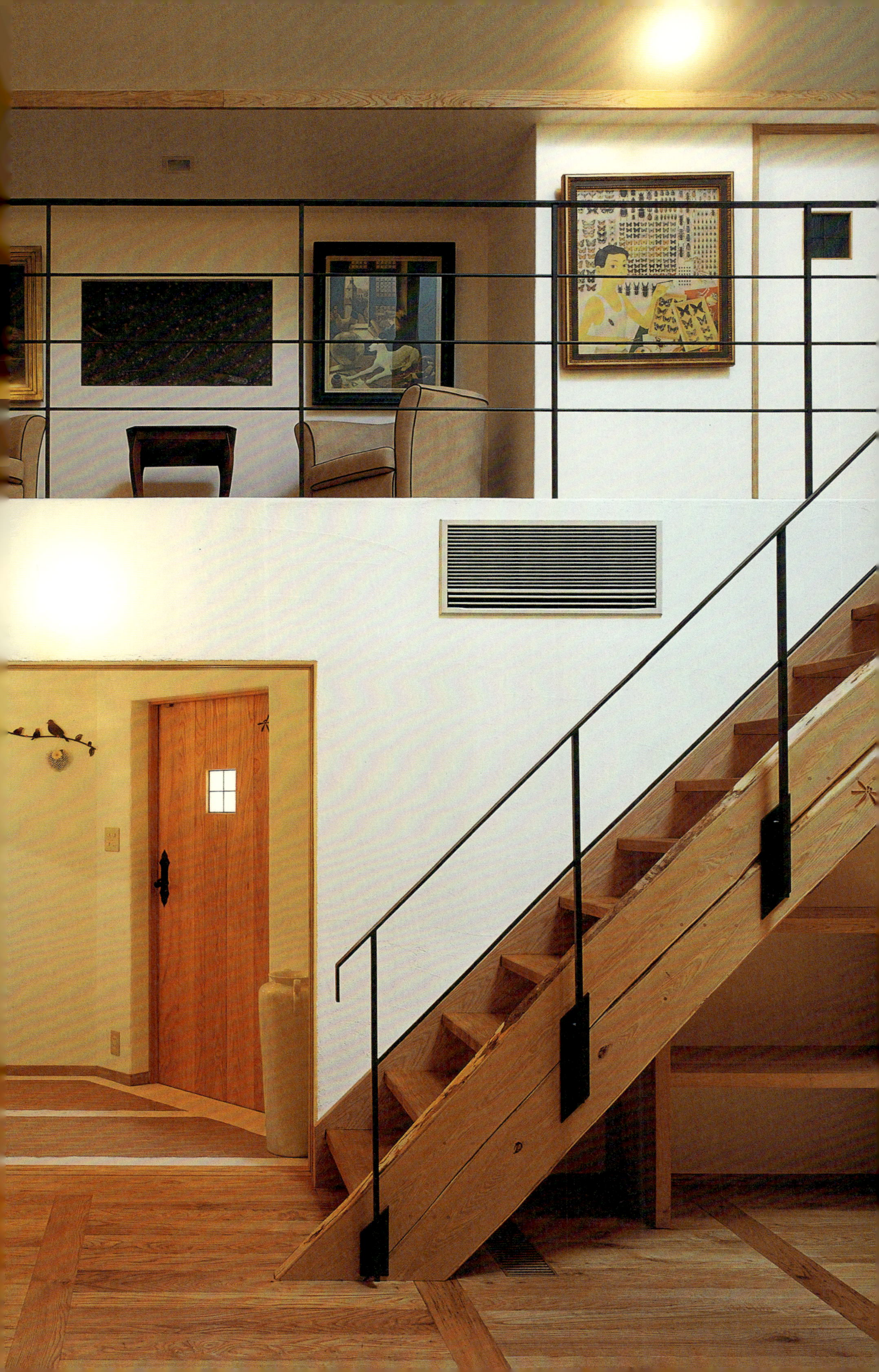

Im vorderen Bereich ist ein Gebäude für die Herren- und Damenbäder, ein Familienbad befindet sich auf der rechten Seite des mit Kuma-Bambusgras bepflanzten Hofes.

ラムネ温泉館
Lamune Onsen (Thermalbad Lamune), 2005

Die Lamune ist eine besondere Thermalquelle. Sobald man ins Wasser steigt, hängen sich kleine Luftblasen an die Haut, und schon bald ist der ganze Körper von Blasen übersät. Wenn man sich übers Bein streicht, fühlt es sich an wie ein Damenstrumpf. Diese Art von Thermalquelle gibt es nur in Japan und in Deutschland. Den Namen Lamune (Limonade) hat sie von Jiro Osaragi, der vor dem Zweiten Weltkrieg einmal hier war. Als sich der Besitzer, Katuji Shuto, mit dem Gedanken trug, diese besondere Thermalquelle der Welt zu präsentieren, stieß er auf das von mir entworfene Akino Fuku Museum und bat mich daraufhin, ein Thermenhaus zu entwerfen.

Die Lamune-Quelle tritt neben einem Fluss an die Oberfläche, 200 Meter vom Hotel Daimaru Ryokan entfernt, das Shuto gehört. Genau gesagt, entspringen dort zwei Quellen nebeneinander, eine heiße kohlensäurehaltige und eine warme, stark kohlensäurehaltige (die Lamune-Quelle). Der Bauherr beauftragte Baderäume, Sitzbereiche und ein Museum, das Shutos Sammlung regionaler Malerei zeigen sollte.

Zu den spezifischen Vorgaben bei Thermalbädern gehört ein Turm, durch den der Dampf entweichen kann. Ich mag Türme. Eine Kiefer auf einem Turm müsste doch hübsch aussehen. Kiefern sind robust und überleben auch in widriger Umgebung. Außerdem sind Kiefern immer und überall grün. Daher gelten sie in Asien als Symbol für Vitalität und ein langes Leben. Zum Gebet für ein langes Quellenleben pflanzte ich auf den Dampfturm eine Kiefer.

Die Außenwände sind mit verkohlter Zeder verschalt. Beim Yōrō Konchukan klafften breite Spalten zwischen den Längskanten, weil sich die Bretter beim Abflammen verwerfen. Wir mussten die Krümmung mit einer Handsäge ausgleichen. Normalerweise sind Schalbretter aus verkohlter Zeder kürzer als zwei Meter, da spielt die Wölbung keine Rolle. Beim Yōrō Konchukan und der Lamune Onsen verwendeten wir jedoch acht Meter lange Bretter, daher wurde die Wölbung zum Problem. Um uns die zusätzliche Sägerei zu ersparen, ließen wir Platz zwischen den Brettern und spachtelten die Lücken mit Mörtel aus. So erhielten wir eine Holzverschalung mit Zebramuster.

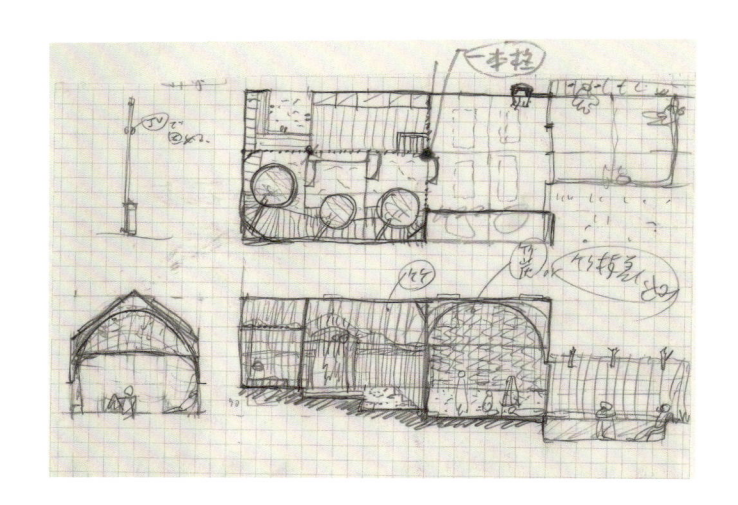

Das gesamte Innere des Herrenbades ist mit Mörtel verputzt. An manchen Stellen sind Perlmuscheln als zusätzliche dekorative Elemente in den Putz eingelassen.

Die Stützen aus Zedernholz im Wartezimmer sind angekohlt, ebenso die von Hand gemachten Stühle aus Zedernholz. Links gibt es einen Kochherd. »

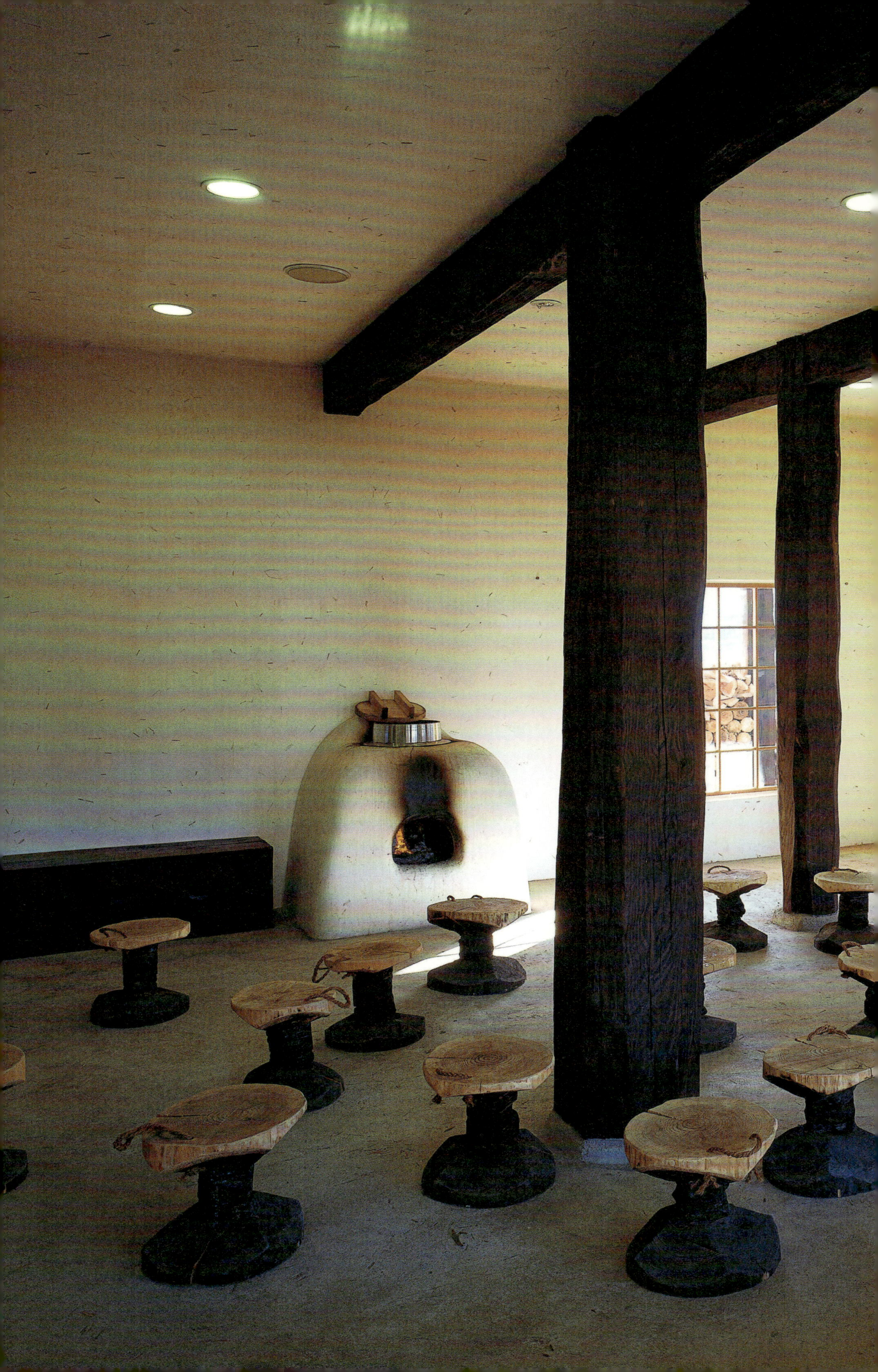

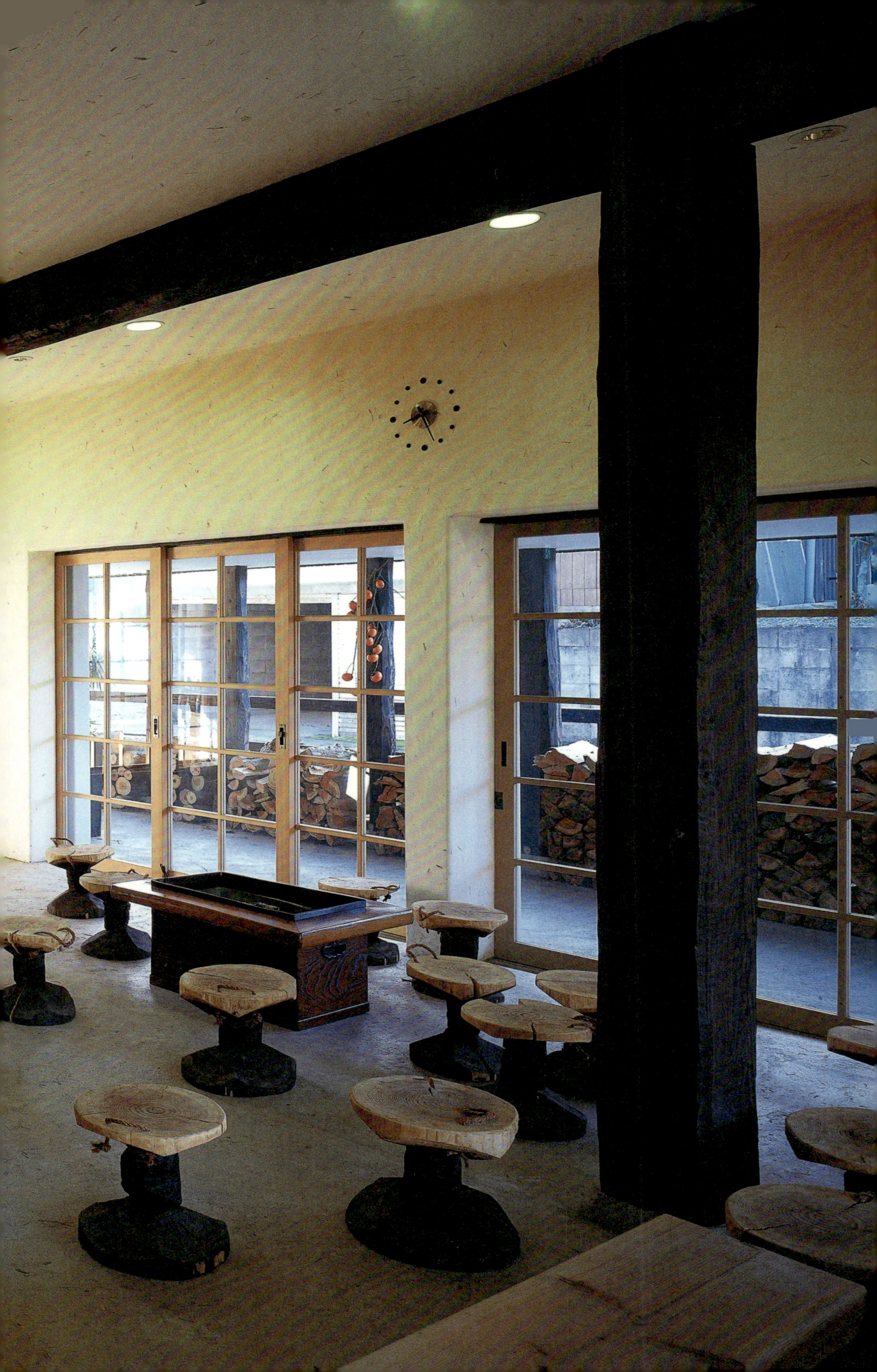

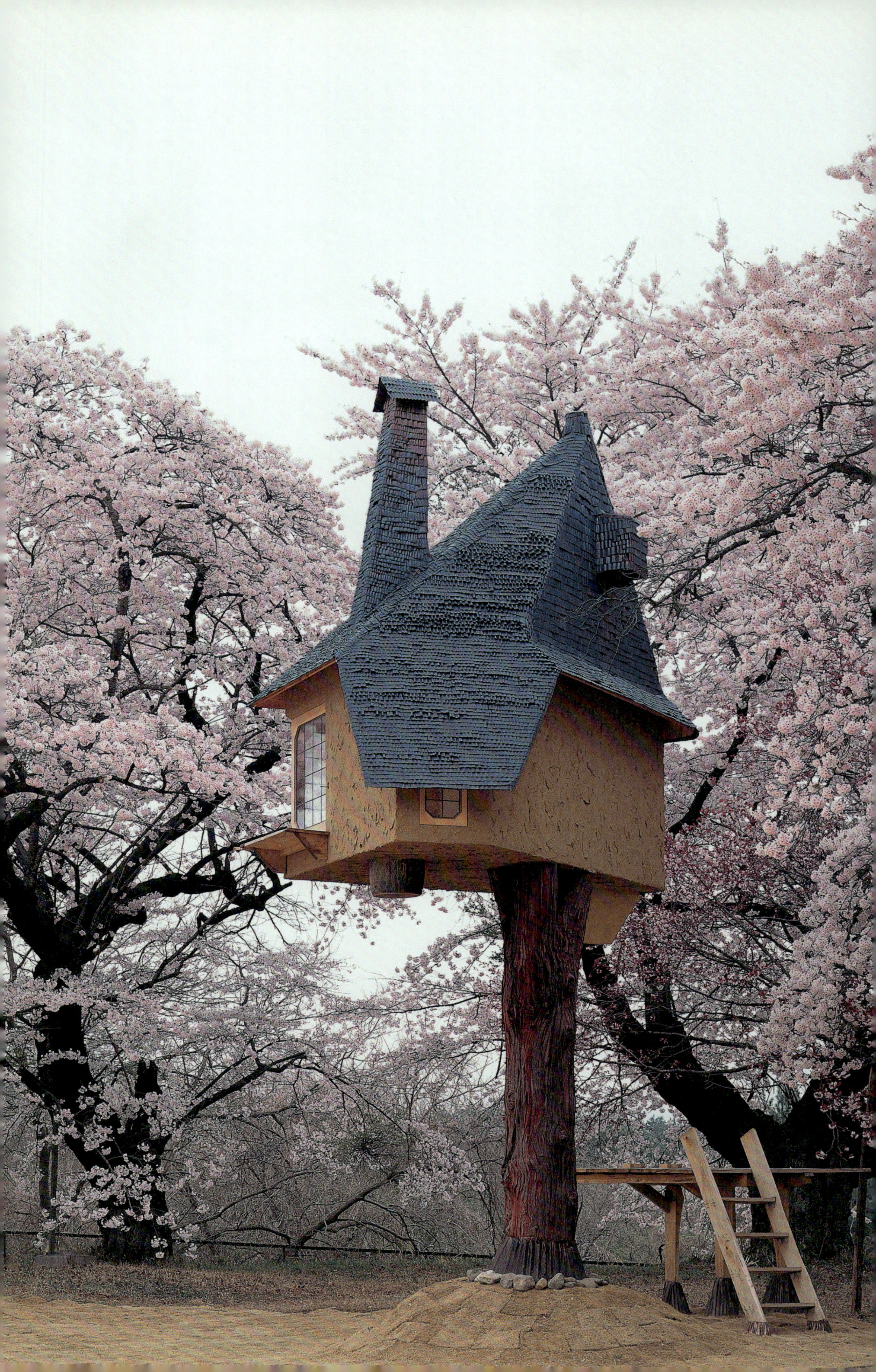

茶室　徹
Chashitsu Tetsu (Teehaus Tetsu), 2006

Teehäuser haben Namen, wie Menschen. Der Pate, der vom Bauherrn gebeten wird, einem Teehaus einen Namen zu geben, wählt ihn mit konkretem Bezug. Manchmal wählen die Bauherren den Namen auch selbst. Normale Gebäude bekommen keinen Namen. In Japan haben von alters her nur monumentale Gebäude wie Tempel oder Schlösser einen Namen. Selbst die großen Adelsresidenzen hießen nur »Residenz von So-und-so«. Teehäuser galten wegen ihrer ausgeprägten Persönlichkeit immer als etwas Menschenähnliches. Sie tragen meist ein Suffix im Namen, wie »tei«, »an« oder »ken«, etwa Tai-an, Teigyoku-ken oder Shonan-tei.

Pate dieses Teehauses ist der Romanschriftsteller Hiroyuki Agawa, ein Freund des Bauherrn Chozo Yoshii. Agawa benannte das Teehaus nach dem verstorbenen Philosophen Tetsuzo Tanigawa, den der Bauherr schätzte. Es ist ungewöhnlich, das Wort »chashitsu« (Teehaus) an den Anfang zu stellen, also Teehaus Tetsu, aber bedenkt man, dass Agawa bei der Marine war und sein Herz dem Schlachtschiff Yamato gehört, wird verständlich, warum er diesen Namen wählte.

Yoshii ist ein enger Freund von Morihiro Hosokawa, und als er dessen Ichiya-tei sah, wollte er auch ein eigenes Teehaus. Es steht auf dem Gelände des Museums Kiyoharu Shirakaba, das Yoshii in der Präfektur Yamanashi errichten ließ. Das riesige Grundstück, auf dem früher eine Grundschule stand, hat viel Grünfläche. Neben dem Museum stehen dort auch die Roualt-Kapelle von Yoshio Taniguchi, eine Kopie der von Eiffel entworfenen Atelierwohnung La Roche und das von Isoya Yoshida entworfene Wohnhaus Ryuzaburo Umeharas. In der Mitte des Schulhofs befindet sich eine geschwungene Eisentreppe aus dem Eiffelturm neben einer Statue, die Eiffel zeigt, von dem Bildhauer César.

Der Schulhof ist, wie viele Schulhöfe, von alten Somei-Yoshino-Kirschbäumen umgeben, und während der Kirschblüte drängen sich dort die Besucher. Wir beschlossen, ein einbeiniges Teehaus zu bauen, das mit den Kirschbäumen korrespondiert. Mein vorheriges Teehaus, Takasugi-an, steht auf zwei Beinen, und wir wollten noch einen Schritt weiter gehen. An der Ecke standen zwei große Japanische Zypressen, eine davon haben wir gefällt und verbaut.

Bei der Verwendung von handgewalztem Kupferblech mit unebener Oberfläche ergibt sich der interessante Effekt, dass es gleichzeitig alt und neu wirkt. Auch der Kontrast zwischen dem Kupfer und den Kirschblüten ist sehr schön. Es war von mir nicht so beabsichtigt, aber es sieht aus wie das Haus eines Zwerges aus einem Märchen.

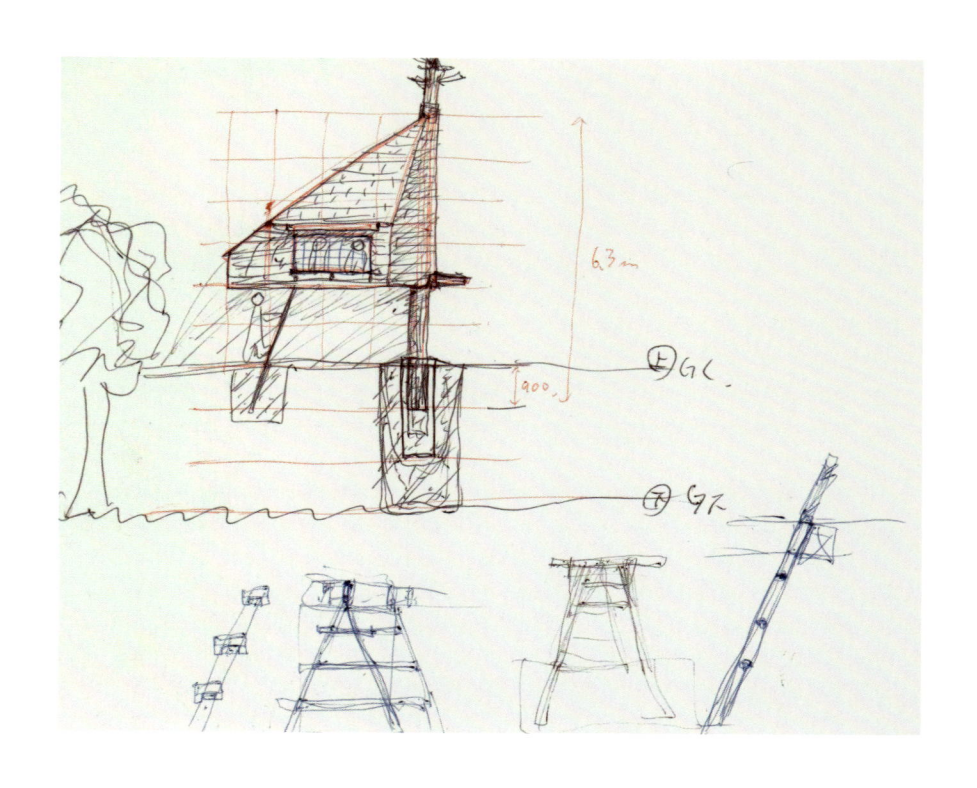

Weil es eine Zypresse mit Rinde ist, hat die Verbindung zum Teehaus für mich etwas sehr Lebendiges.

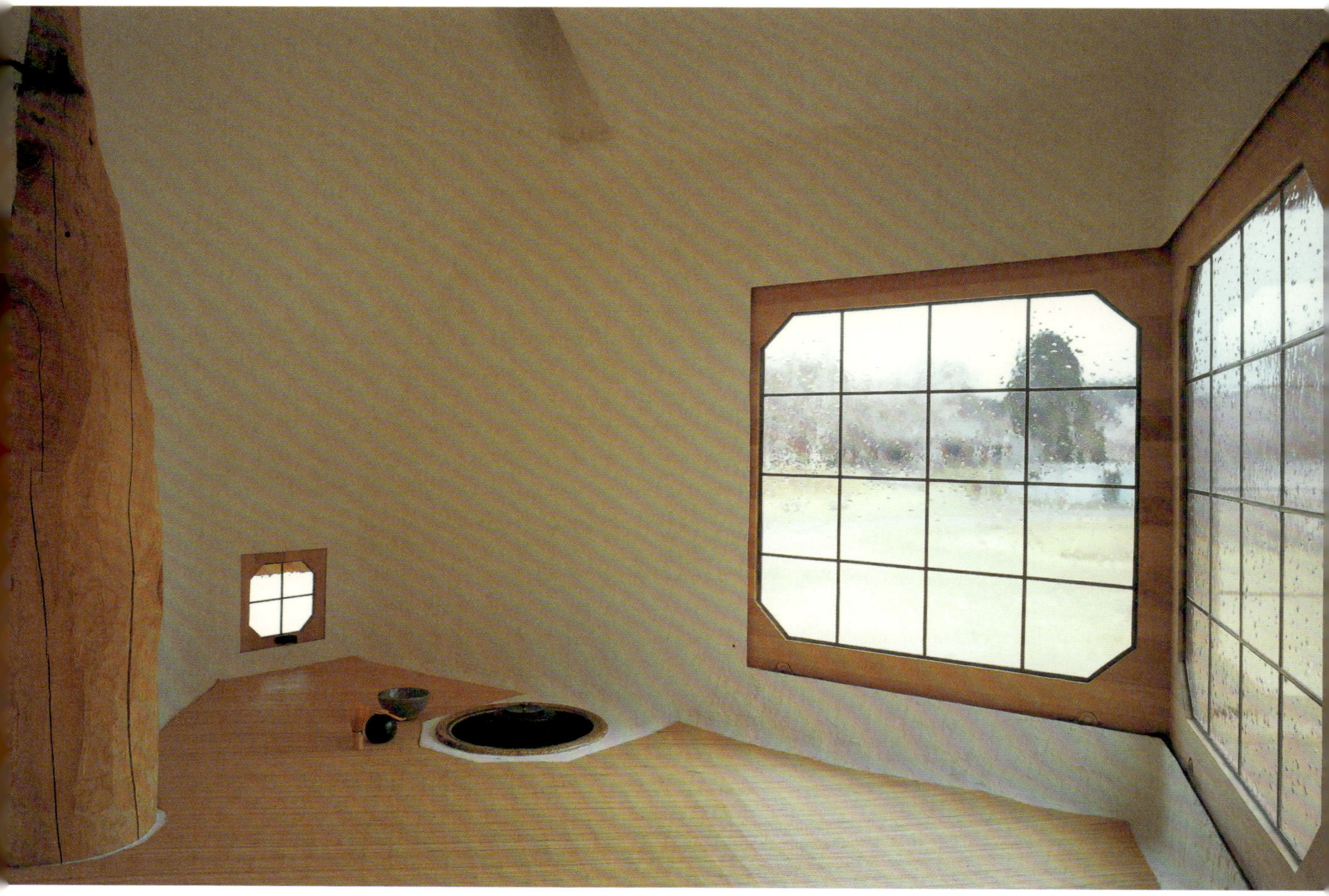

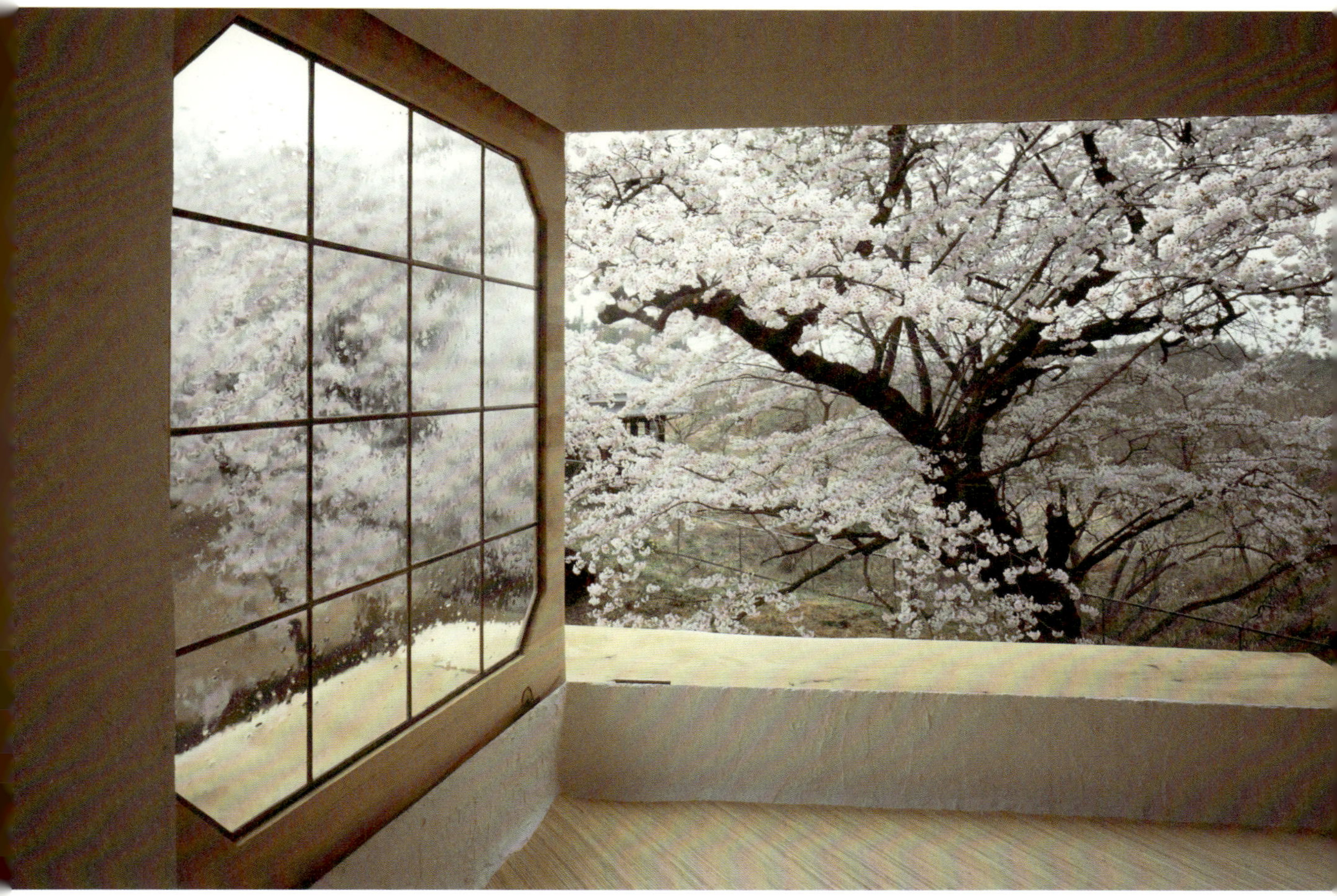

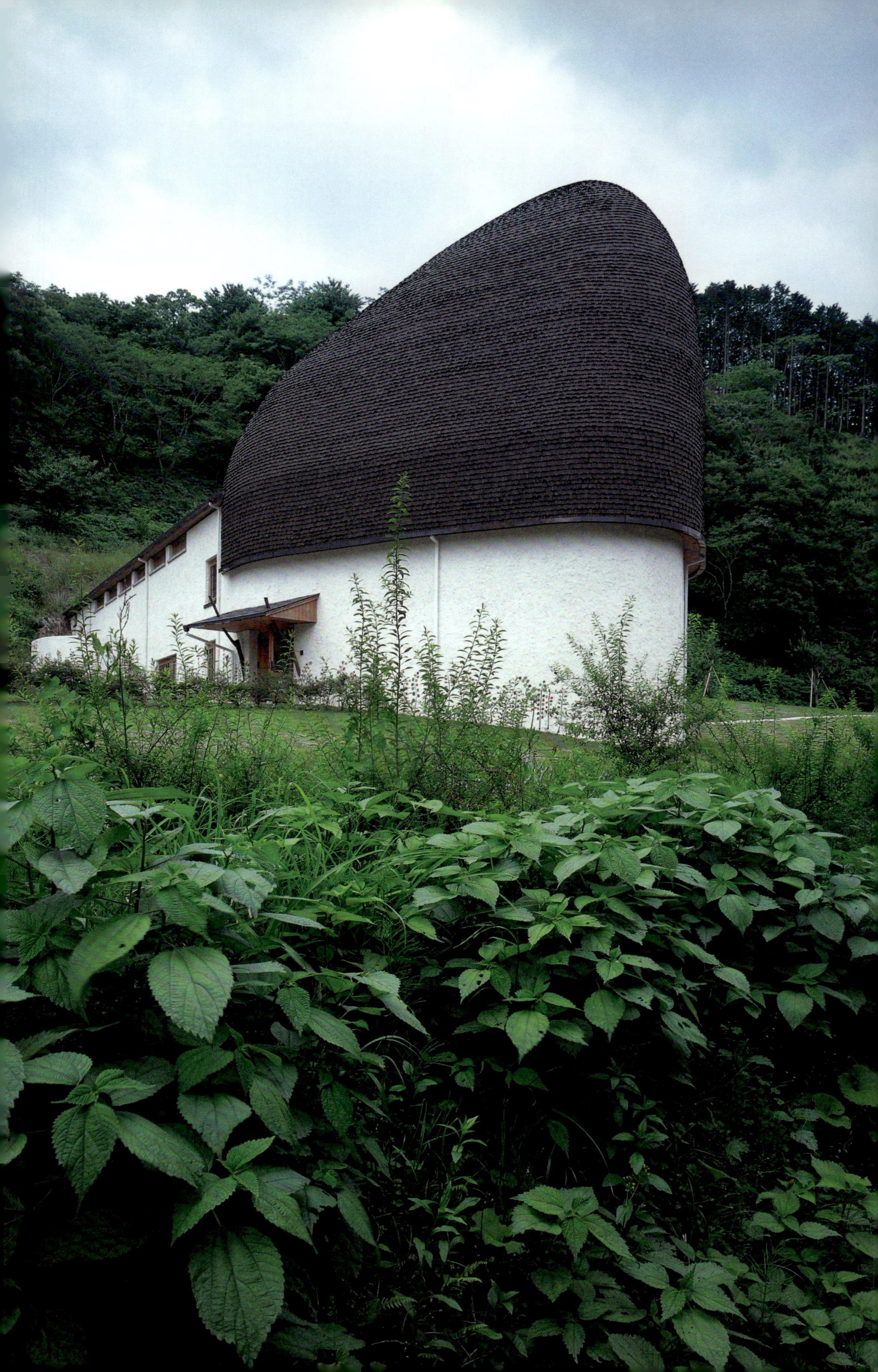

ねむの木こども美術館
Nemunoki Kunstmuseum für Kinder, 2007

Die Nemunoki-Schule besitzt zwar schon ein Museum, doch man beschloss, zu ihrem 40-jährigen Bestehen ein neues Museum auf dem Schulgelände zu bauen. Die Gründerin der Schule, Mariko Miyagi, machte sich auf die Suche nach einem Architekten. Das Akino Fuku Museum gefiel ihr, und sie bat mich, das neue Museum zu entwerfen.

Ich war überrascht, als ich zum ersten Mal zur Nemunoki Gakuen fuhr. Die Schule liegt in einem Tal. Mit dem Auto sind es nur zwanzig Minuten vom Shinkansen-Bahnhof Kagekawa. Die Landschaft wirkt unberührt und erinnert mich an meine Kindheit vor fünfzig Jahren in den Bergen von Shinshu. Ein Fluss zieht sich durchs Tal, gesäumt von einzeln stehenden, alten Bauernhäusern. Um die Bauernhäuser herum wachsen Blumen und Gräser. Es gibt Kakibäume und Kirschbäume, Gemüseäcker, und man hört Hühner gackern. Die Flusslandschaft ist auf beiden Seiten von Bergen flankiert. Die Schulhäuser verteilen sich wie einzelne Punkte über das ganze Tal. Als Standort für das Museum war ein Hanggelände vor dem Dorfschrein vorgesehen. Früher war an der Stelle eine Teefarm gewesen. Ich sah bei meinem Besuch dort büschelweise Kornblumen wachsen. Die meisten meiner Auftraggeber haben Grundstücke inmitten großartiger Natur und suchen einen Architekten, der diese respektiert. Ich habe oft Gelegenheit, Gebäude in schöner Natur zu entwerfen, aber dies war die wundervollste Umgebung, die ich je gesehen habe.

Als ich mir den Steilhang ansah, der sich vom Höhenrücken an der Ostseite des Tals bis nach unten zog, kam mir die Idee, ein Gebäude zu entwerfen, dessen Dach den Steilhang zum Tal hin fortsetzt. Das vordere Ende des Dachs wollte ich aufklappen, als Öffnung zum Tal. In der Ausarbeitung des Entwurf nahm das vordere Ende des Dachs dann jedoch die Gestalt eines Miniaturbergs an. Vielleicht hat mich der Berg dahinter dazu angeregt.

Dies ist mein erstes ausgewachsenes, echtes Shibamune-Dach. Zu Anfang konnte ich mich nicht recht entscheiden und fertigte Bauzeichnungen an, die die Dachgestaltung offen ließen. Nach Beginn der Bauarbeiten entschied ich mich dann endgültig für ein Shibamune-Dach.

Der Bau sieht ein wenig aus wie ein Tier, das den Kopf zum Tal hin neigt. Wenn ich das Gebäude aus einiger Entfernung betrachte, finde ich, dass ich das ganze Dach hätte bepflanzen sollen, statt mich mit lediglich einer einzigen Shibamune-Reihe zu begnügen.

Dies war das erste Mal, dass ich mit einem Shibamune-Dach arbeitete. Ich wollte Schwertlilien auf das Dach pflanzen, die in Japan und Frankreich beliebteste Pflanze für Shibamune-Dächer, doch die Gründerin dieser Schule, Mariko Miyagi, mochte violett nicht besonders, also pflanzten wir eine Blume mit roten Blüten.

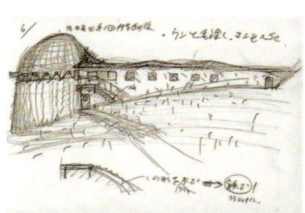

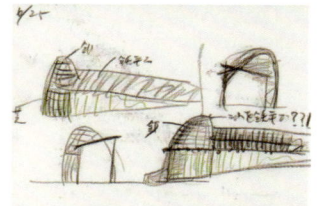

« Ich wollte eine Kuppel bauen, die aussieht wie ein gerade erwachtes und aufgestandenes Mammut. Mein Gedanke war, dass der Rücken des Mammuts und die Rundungen der umgebenden Berge zusammenpassen. »

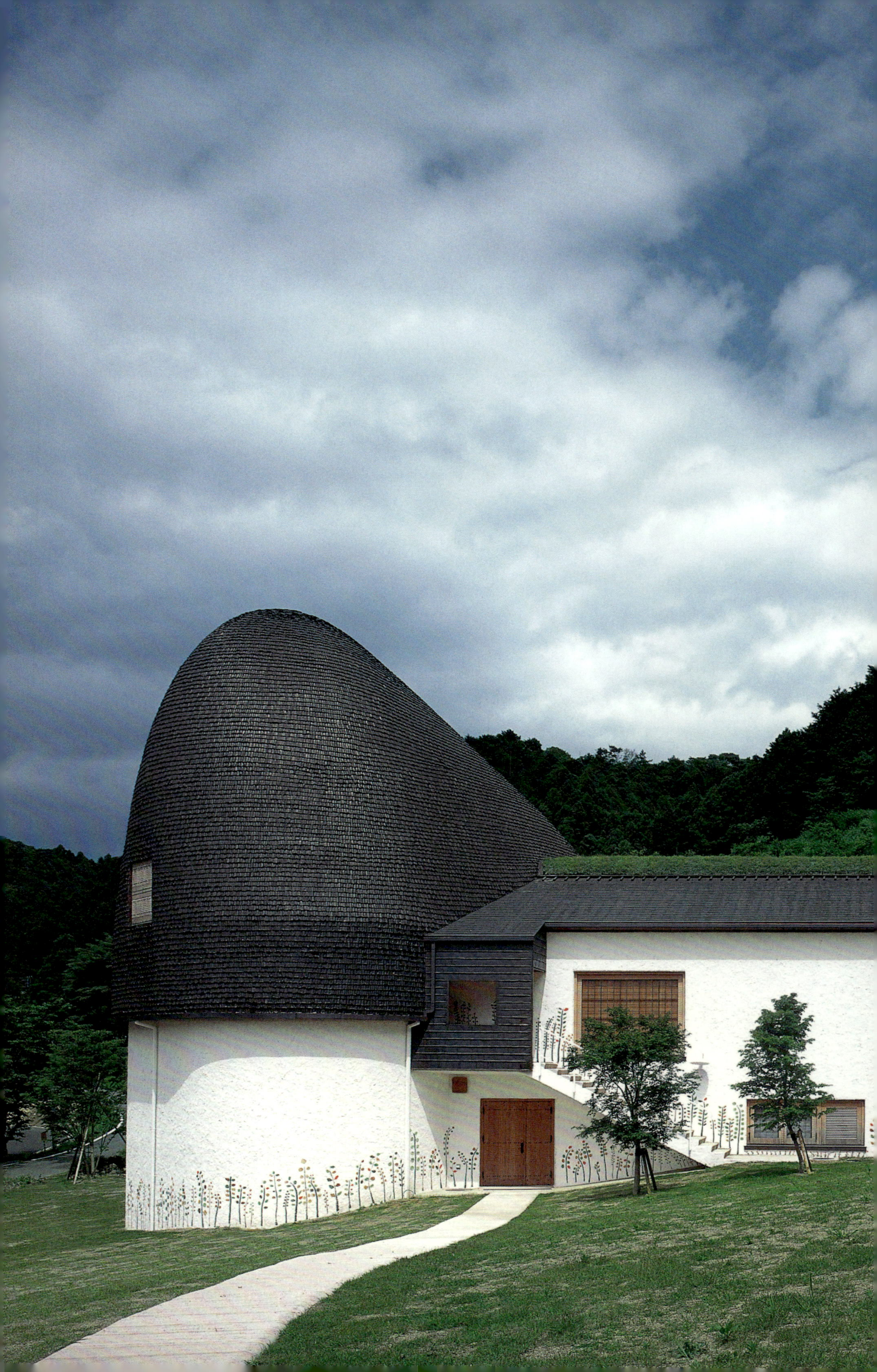

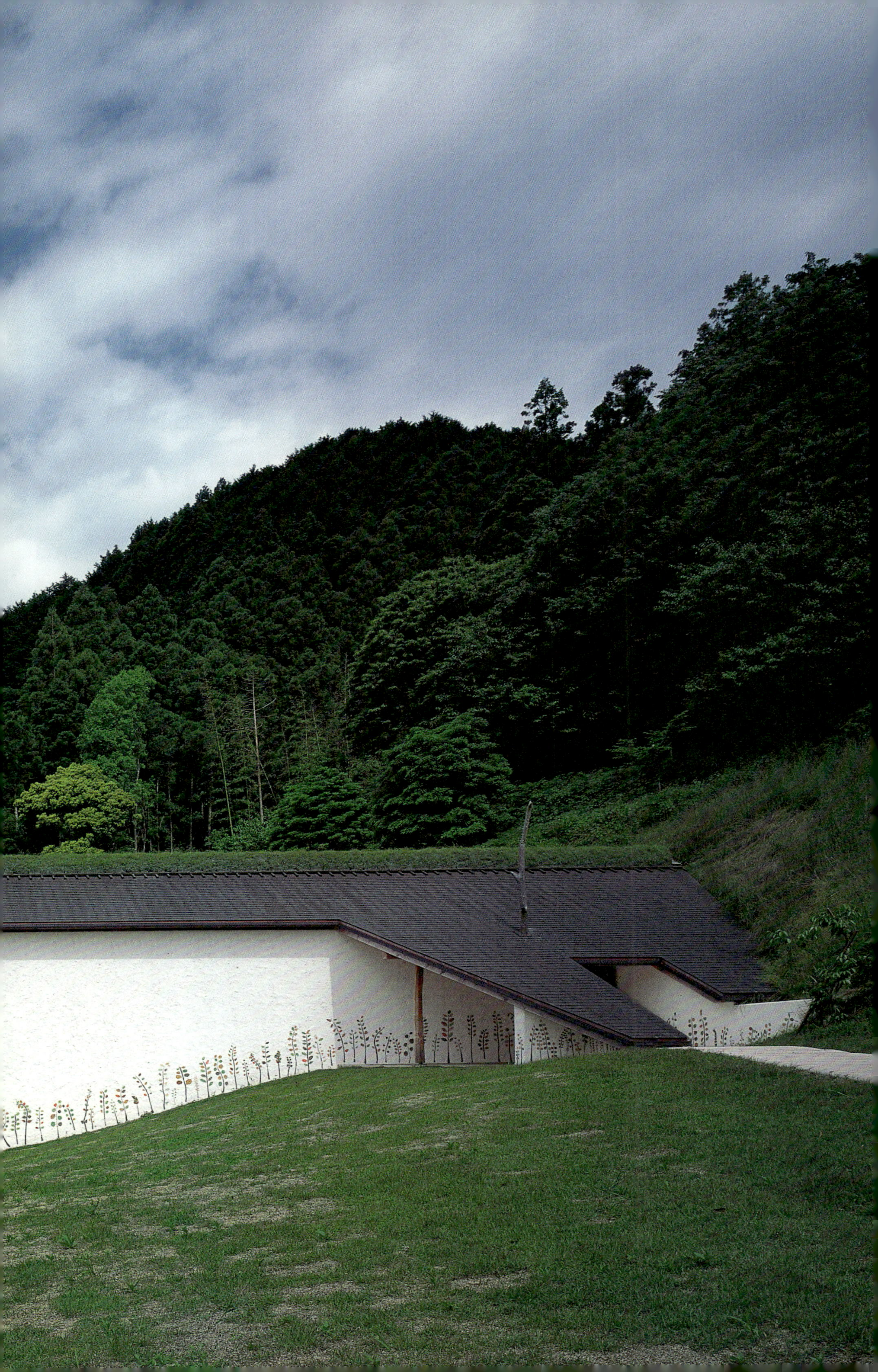

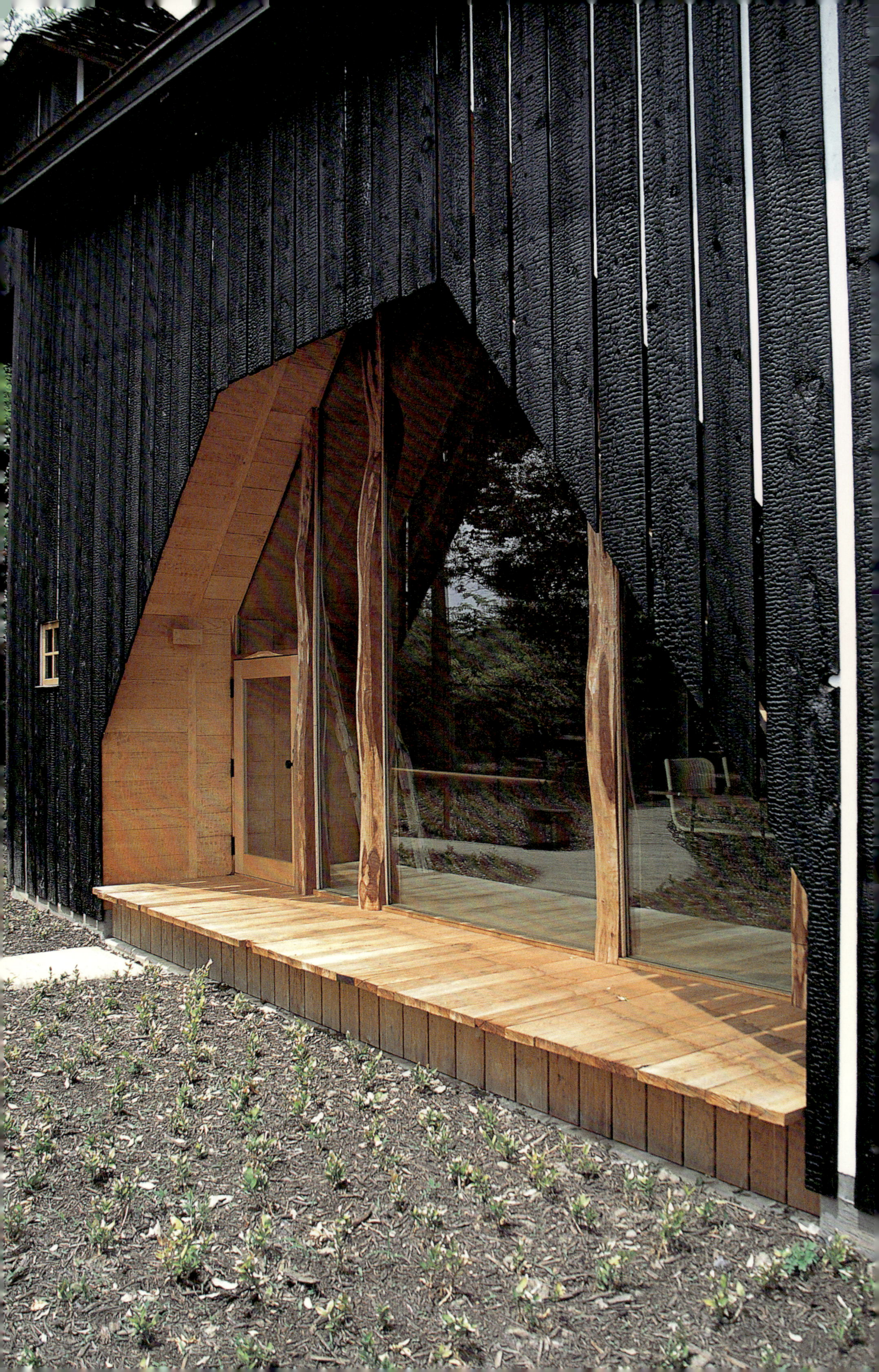

焼杉ハウス
Yakisugi-Haus (Haus der verkohlten Zedern), 2007

Thema dieses Projekts sind die Japanische Kastanie und eine Höhle. Das Haus steht mitten in einem Wohnviertel, zehn Gehminuten vom Bahnhof Nagano entfernt. Das Viertel mit altem Baumbestand, kleinen Bächen und Gemüsegärten vor den Häusern ist eine abgeschirmte Oase. Das Anwesen gehört der Familie Kobayashi, den ersten und größten Grundbesitzern der Gegend. Herr und Frau Kobayashi hatten ihr altes, aus der Meiji-Zeit stammendes Haus immer wieder um- und ausgebaut, doch dann wurden ihnen Aufwand und Mühe mit dem alten Haus zu viel, und sie entschlossen sich zu einem Neubau. Sie suchten nach einem geeigneten Architekten, der die seit der Edozeit (1603–1867) gleichgebliebene Umgebung, die Vegetation und die Wasserläufe erhalten würde. Sie suchten mich auf, nachdem sie das Akino Fuku Museum und das Historische Museum der Priesterfamilie Moriya gesehen hatten und als ich gerade tief in den Bauarbeiten zu Takasugi-an steckte.

Bei diesem Entwurf hatte ich Startschwierigkeiten. Ich fuhr nach Frankreich, um die Felsmalereien in der Höhle von Lascaux zu besichtigen, und hängte noch ein paar Tage dran, um mir die Höhlenwohnungen anzuschauen, die mit Blick auf den Fluss in den Felsen gegraben sind. Nach der Frankreichreise entschied ich mich für Höhlen als Thema des Entwurfs.

Welche Materialien sollte ich als Verkleidung für Boden, Wände und Decken verwenden? Ich dachte über diverse Materialien nach, die ich schon benutzt hatte. Kiefer, Zeder, Japanische Zypresse, Japanische Steineibe, doch all diese Nadelhölzer sind nicht sehr interessant, weil die Holzmaserung zu regelmäßig ist. Eiche, Blauglockenbaum, Ahorn, Maulbeerbaum und Kakipflaume sind zu ruhig und nicht grob genug. Ich wollte ein Holz, das stabil, aber weich ist, daher blieb nur die Japanische Kastanie. Die Kastanienbretter, die ich für den Boden des Yōrō Konchukan verwendet hatte, müssten sich doch an den Wänden und Decken fortsetzen lassen.

Japaner verwenden unterschiedliche Bauhölzer für unterschiedliche Zwecke. Japanische Zypresse und Zeder werden traditionell für Schreine und Tempel mit Ziegeldächern oder für Villen der Oberschicht verwendet, Japanische Kastanie für kostengünstigere Privathäuser mit Strohdach. In der heutigen Zeit kommt die Japanische Kastanie selbst bei günstigen Privatwohnsitzen nur noch selten zum Einsatz. Bei allen Bautypen sind Japanische Zypresse, Zeder und Douglasie mittlerweile die drei wichtigsten Bauhölzer in Japan. Laubbäume wie Japanische Kastanie, Zelkove und Japanische Eiche werden hauptsächlich für Einbauten oder Möbel verwendet.

Ich bat Takashi Nakamura von Kakudai Seizaisho, dem Sägewerk in meinem Heimatort, mit dem ich seit meinen ersten Projekten zusammenarbeite, Japanische Kastanienstämme zu Schalbrettern zu zersägen.

Ich habe sehr darauf geachtet, wie das Innere und Äußere der Höhle zu trennen und wie es zu verbinden sei. Ich gestaltete eine schmale »engawa«, einen Außengang mit Bretterboden, um die Pufferzone zwischen innen und außen möglichst klein zu halten und trotzdem eine klare Abgrenzung zum Garten zu schaffen.

Die Küche ist hinter einer freistehenden, verputzten Wand versteckt. Dort gibt es links von der Wand einen Stützpfeiler aus Maulbeerholz und rechts einen Kamin. Die Fläche des Kamins besteht aus Putz und ist mit Holzkohle dekoriert. Feuer ist für eine Höhle unverzichtbar. Die Sitzmöbel, der Tisch und die Leuchten wurden alle ebenfalls von mir entworfen. »

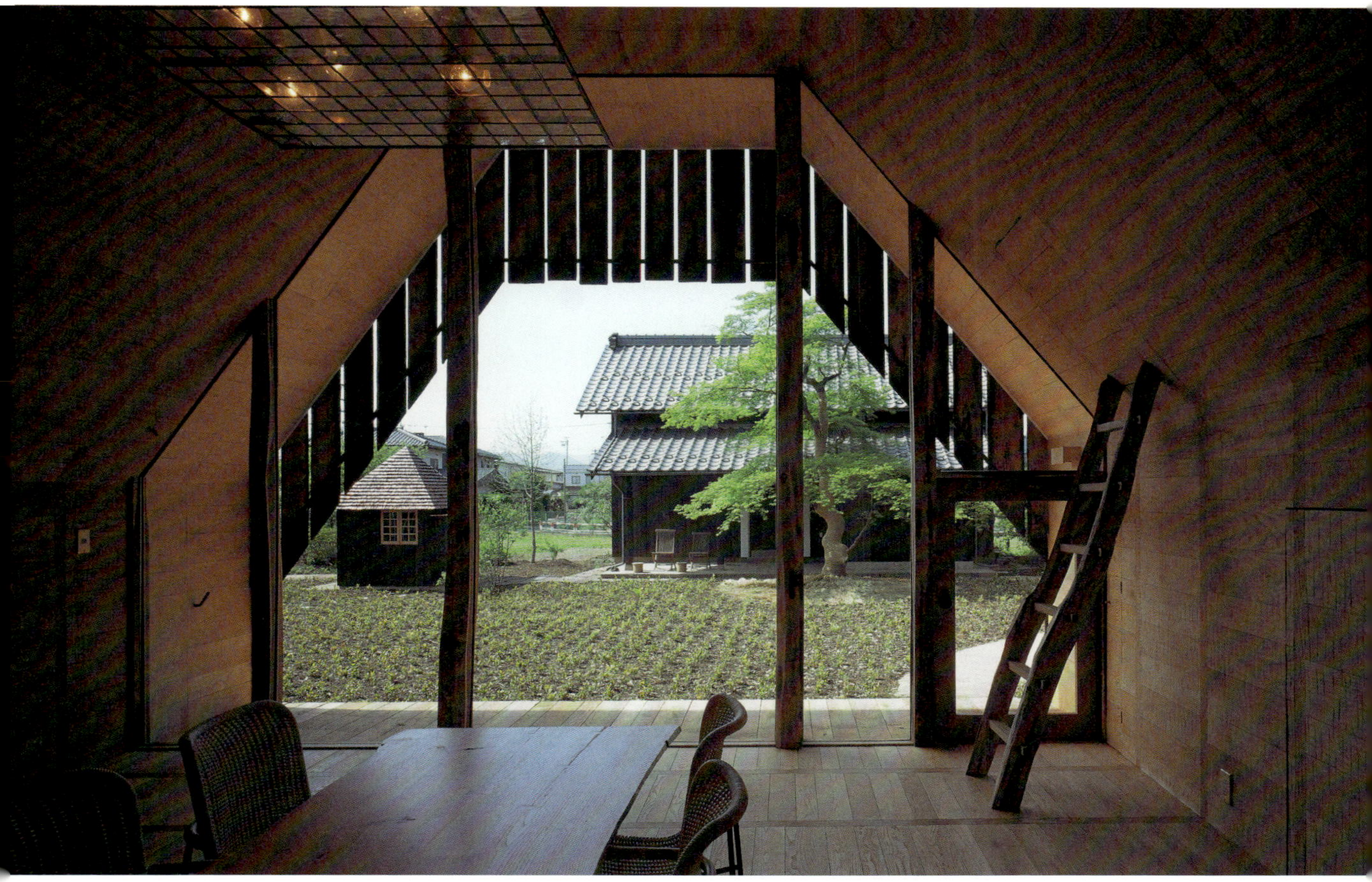

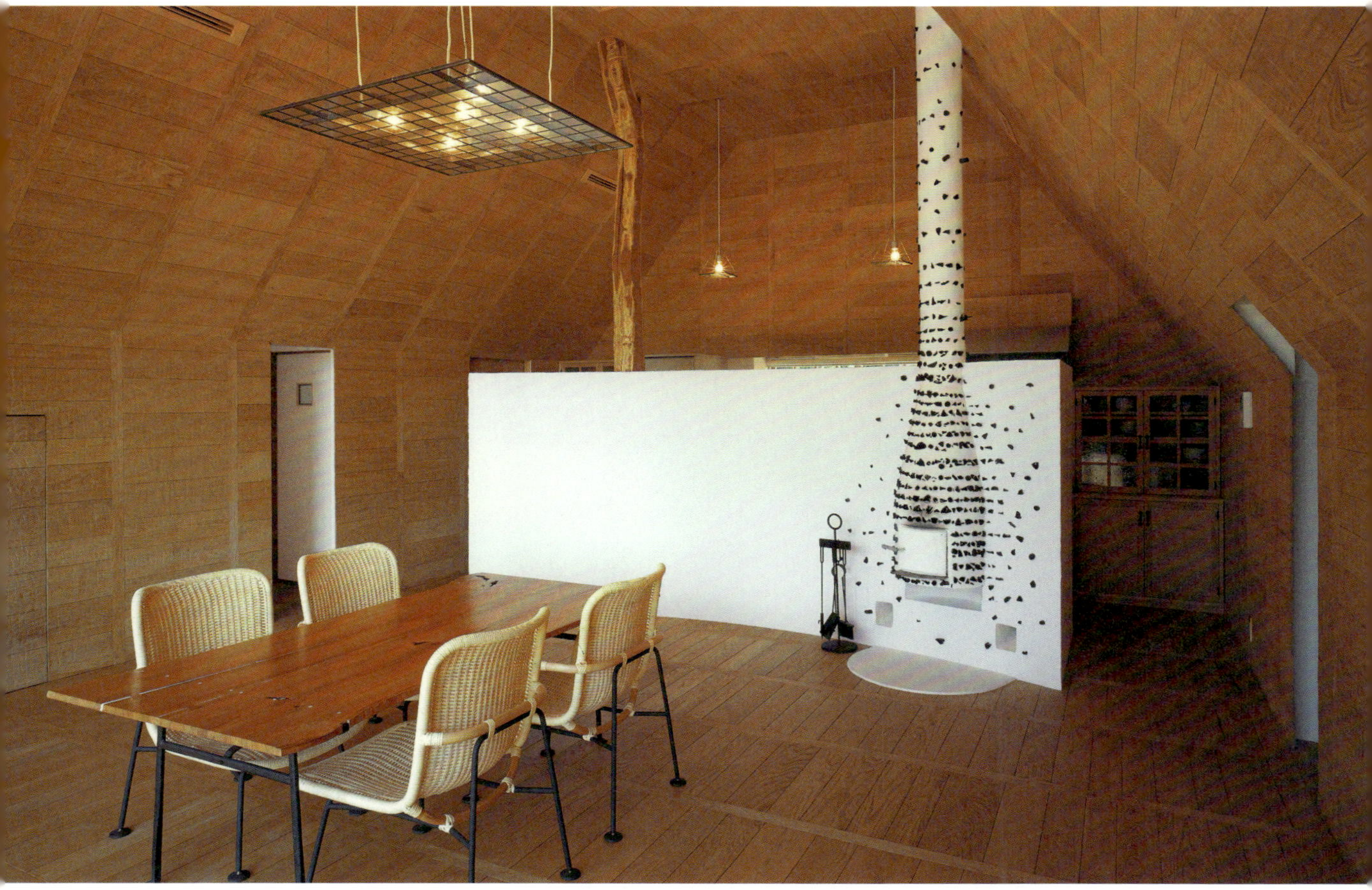

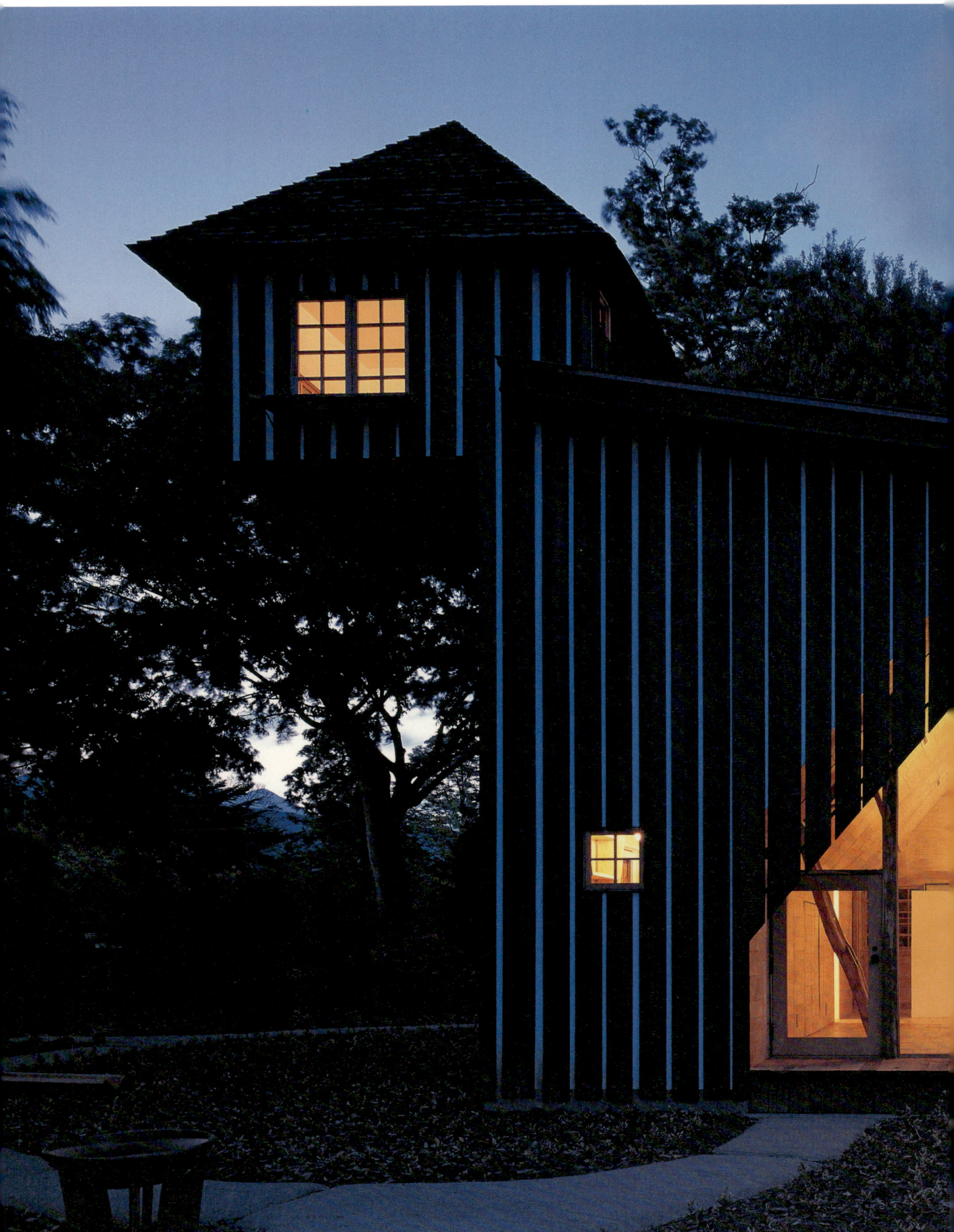

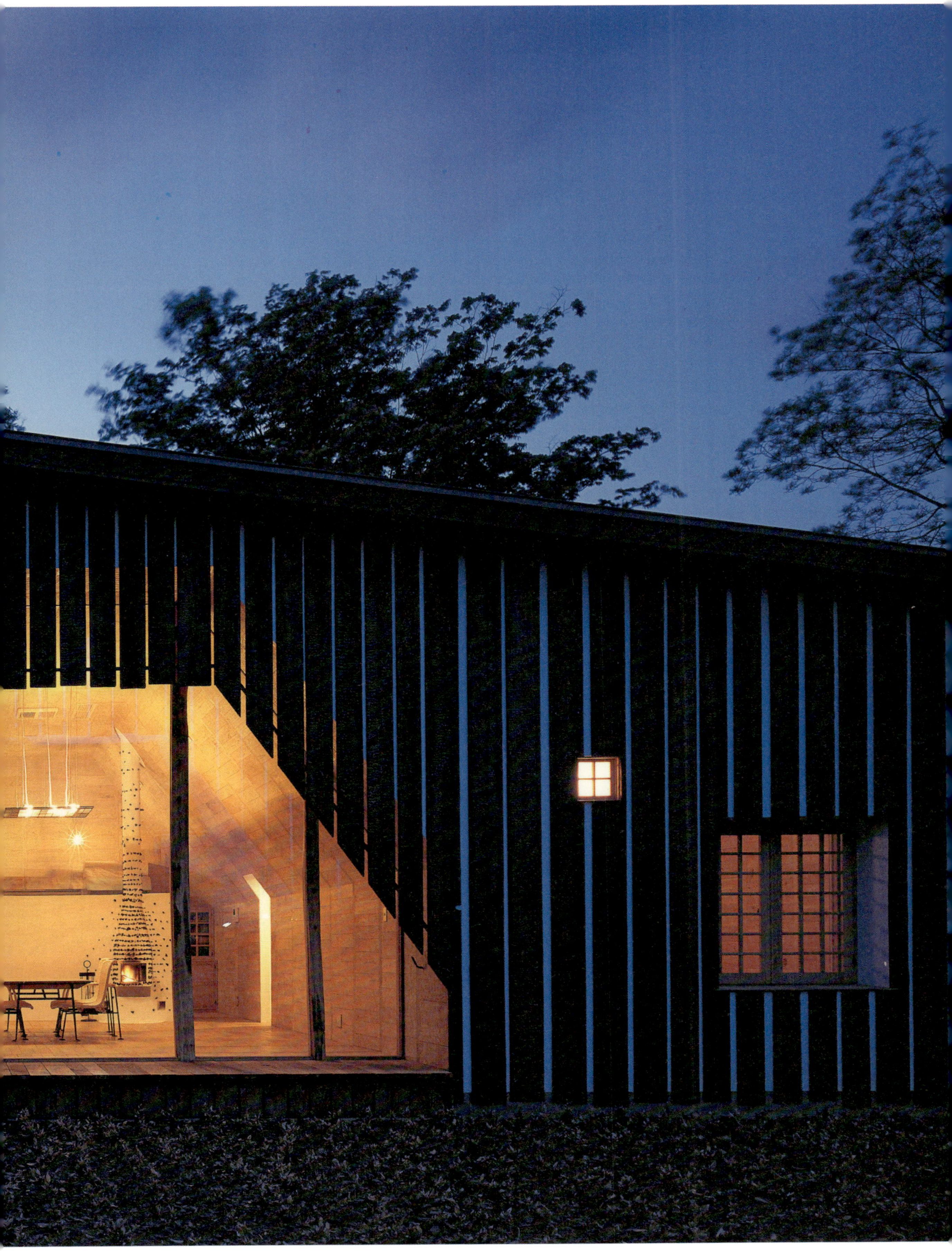

Wenn ich mir dieses Gebäude abends von außen ansehe, wird das Glas unsichtbar und der Hauptraum wirkt wie eine Höhle. Ein altes noch erhaltenes Lagerhaus ist im Garten hinter dem Bambus, der noch nicht ganz ausgewachsen ist, zu sehen.

コールハウス
Kohlenhaus, 2008

Um aktiv den Gebrauch von Gas zu fördern, ließ sich die Gesellschaft Tokyo Gas von Toyō Itō beraten und plante, Modellhäuser zu bauen. Für das Projekt wurden Taira Nishizawa, Sou Fujimoto und ich ausgesucht.

Nach Projektbeginn konnte ich zum ersten Mal beobachten, wie heutige Architekten ihr Design entwickeln. Während zahlreicher Treffen erklärten zunächst alle Projektmitglieder außer mir ihre Konzepte. Anschließend veranschaulichten sie diese Konzepte durch einfache Zeichnungen. Schließlich präsentierten sie mehrere Arten von kleinen, vereinfachten Modellen, die ihre Zeichnungen verkörperten. Fujimoto hat mit zehn Modellen am meisten davon hergestellt. Der ganze Prozess dauerte drei oder vier Monate.

Da ich kein besonderes Konzept hatte, sprach ich über die ursprüngliche Form der menschlichen Unterkunft. Nachdem man Feuer erfunden hatte, entstand zunächst ein einfacher Platz, an dem sich Familien um das Feuer versammelten und dort lebten. In kalten Regionen baute man um die Feuer und die Familien herum kleine Unterstände. Das ist die ursprüngliche Form der Hausarchitektur. Für das Modellhaus von Tokyo Gas wollte ich die Haupträume wie Höhlen gestalten, in deren Mitte sich ein Gasfeuer befindet.

Nach meiner Präsentation beim ersten Treffen hatte ich nichts Besonderes mehr zu tun. Während einiger Monate beobachtete ich daher die verschiedenen Pläne von Itō, Fujimoto und Nishizawa. Sie hatten weiße Modelle von ihren Plänen gefertigt. Ich war überrascht, dass sie sie immer wieder veränderten.

Ungefähr ein halbes Jahr später teilte man mir mit, dass ich mit der Konstruktion anfangen könne. Ich stieg auf einen Berg und fällte eine Japanische Rotkiefer. Um der Form der Rotkiefer zu entsprechen, entwarf ich einen Grundriss mit höhlenartigen Haupträumen, der mir schon länger vorschwebte. Das Badezimmer, den Eingangsbereich und die Küche legte ich in das Erdgeschoss und das Schlafzimmer in den ersten Stock.

Nachdem Itō zum ersten Mal sah, wie ich auf scheinbar allzu einfache Weise zu meinem Entwurf gekommen war, sagte er erstaunt: »Dein Entwurfsprozess setzt nicht nur vor dem Programm, sondern sogar vor dem Plan ein. Der fertige Plan besteht allein in einer Anordnung von Räumen. Du ähnelst meinem Vater, der Architektur liebte und ›Anordnungen von Räumen‹ für seinen Freund entwarf.«

1F 4.5×3.5 −1.5 =14.25
2F 4.5×3.5 =15.75 } 31.5坪
3F 1.5 =1.5

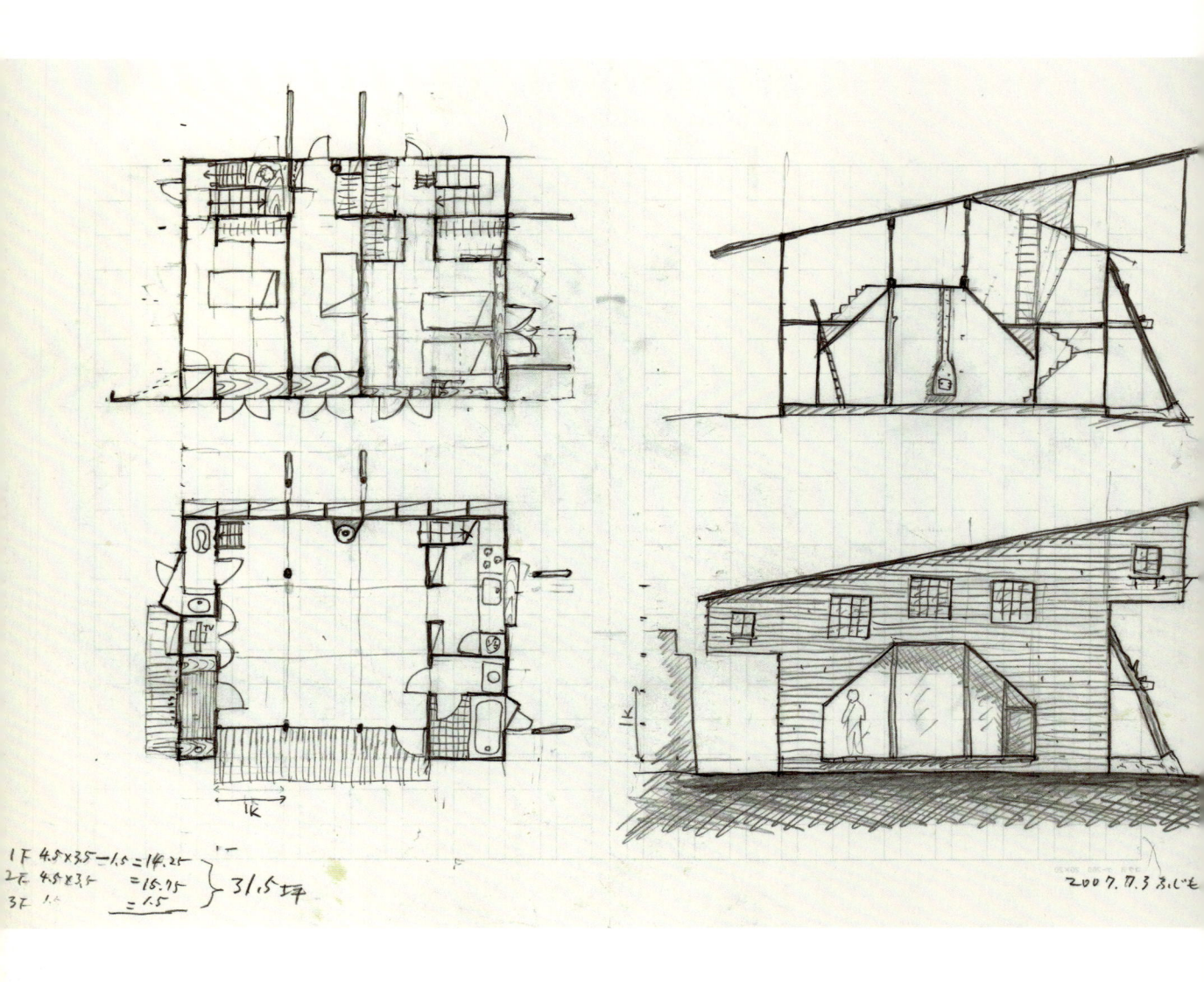

2007.11.3 ぶじ も

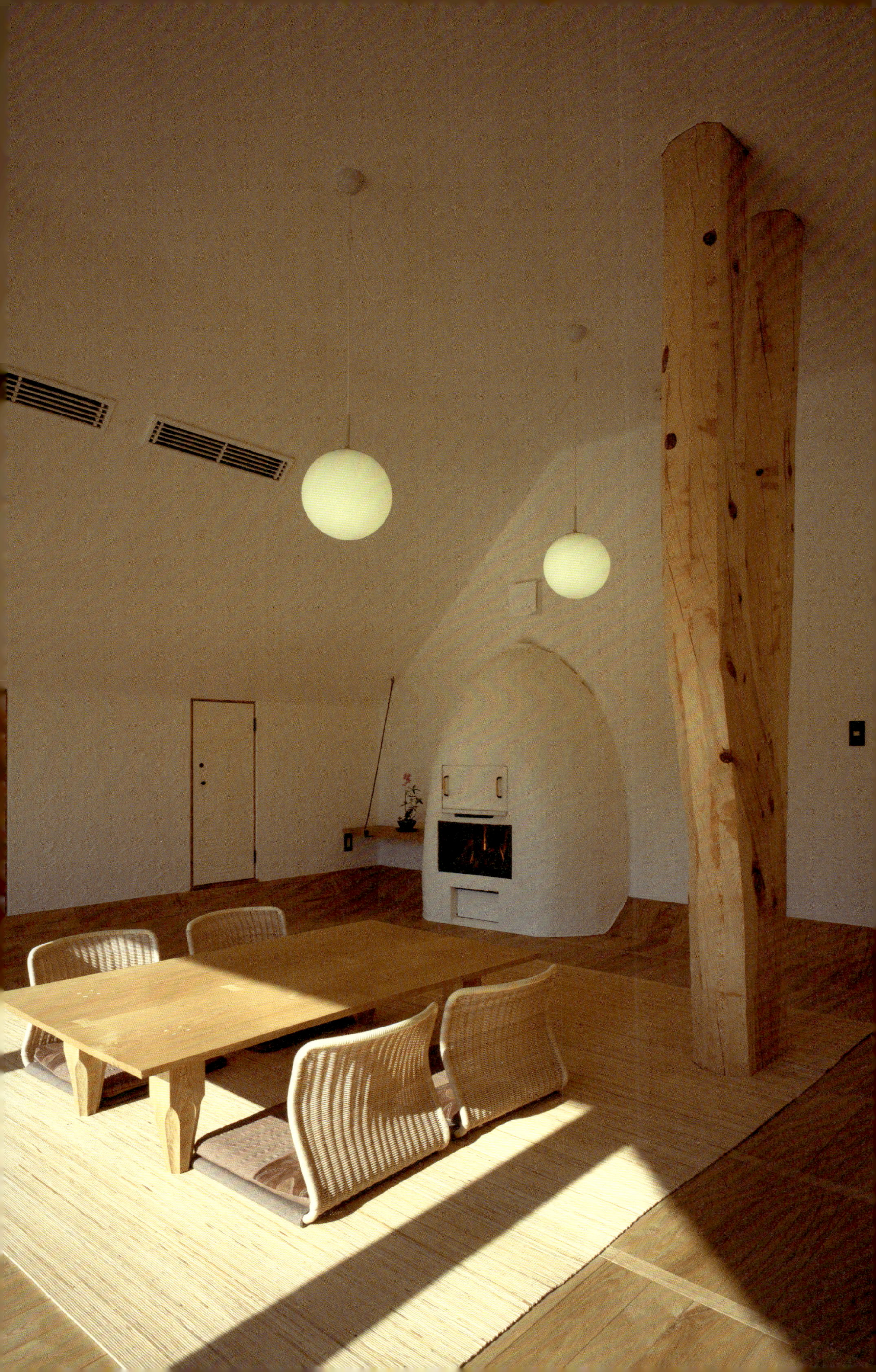

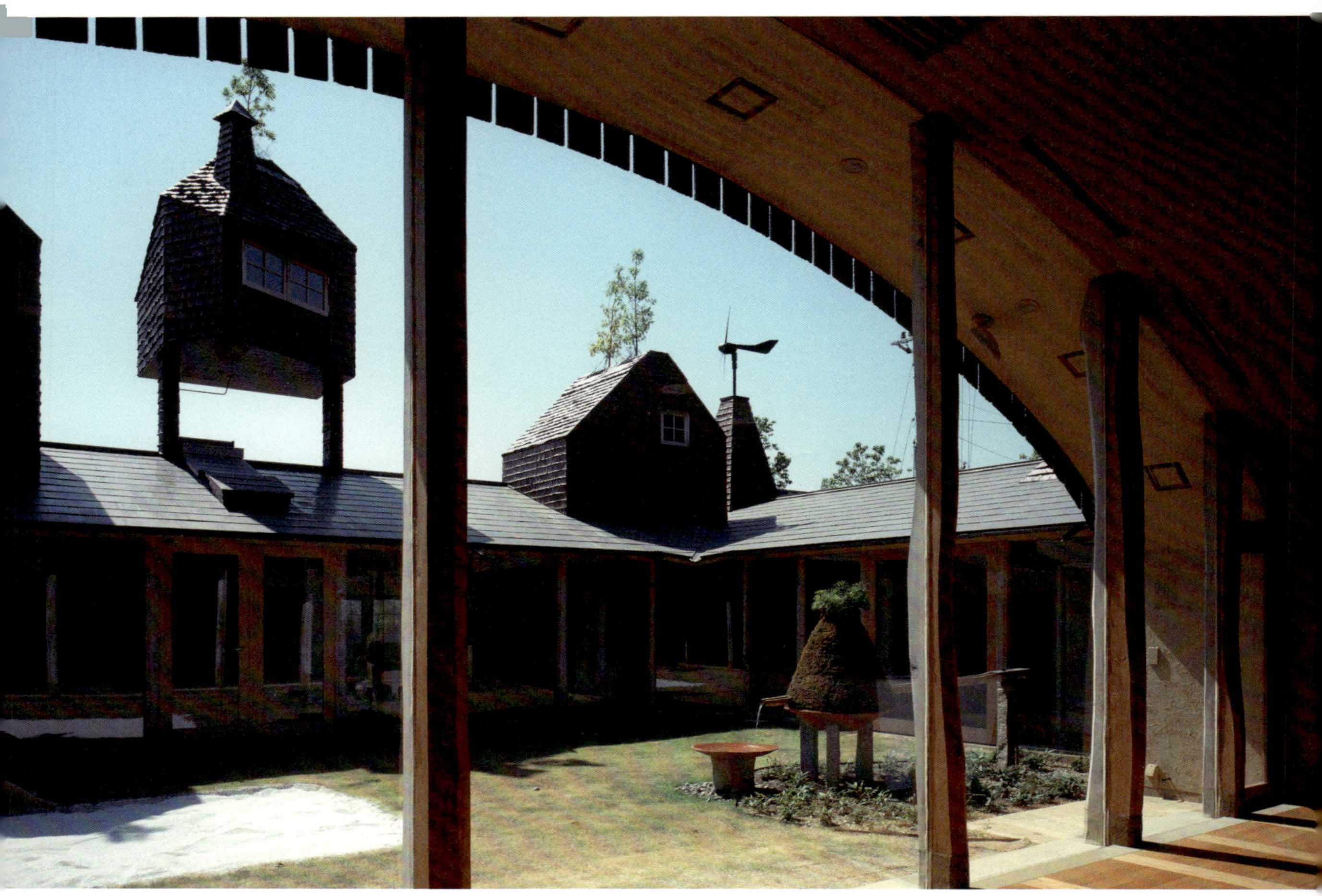

ルーフハウス
Dachhaus, 2009

Vor einigen Jahren besuchte mich jemand in meinem Büro an der Universität, der sich Tazuo Akimura nannte. Er sprach über Naturglauben und Religionen, was nichts mit Architektur zu tun hatte, und verließ das Zimmer wieder. Neben seiner Erscheinung begann ich mich für das zu interessieren, was er gesagt hatte. Dann tauchte er bei der Architektur-Biennale in Venedig auf, ein Jahr später finanzierte er für dieselbe Ausstellung in Tokio den Bau eines riesigen Turms aus Erde. Leider ergab sich keine Möglichkeit, ihn zu treffen.

Eines Tages fragte mich Akimura, ob ich ein Haus für den Besitzer einer Konfektfabrik bauen könnte. Ich kannte seinen Namen. Seine Firma stellt Baumkuchen her, die vor etwa hundert Jahren ein Deutscher nach Japan eingeführt hatte. Nachdem es ihm gelungen war, einen weichen Baumkuchen mit einem frischen Geruch zu backen, der dem japanischen Geschmack entsprach, löste er einen wahren Boom aus.

Ich entwickelte Interesse an seiner Arbeit und lud ihn und seine Frau in das Yakisugi-Haus ein. Danach fragte er mich, ob ich sein Haus entwerfen könnte. Er machte keine klaren Vorgaben über die Kosten, die Größe des Hauses oder den Ort, an dem es auf dem großen Baugelände stehen sollte. Vielmehr sagte er nur: »Entscheiden Sie selbst.«

In der Architektur des 20. Jahrhunderts gelten Innenhöfe mit Korridoren als veraltet und werden nicht mehr verwendet. Ich halte sie jedoch für ein hervorragendes Mittel zur Gliederung. Nachdem ich sie bereits in der Kumamoto Landwirtschaftsschule angewandt hatte, wählte ich sie auch für dieses Projekt.

Um die perfekte Form des Hofes zu bewahren, öffnet sich der Speiseraum der Kumamoto Landwirtschaftsschule nicht zum Innenhof. Doch dieses Mal entschied ich mich, die Haupträume (Ess- und Wohnraum) so anzuordnen, dass sie eine große Öffnung zum Innenhof erhielten.

Ich plante, große Fenster einzusetzen, die der Architektur des 20. Jahrhunderts angehören. Im Yakisugi-Haus hatte ich bereits damit gute Resultate erzielt, große Glasfenster zwischen zwei Pfosten aus Baumstämmen zu setzen. Diese Methode übernahm ich für das neue Haus in kleinerem Maßstab.

Meine Versuche mit grüner Architektur sind schon öfters fehlgeschlagen. Daher wollte ich für dieses Projekt nur symbolisch die Giebel der Schrägdächer begrünen. Einige Pflanzen wuchsen an, andere sind eingegangen. Den Grund kenne ich nicht.

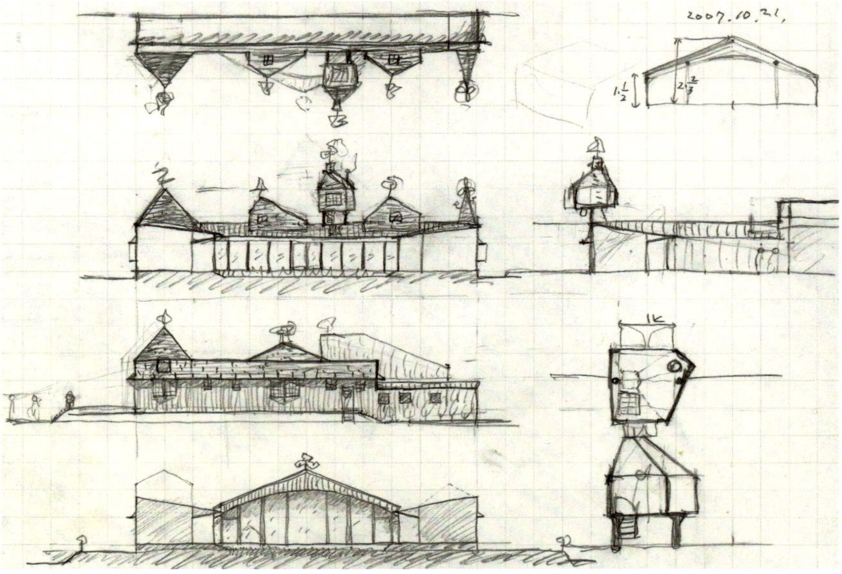
2007.10.21.

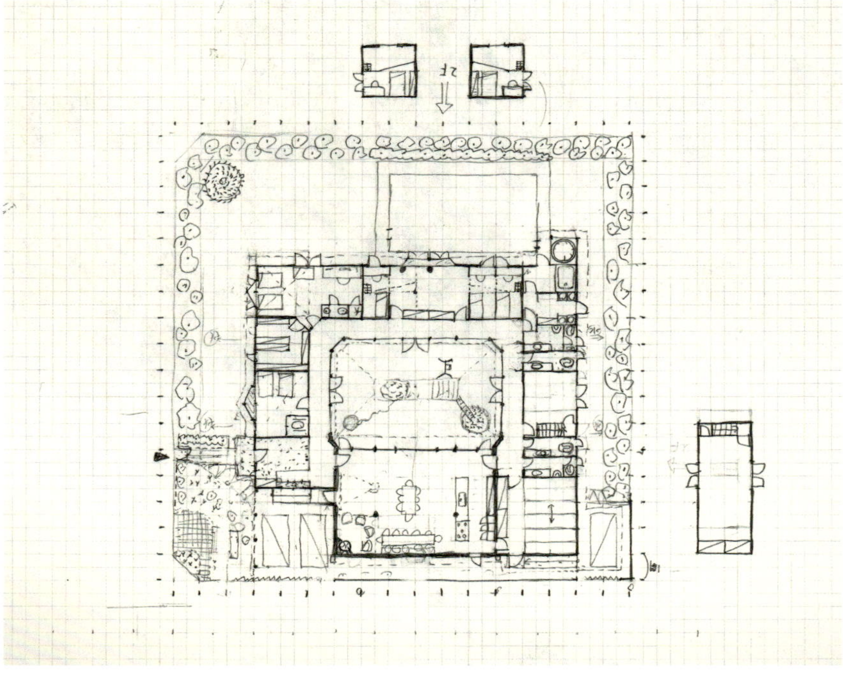
2F

2007.10.11
あと、goodの画像
あってもあり
の画像を
にがし
再考

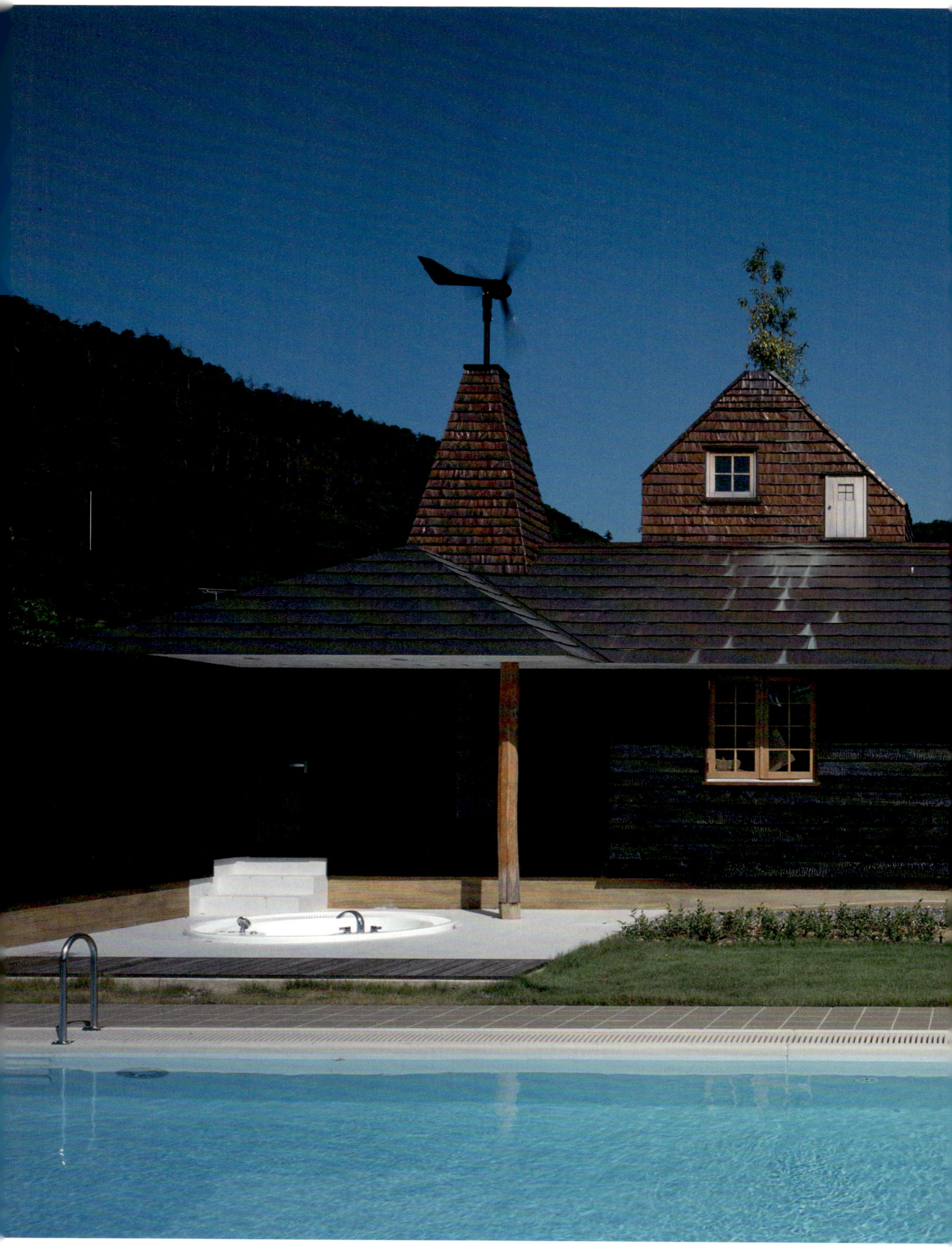

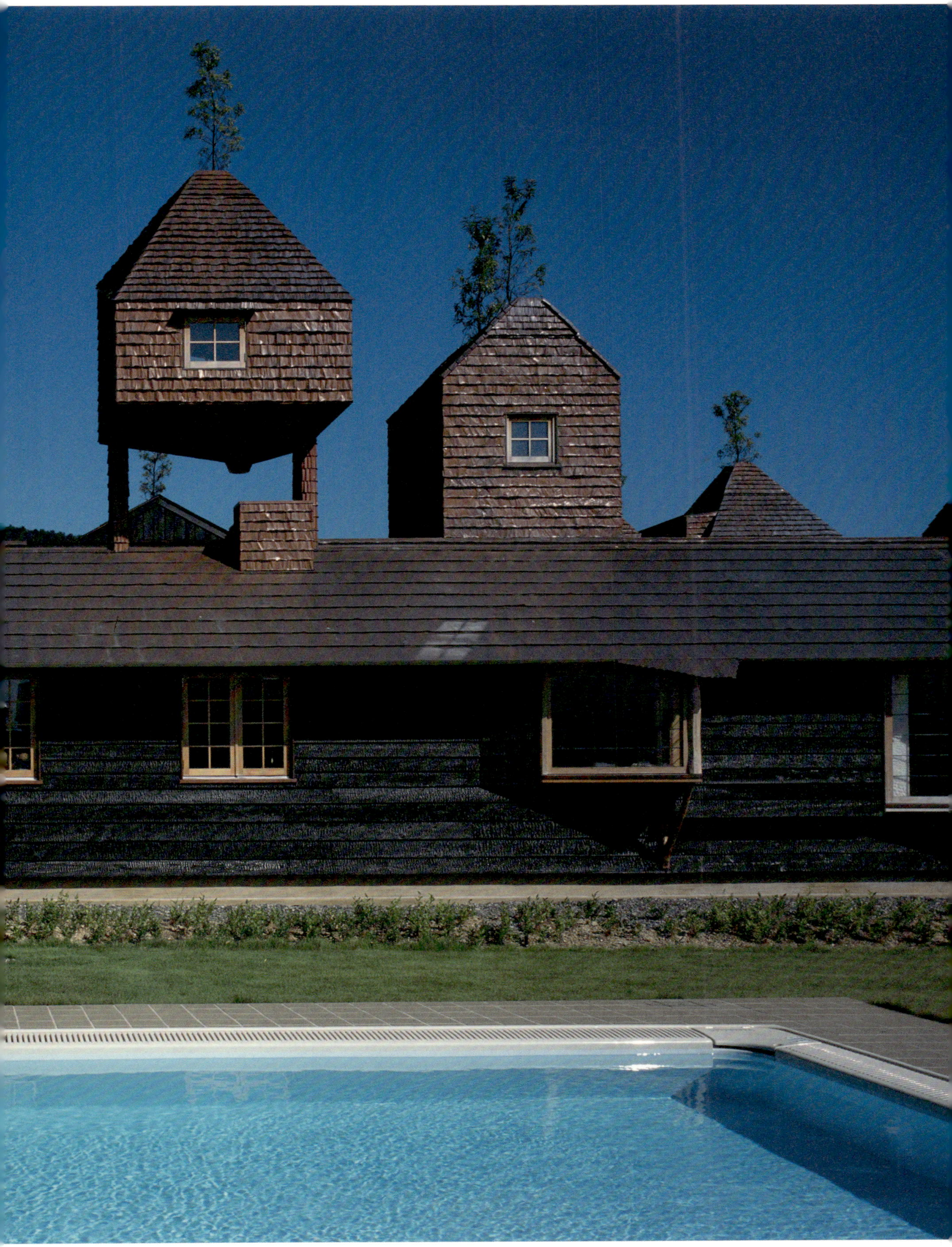

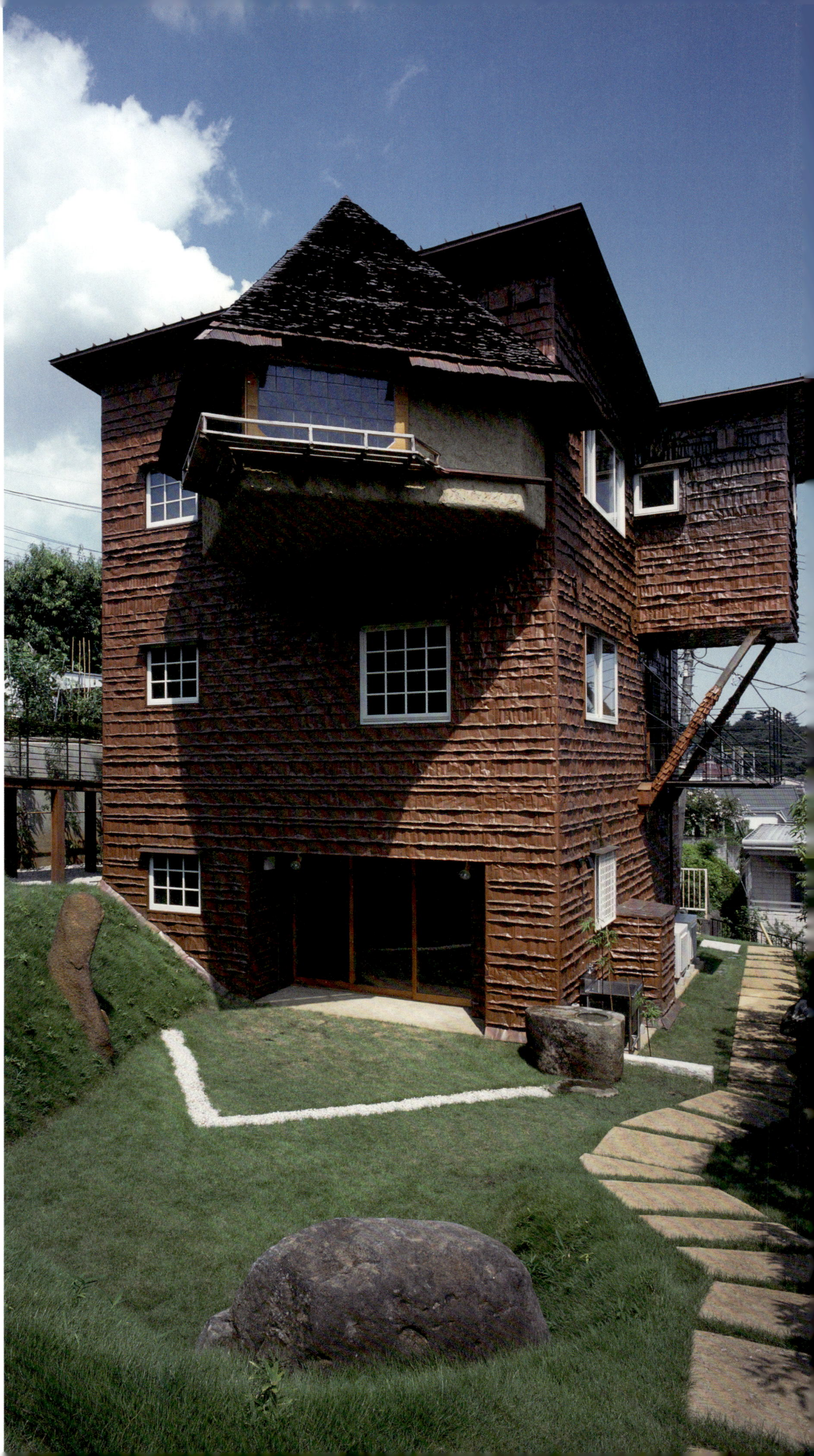

チョコレートハウス
Schokoladenhaus, 2009

Der Eigentümer einer Keramikschule, die mein Kind besuchte, fragte mich, ob ich ihm ein Haus entwerfen könnte. Während wir uns unterhielten, erfuhr ich, dass das Haus seines Großvaters, des Malers Zenjiro Kojima, von Arata Endo erbaut wurde, einem Schüler Frank Lloyd Wrights. Er sagte mir auch, dass Genpei Akasegawa sich in diesem Haus ein Zimmer gemietet hatte, als er an der Kunstschule studierte.

Wenn ich eine Anfrage erhalte, ein Haus zu entwerfen, stimme ich nur zu, wenn sie von einem Freund kommt oder von jemanden, den mir ein Bekannter empfohlen hat oder zu dem ich irgendeine Verbindung habe. Bei einem mir gänzlich Unbekannten willige ich erst ein, wenn ich mich, nach mehreren Treffen, für seine Lebensweise oder seine Arbeit interessiere.

Kojima, der Besitzer der Keramikschule, ist Kunsthändler, der sich auf die Werke seines Großvaters und von Künstlern aus Akasegawas Generation (er wurde 1937 geboren) sowie auf Textilien aus aller Welt spezialisiert hat. Während der Entwurfs- und Bauphase seines Hauses und auch nach dessen Fertigstellung habe ich durch den Kontakt zu Kojima etwas über Textilien gelernt, etwa dass traditionelle japanische Stoffe weltweit die höchste Qualität haben.

Zwei Merkmale charakterisieren Kojimas Haus. Das erste sind die Kupferplatten. Ich entschied mich, ein Haus zu bauen, das vom Dach bis zu den Wänden gänzlich mit Kupferplatten bedeckt ist. Ein solches Gebäude ist bisher noch nicht realisiert worden. Andere sind nur teilweise mit Kupferplatten bedeckt oder wesentlich kleiner.

Kupferplatten weisen eine hohe Widerstandsfähigkeit auf. Sie können von Hand gebogen werden und altern auf schöne Weise. Unter Industrieprodukten besitzen allein Kupferplatten Eigenschaften, wie sie auch Naturprodukte haben. Das andere Merkmal ist das verkohlte Holz. Vom Innenraum des Teehauses Forum her kannte ich mich etwas mit der Verwendung von verkohlten Brettern aus und dachte, eine einfachere Lösung finden zu können. Ich kam schließlich auf die schon im Yakisugi-Haus angewandte Methode, kleine Holzplatten von einer Seite anzubrennen und dann mit finnischen Nägeln an der Wand zu befestigen.

Bis heute haben Architekten verkohltes Holz nur auf zwei Weisen verwendet: Entweder benutzten sie verkohltes Japanisches Zedernholz für die Außenwand oder sie verschalten mit kleinen Stücken die Innenwand. Als ich das Haus zum ersten Mal vorstellte, hieß es noch Kupferhaus, doch nachdem ein Schuljunge es Schokoladenhaus genannt hatte, änderte ich den Namen.

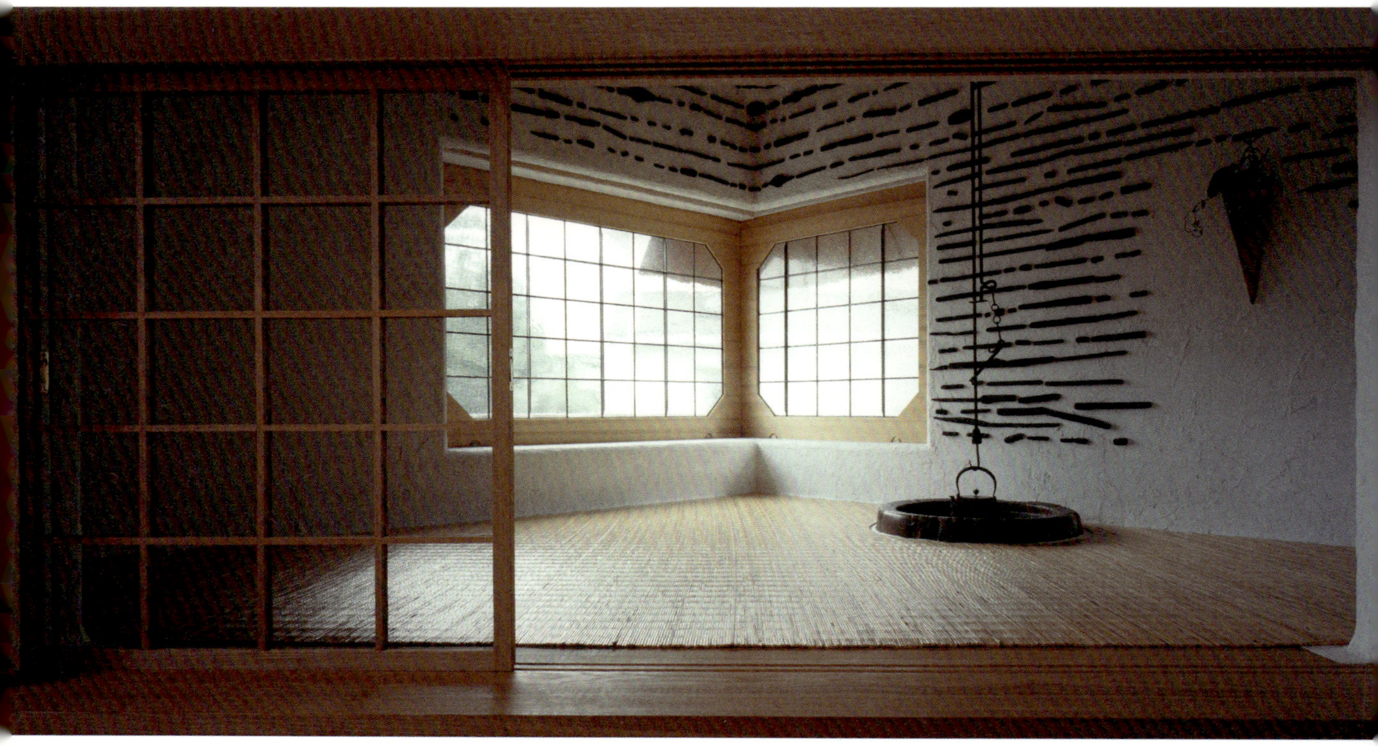

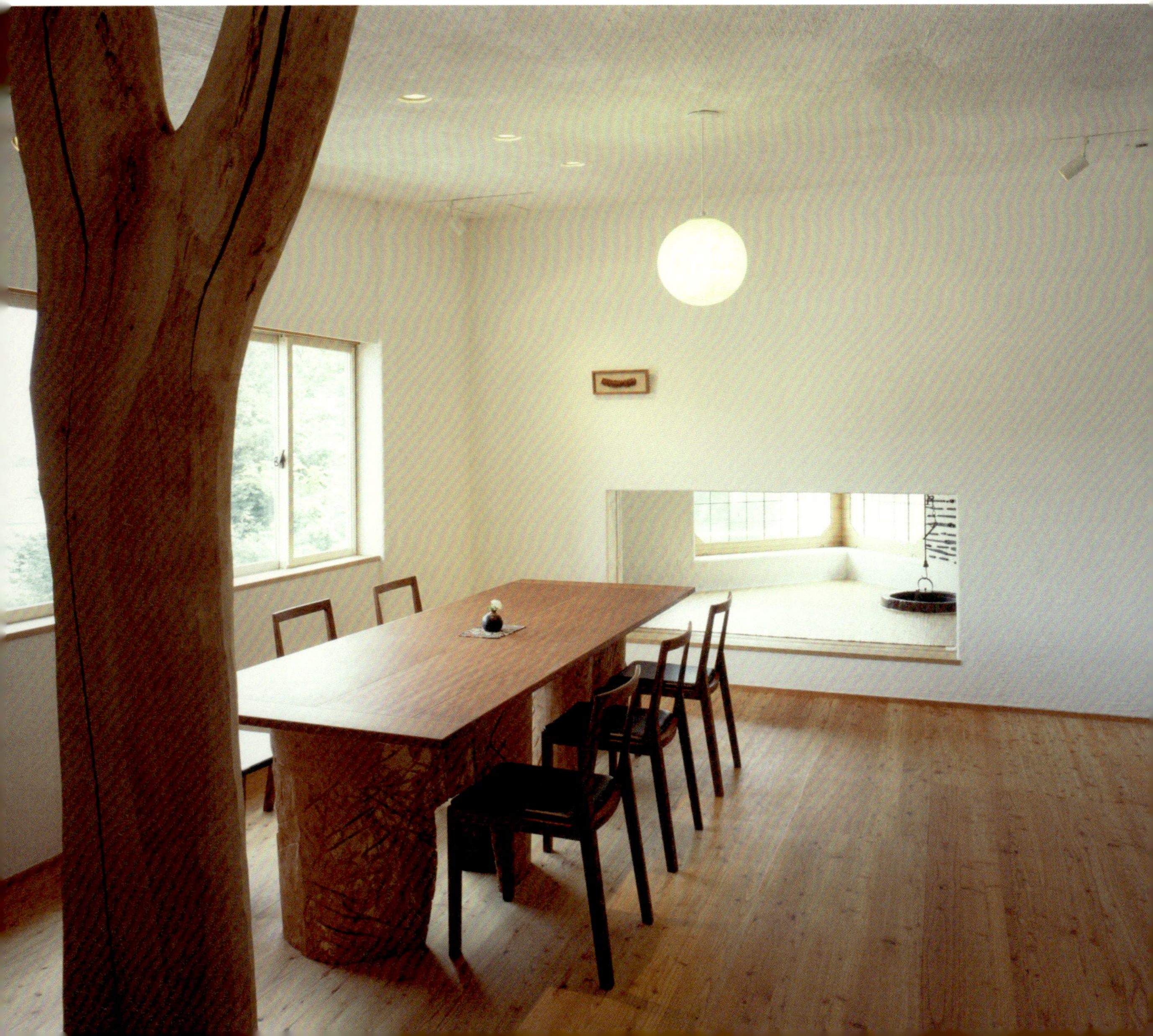

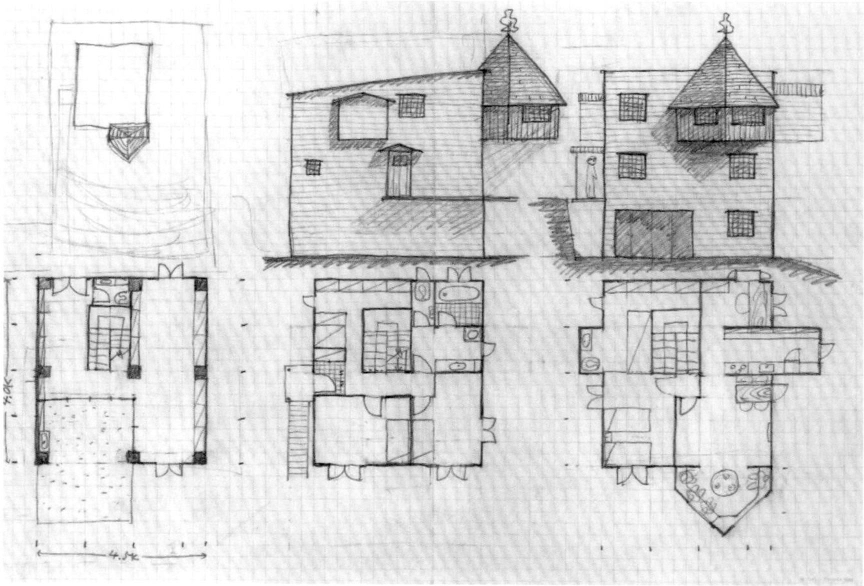

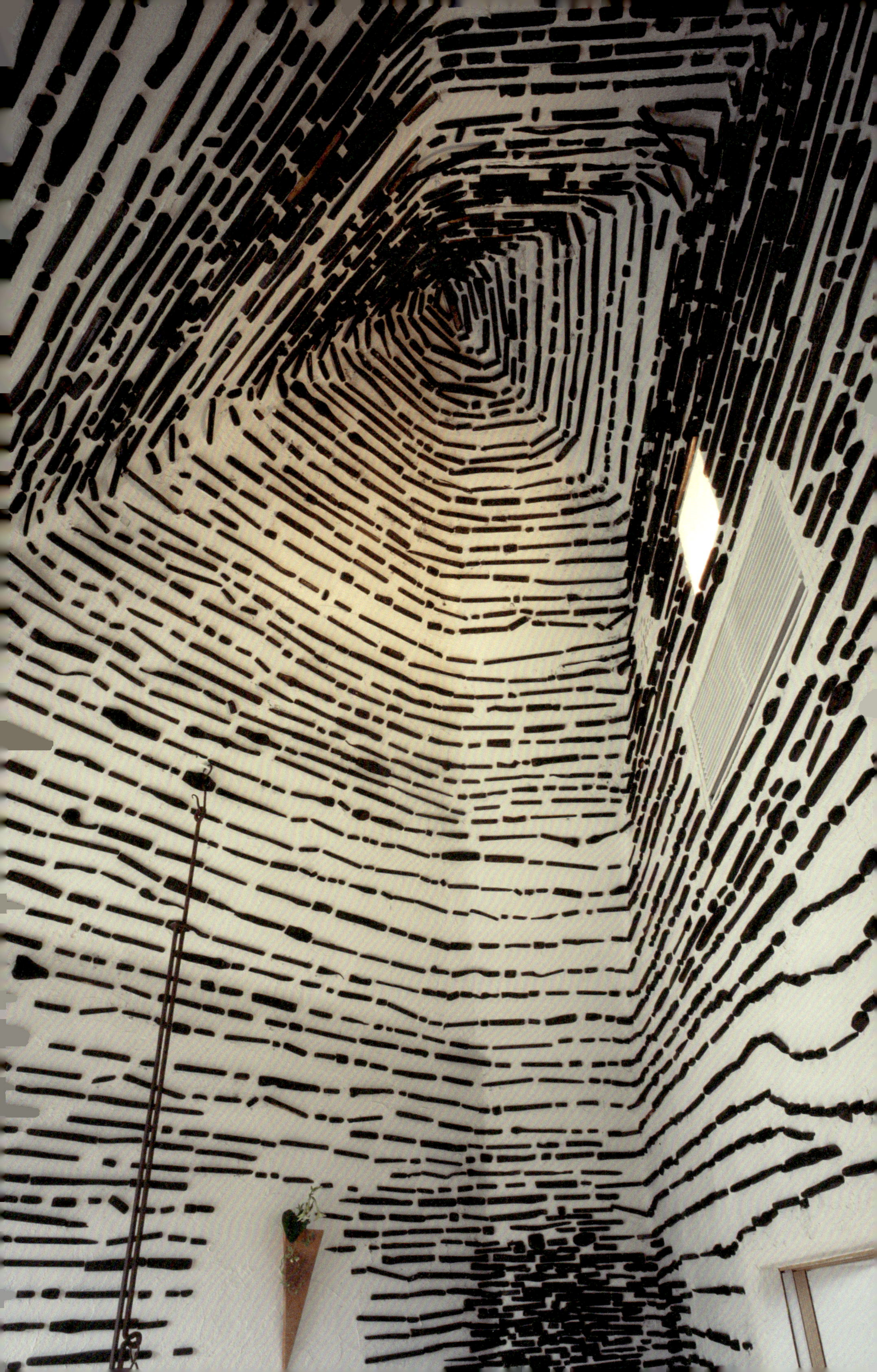

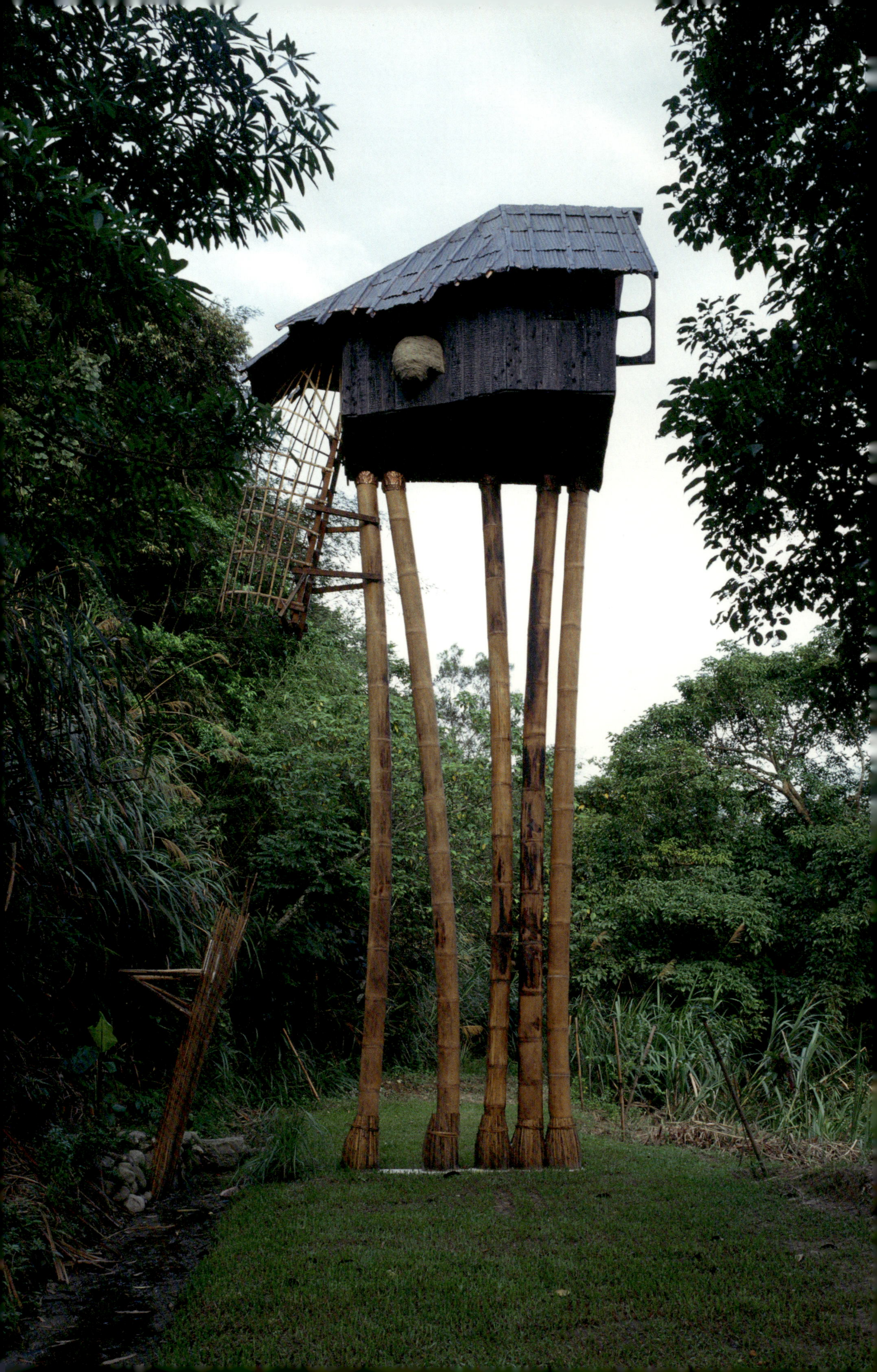

入川亭
Teehaus Irisen, 2010

In Japan gibt es seit 400 Jahren einen Gebäudetyp, der nur dazu dient, Tee zu trinken: das Teehaus. Es wurde im 16. Jahrhundert von Sen no Rikyū erfunden, der als Händler in der freien Stadt Sakai lebte. Ähnlich wie in Venedig trieb man von dort aus mit den europäischen Ländern Handel. Beeinflusst von Zenphilosophie, suchte er nach dem Wesentlichen der Architektur und entwarf einen Minimalraum von 1,8 Quadratmetern.

Die eigentliche Grundfläche ist sicher klein, aber wenn man im Inneren ist, spürt man keine Beengtheit. Vielmehr stellt sich durch die äußerst passenden Maße, die Formen und ausgewählten Materialien das seltsame Gefühl ein, in einer anderen Welt zu sein.

Einen solchen Gebäudetyp gibt es nicht in China, Taiwan oder Korea. Als die venezianische Architektur-Biennale in Tokio stattfand, fragte mich dennoch eine Gruppe taiwanesischer Teeliebhaber, ob ich für sie ein Teehaus bauen könnte. Um die Teekultur in Taiwan zu verstehen, besuchte ich zusammen mit der Gruppe vier Tage lang Teeplantagen und trank Tee, den ein Teemeister zubereitete. Da ich Interesse an chinesischem Tee hatte, der sich von japanischem Tee unterscheidet, und die Leidenschaft der Gruppe auf mich übergriff, nahm ich den Auftrag an.

Als ich die wunderschöne Landschaft um einen großen Bergsee sah, hatte ich die Idee, für das Teehaus Bambus zu verwenden und ihm eine schiffsartige Form zu geben, die ich im Projekt Bōchabune verwirklicht habe.

Taiwan ist ein Land des Bambus. Es gibt dort viele seltene Arten. In Japan und China findet man auch viel Bambus, aber bis zu diesem Zeitpunkt hatte ich davon noch keinen Gebrauch gemacht, weil man jedem Bambusstück seine Herkunft ansieht und schnell der Meinung ist, die Architektur verstanden zu haben: »Aha, das kommt aus Japan« und »Aha, das kommt aus China«, ohne auf die eigentliche Qualität des Bauwerks jenseits von Tradition oder Nationalität zu achten.

Der größte Bambus der Welt wächst in Taiwan, aber die meisten Taiwanesen wissen nicht einmal, dass es ihn überhaupt gibt. Bisher ist er bei keinem Bau zum Einsatz gekommen. Er ist zu groß, als dass er mit den üblichen Techniken verwendet werden kann. Ich entschied mich also für ihn. Da ich den Auftrag hatte, das Teehaus höher als das Takasugi-an (S. 124–129) zu bauen, ist dessen Bodenhöhe 7,2 Meter.

1100
250

1800
900
1800

1800
900

2009.7.30

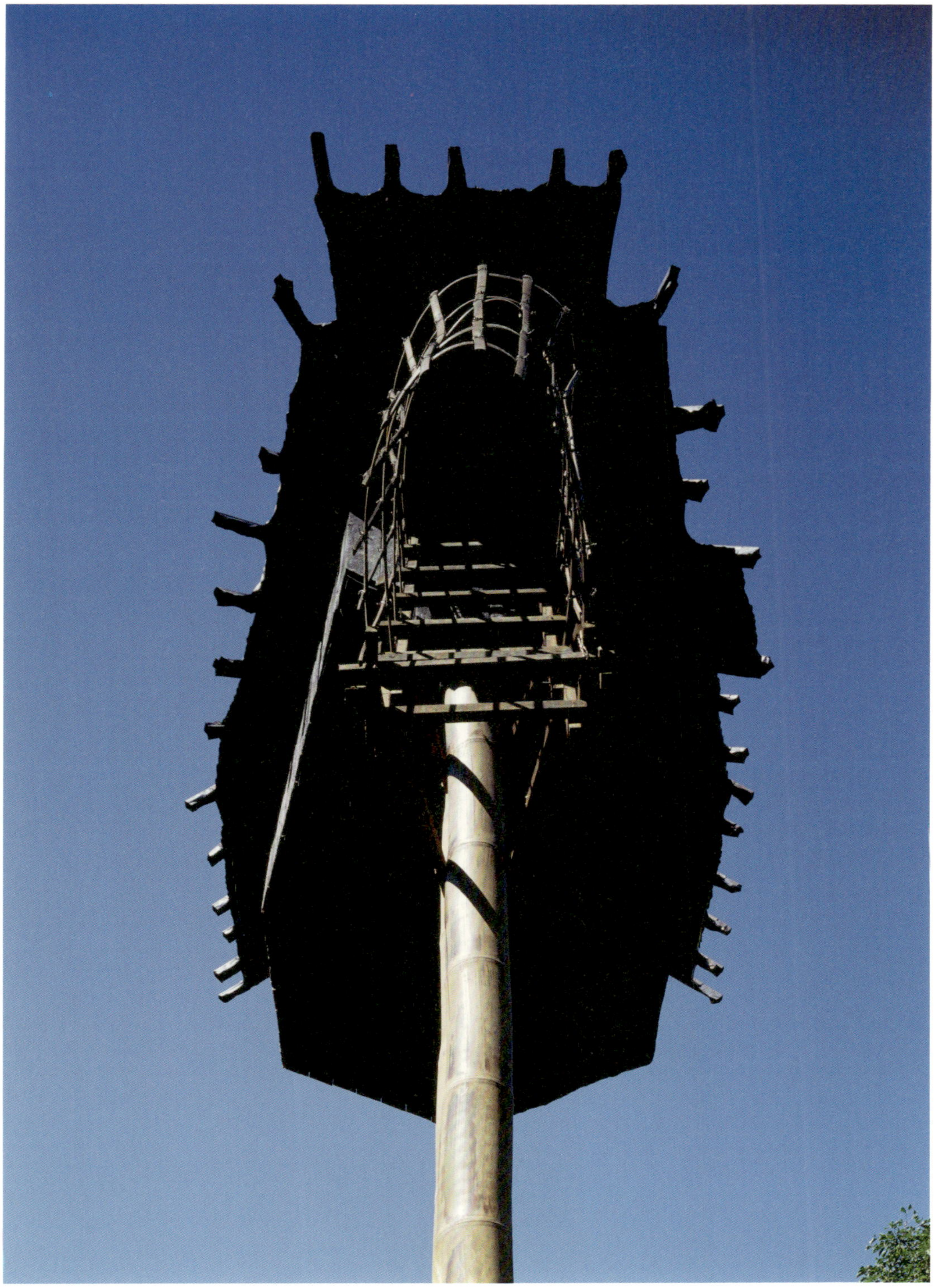

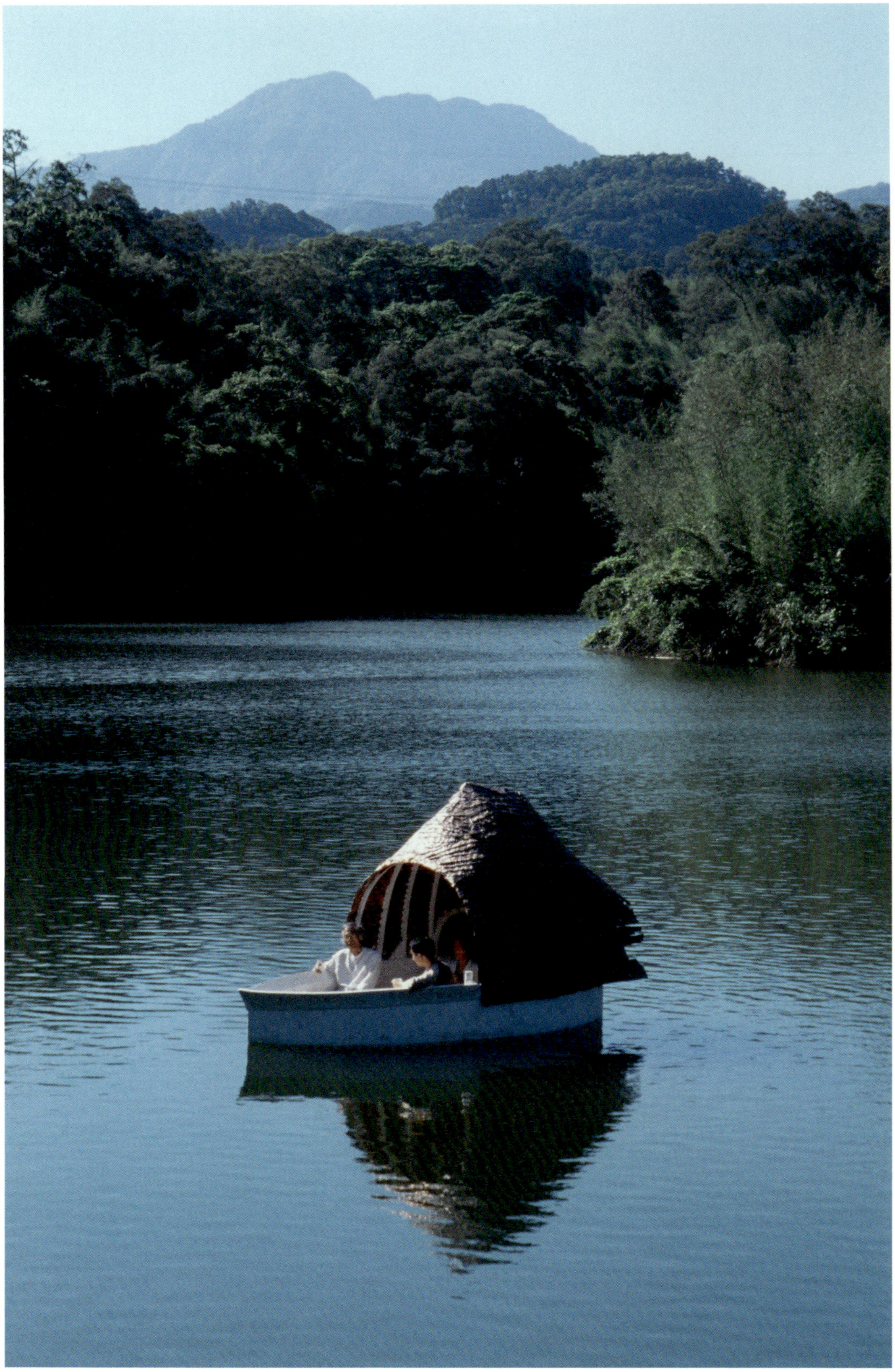

忘茶舟
Bōchabune (Das Boot, in dem man den Tee vergisst), 2010

Heutzutage werden kleine Schiffe meist aus faserverstärktem Plastik (FRP) hergestellt. Da es mir jedoch darauf ankam, das Schiff bis ins kleinste Detail architektonisch zu gestalten, benutzte ich Beton.

Die Geschichte des Stahlbetons beginnt 1867 mit den Blumentöpfen des französischen Gärtners Joseph Monier (1823–1906). Ein Jahr früher hatte allerdings schon ein Schiffsbauer Stahlbeton für ein Schiff verwandt. Ich wollte auch ein Schiff aus Stahlbeton bauen, jedoch nicht auf die gleiche Weise wie damals, denn dann wäre es die Mühe nicht wert gewesen.

Für die Monocoque-Bauweise der Flugzeuge und Formel-1-Rennwagen wird sicherlich die zurzeit fortschrittlichste Stereolithografie verwendet. Ich hingegen versuchte zusammen mit der taiwanesischen Gruppe und ihren Freunden einen handgefertigte Monocoque-Bau aus Stahlbeton herzustellen.

Der Kern der schiffsartigen Form besteht aus drei Zentimeter dickem Schaumstoff. Die beiden Seiten des Kerns bedeckt eine ein Zentimeter dicke Schicht aus Mörtel, der mit nichtrostendem Stahl vermischt wurde. Die schwierigste Aufgabe war, den Schaumstoff fest mit dem Mörtel zu verbinden. Glücklicherweise fanden wir in Japan einen Klebstoff, der beide Stoffe perfekt zusammenfügte.

Das Resultat eines Experiments, das die Belastungsstärke des Kerns testen sollte, war besser als erwartet. Eine Platte von 90 Zentimetern Breite und 180 Zentimetern Länge hielt eine Punktlast von 500 Kilogramm aus.

Ohne professionelle Hilfe war die Konstruktion des Schiffes nicht einfach. Beschwingt von der südländischen Atmosphäre Taiwans, die in der Gruppe und mit ihren Freunden durch Gesang, Musik und Tanz zum Ausdruck kam, konnten wir die Arbeit allerdings ohne Missgeschicke abschließen.

Wir müssen allerdings noch ein Bootshaus bauen und einen Fuß mit vier Rädern anbringen, um das Schiff auf dem Land bewegen zu können.

Der Name des Schiffes heißt zu deutsch: das Boot, in dem man den Tee vergisst, und rührt daher, dass man, wenn etwas Wind bläst, beständig rudern muss, um nicht in die Uferböschung zu treiben. Es bleibt daher keine Zeit zum Teetrinken.

2009.7.31
T.yuji

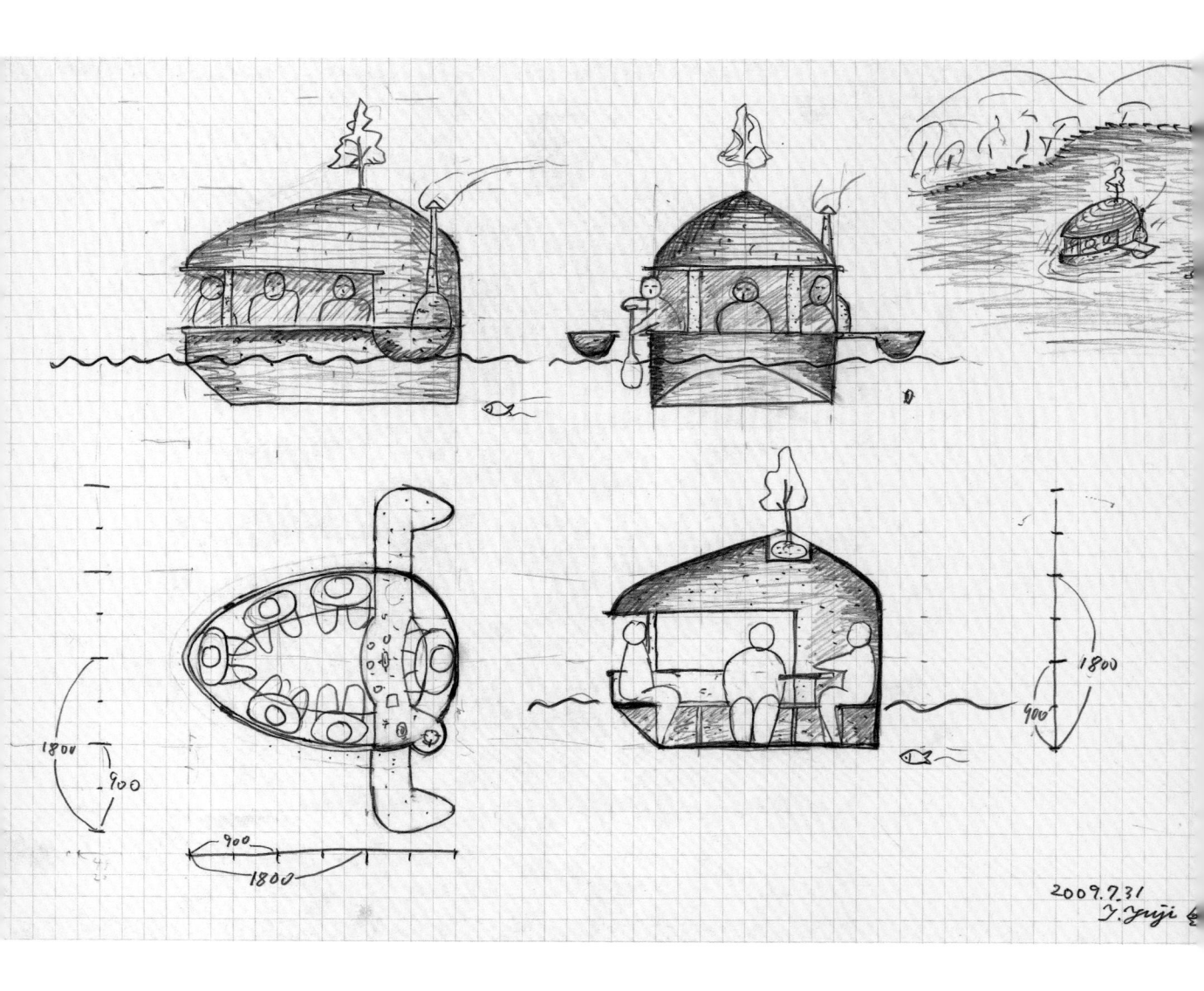

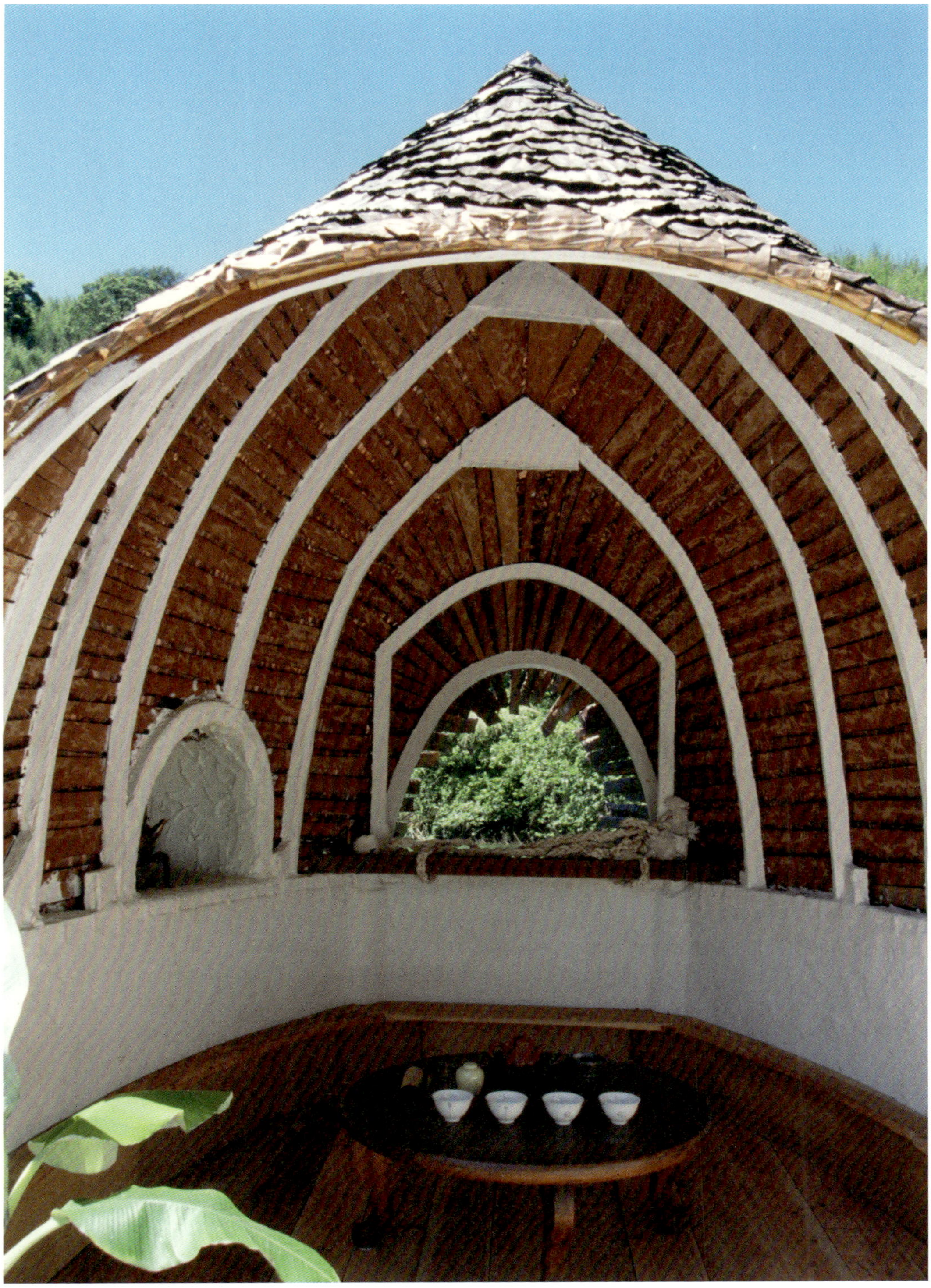

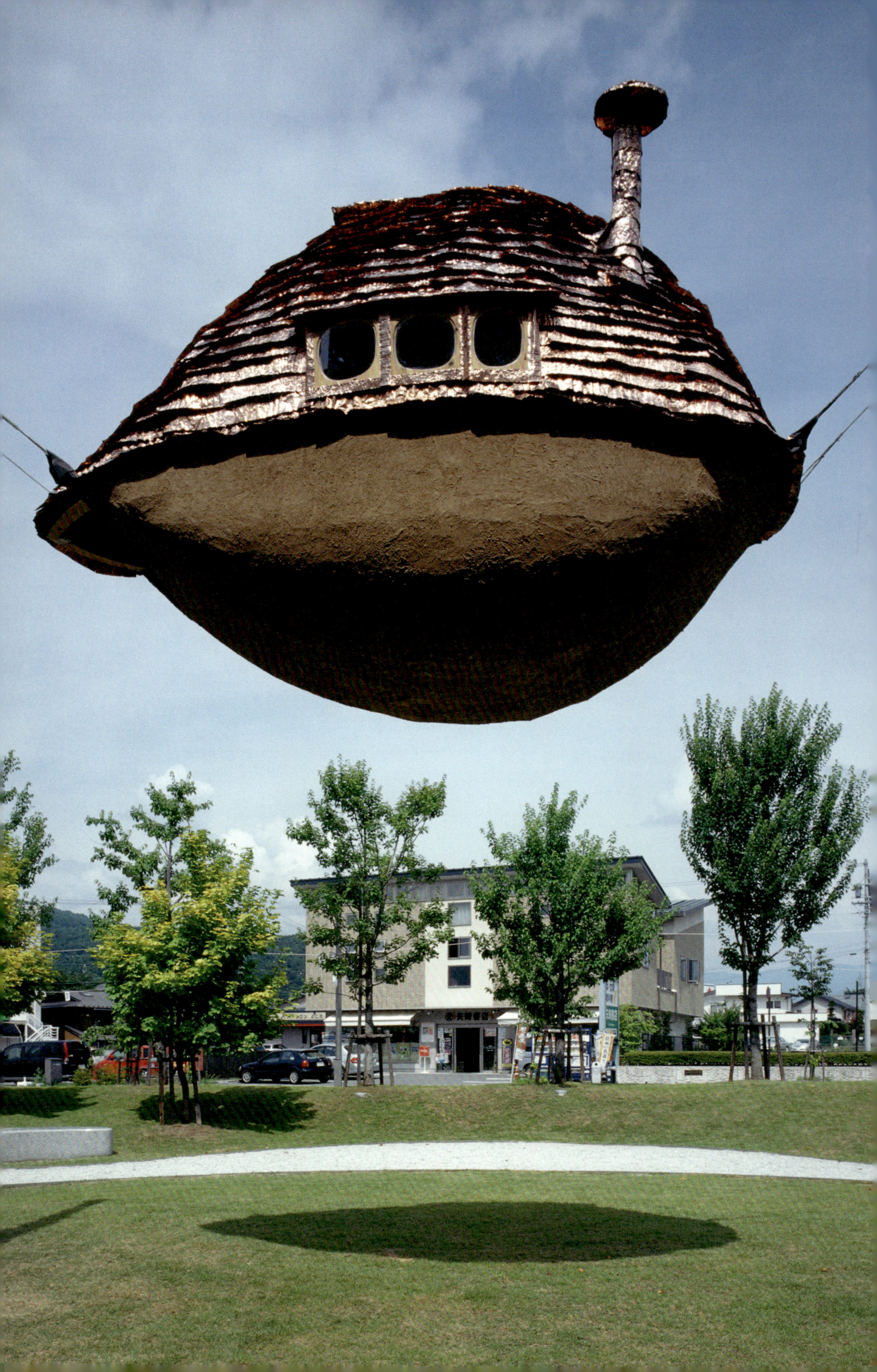

空飛ぶ泥舟
Fliegendes Lehmboot, 2010

Im Jahr 2010 hat das Museum meiner Heimatstadt Chino die Ausstellung *Die Architektur von Terunobu Fujimori – Erinnerungen an Suwa und Fujimoris Architektur* organisiert. Anlässlich dieser Ausstellung wollte ich zusammen mit den Bürgern und ihren Kindern ein Teehaus bauen. Es wäre natürlich zu schwierig gewesen, es allein mit ihnen zu versuchen, daher unterstützten uns professionelle Handwerker, Sägewerke und Krantechniker. Seit meiner Kindheit sind diese Handwerksmeister meine Freunde. Wir sind zusammen in einer kleinen Stadt mit siebzig Haushalten in den Bergen groß geworden und hatten viel Spaß miteinander. Ich vertraue ihnen. Ihr technisches Niveau ist sehr hoch, und sie kennen genau meine Vorlieben, was wichtig ist.

Da ich den Eindruck hatte, mit den Bürgern und diesen Meistern alles zustande bringen zu können, wagte ich mich an ein Projekt, von dem ich seit meinem Architektur-Diplom geträumt habe, nämlich eine »in der Luft schwebende Architektur« zu entwerfen.

Wenn ein Kabel zum Einsatz kommt, geht es meist darum, dadurch ein Dach von oben her zu halten. In diesem Projekt wird die Konstruktion jedoch wie eine Hängematte aufgehängt und von unten her gehalten.

Während des Planungsprozesses dachte ich an eine elliptische Grundfläche von 1,8 Meter Breite und 3,6 Meter Länge. Als die Rippen jedoch zusammengesetzt wurden, waren sie größer als gedacht, sodass das Risiko bestand, die Konstruktion könnte zusammenbrechen. Ich verkürzte die Länge daher auf 2,7 Meter.

Das Projekt war ein Erfolg und wurde von den Besuchern des Museums mit viel Interesse aufgenommen, allerdings bin ich mit dem Design nicht ganz zufrieden. Einer der Gründe dafür ist die Gesamtform der Konstruktion. Sie ähnelt einem Raumfahrzeug und sieht nicht mehr wie ein architektonischer Entwurf aus. Ein anderer Grund ist der gotisch wirkende Innenraum. Ich mag die Art, wie die Rippen miteinander verbunden sind. Da sie aber spitz aufeinander zulaufen, sehen sie wie gotische Bögen aus. Mir gefällt romanische, nicht aber gotische Architektur. Nach dem Ende der Ausstellung wurde das Schiff auf das Feld gebracht, das zu meinem Haus gehört. Zusammen mit dem Takasugi-an steht das Fliegende Schlammboot nun vor einer Bergkulisse.

Anlässlich der Ausstellung übergab ich dem Kunstmuseum in Chino meine Entwürfe und die von Akihisa Masuda gefertigten Fotografien. Ich werde dem Museum künftig noch mehr überlassen. Auf diese Weise werden einige meiner Werke und die meisten meiner Dokumente in meiner Heimatstadt zu finden sein. Das freut mich.

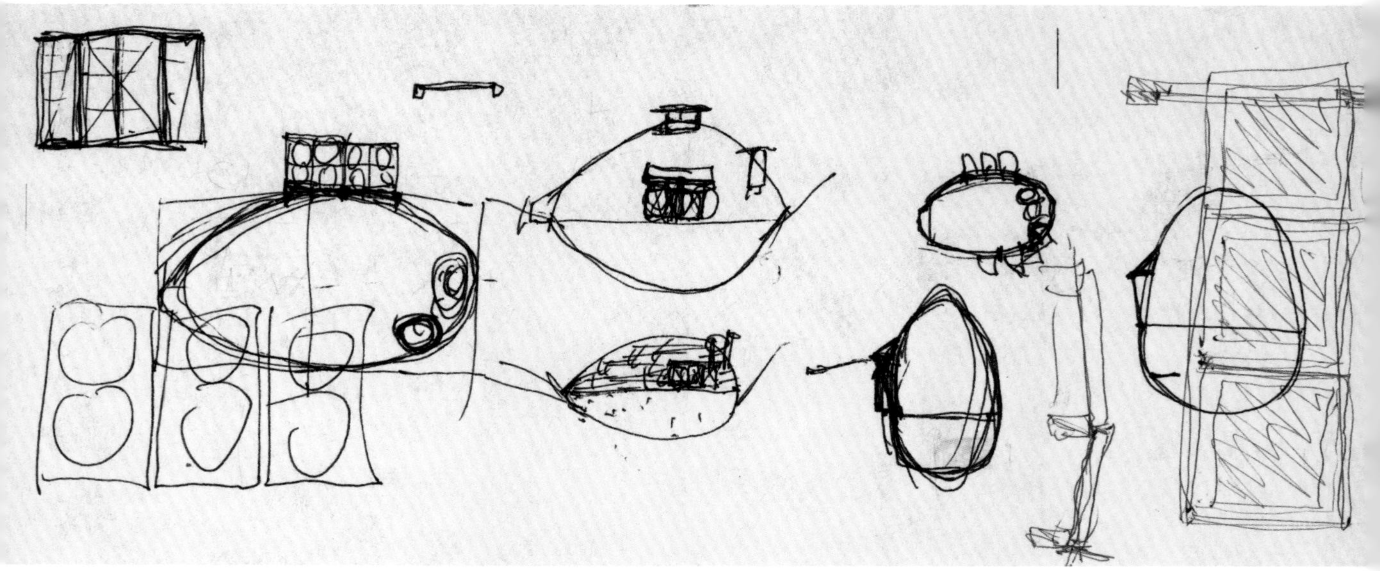

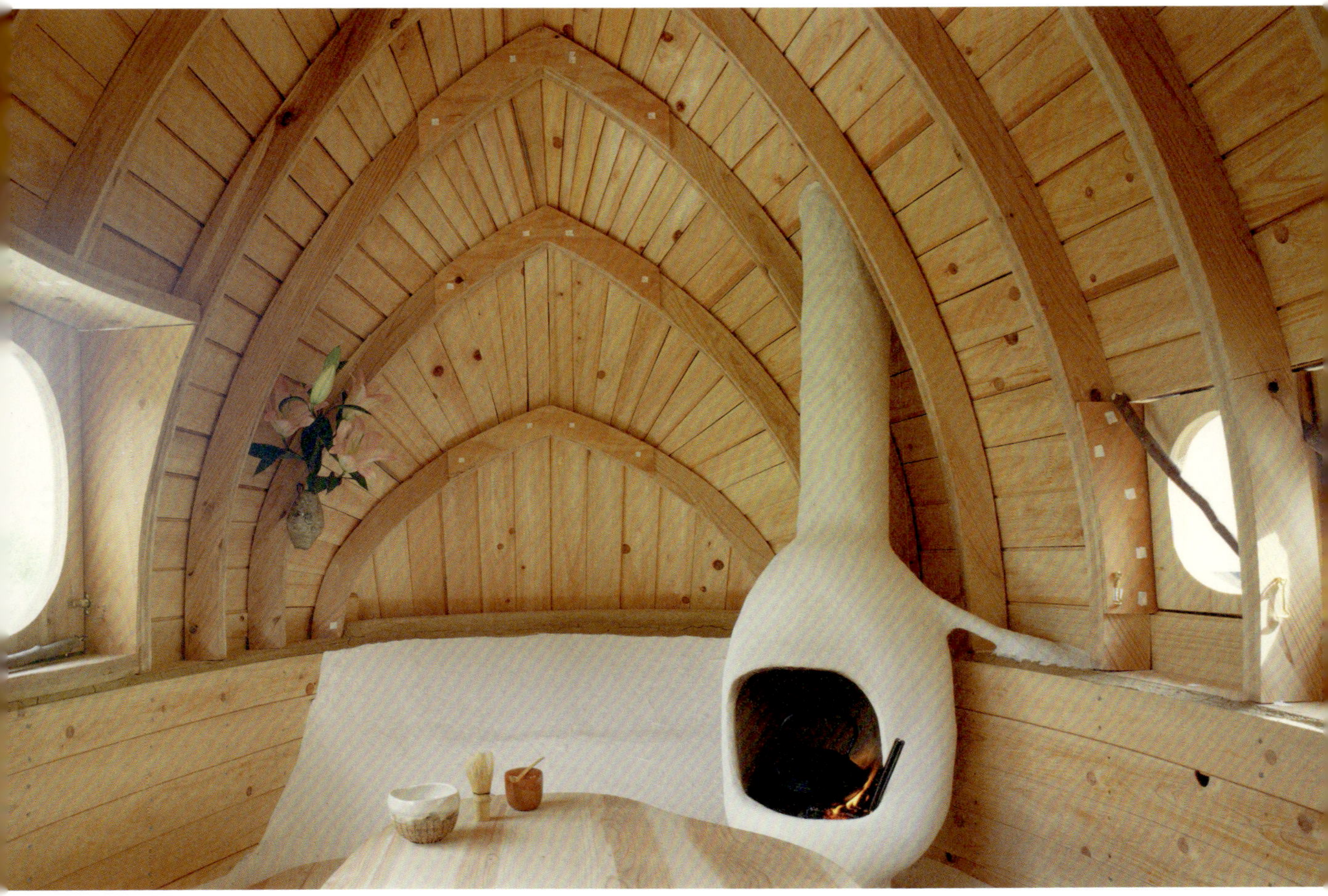

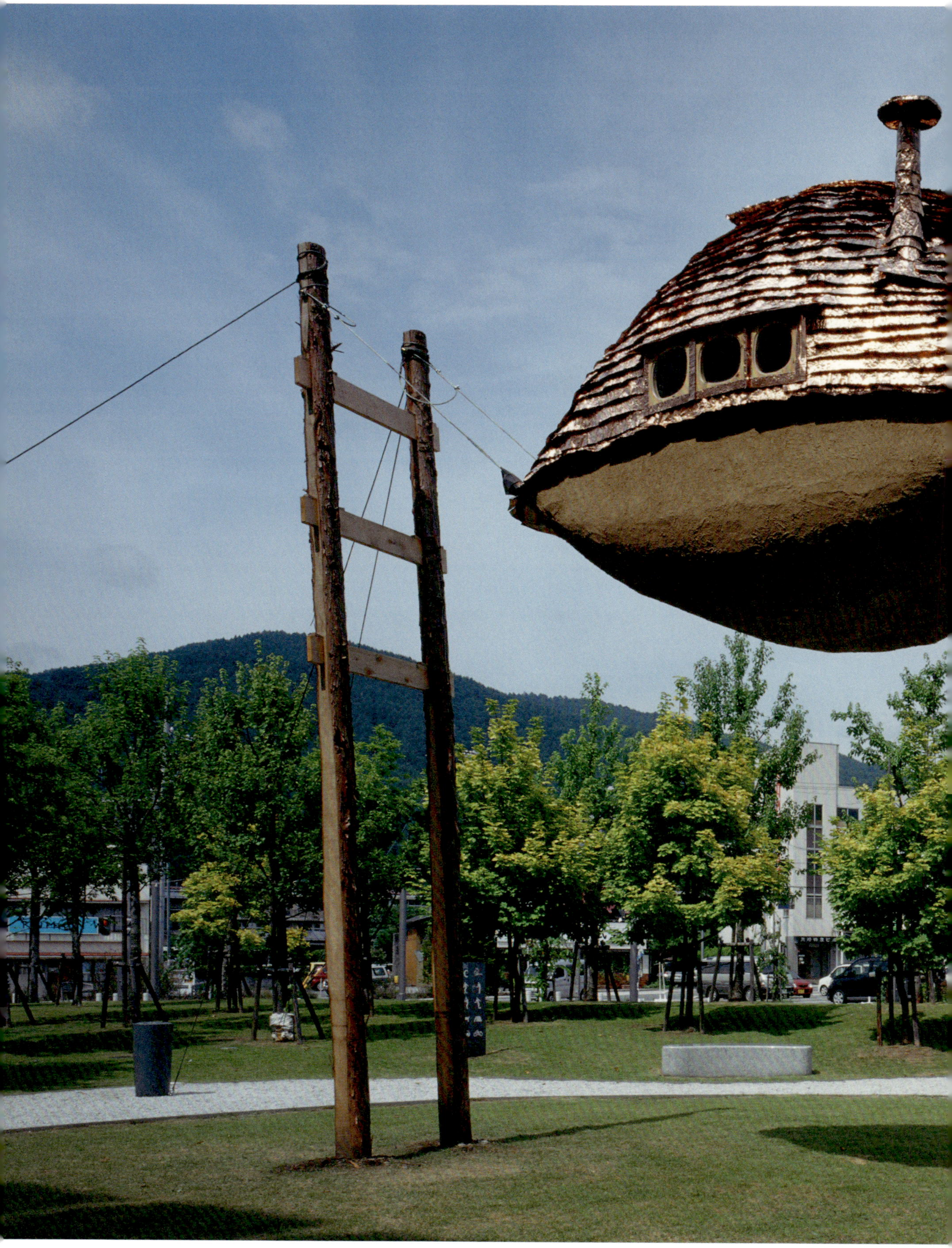

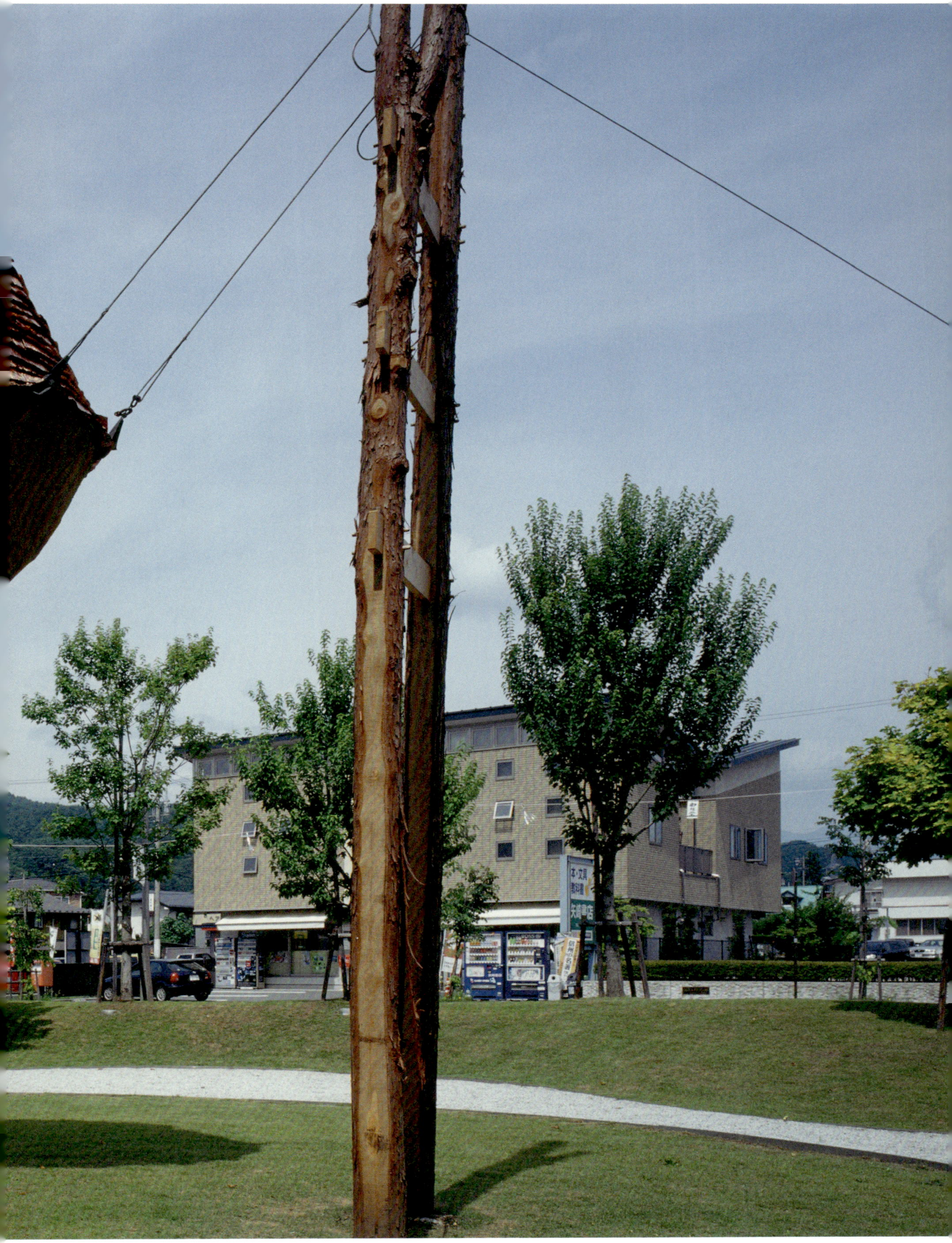

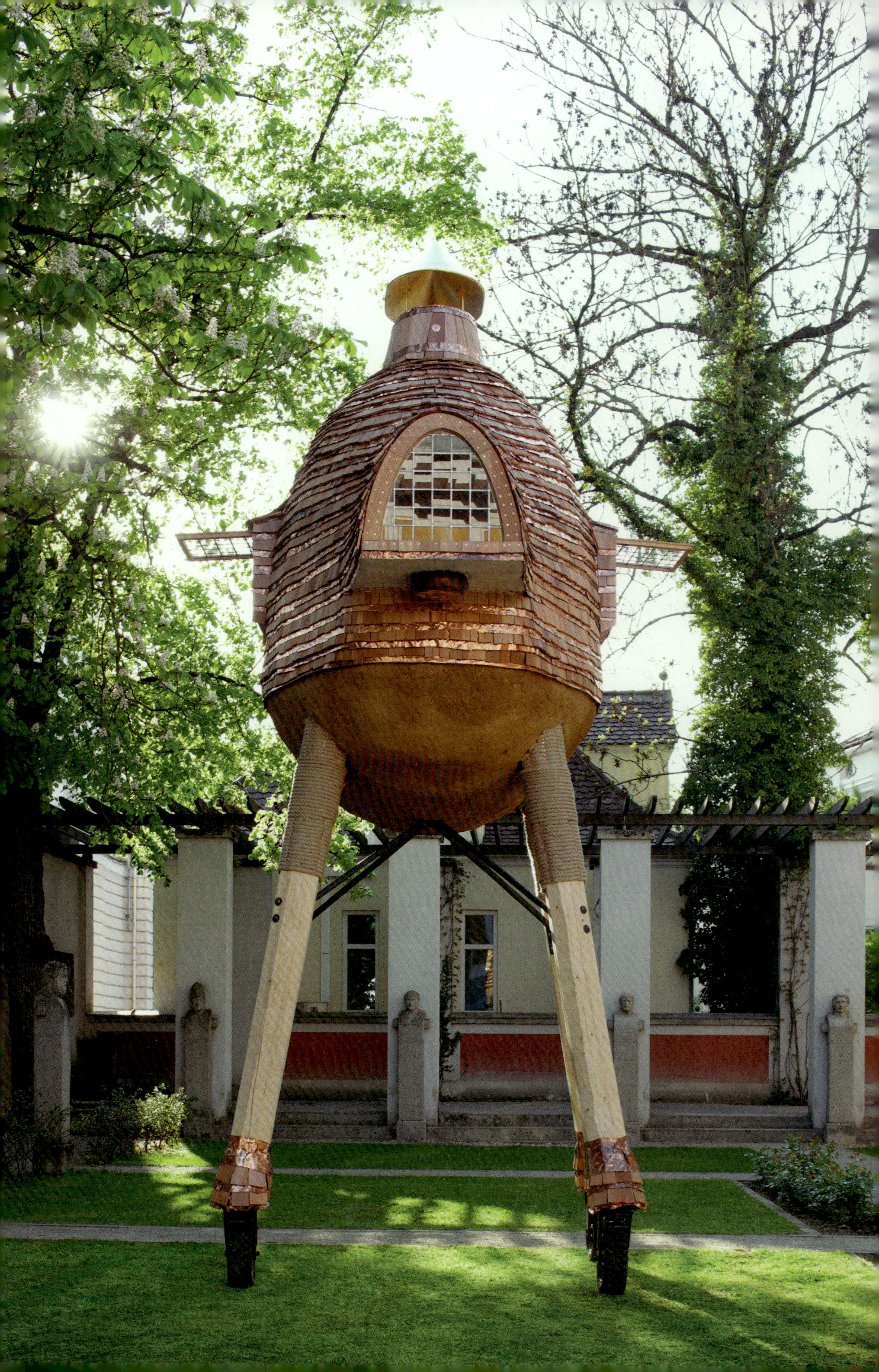

ウォーキングカフェ
Walking Café, 2012

Für die Ausstellung *Terunobu Fujimori – Architekt. Werkschau 1986–2012* nahm ich mir vor, an einer Minimalarchitektur zu arbeiten. Mir wurde gesagt, dass Bier, Kaffee und Tee – in dieser Reihenfolge – die populärsten Getränke in Bayern seien. Ich zögerte, einen Minimalraum für Bier zu bauen, und entschied mich deshalb für Kaffee.

Als ich die Villa Stuck zum ersten Mal sah, fiel mir ein Relief an Stucks Garage auf, das eine Frau mit Flügeln auf einem Reifen stehend zeigt. Bei diesem Anblick kam mir sofort die Idee, ein Café auf Rädern zu entwerfen.

Mit Rädern kann das Café durch die Stadt gezogen und irgendwo angehalten werden, damit sich die Besucher die Gegend anschauen und sich unterhalten können. Um der Aussicht willen sollte es hoch gelegen sein. Daher stellte ich das Café auf lange Beine, unter denen Räder angebracht sind.

Meine Inspiration für den Hauptkörper kam von einem Schwein, aber nicht wegen der leckeren Schweinefleischgerichte (Eintopf und gebratenes Schwein), die ich in München gegessen hatte, sondern wegen eines Bildes von Bruegel in der Alten Pinakothek, auf dem sich ein Schwein mit einer Gabel im Gesäß befindet. Ich habe viele Bilder von Bruegel gesehen, wusste aber nicht, dass sich dieses Schwein in München versteckt. So kam ich auf die Idee, ein »Trojanisches Schwein« zu bauen.

Die Arbeit an dem Projekt begann ich auf ähnliche Weise, wie ich es in Japan getan hätte, da es möglich war, Bäume in einem Wald auszusuchen und sie zu fällen. In England hatte ich Probleme mit dem Fällen von Bäumen gehabt, obwohl es dort viele Wälder gibt. Süddeutschland und Japan verbindet eine Tradition der Holzarchitektur. Ich war glücklich zu erfahren, dass in Süddeutschland bis heute Meister verschiedener Bereiche mit Stolz ihr Handwerk ausüben. Es gibt keine größere Freude, als mit ihnen zusammenzuarbeiten. Ich bin Architekt geworden, um etwas zu bauen, und nicht, um Pläne zu zeichnen.

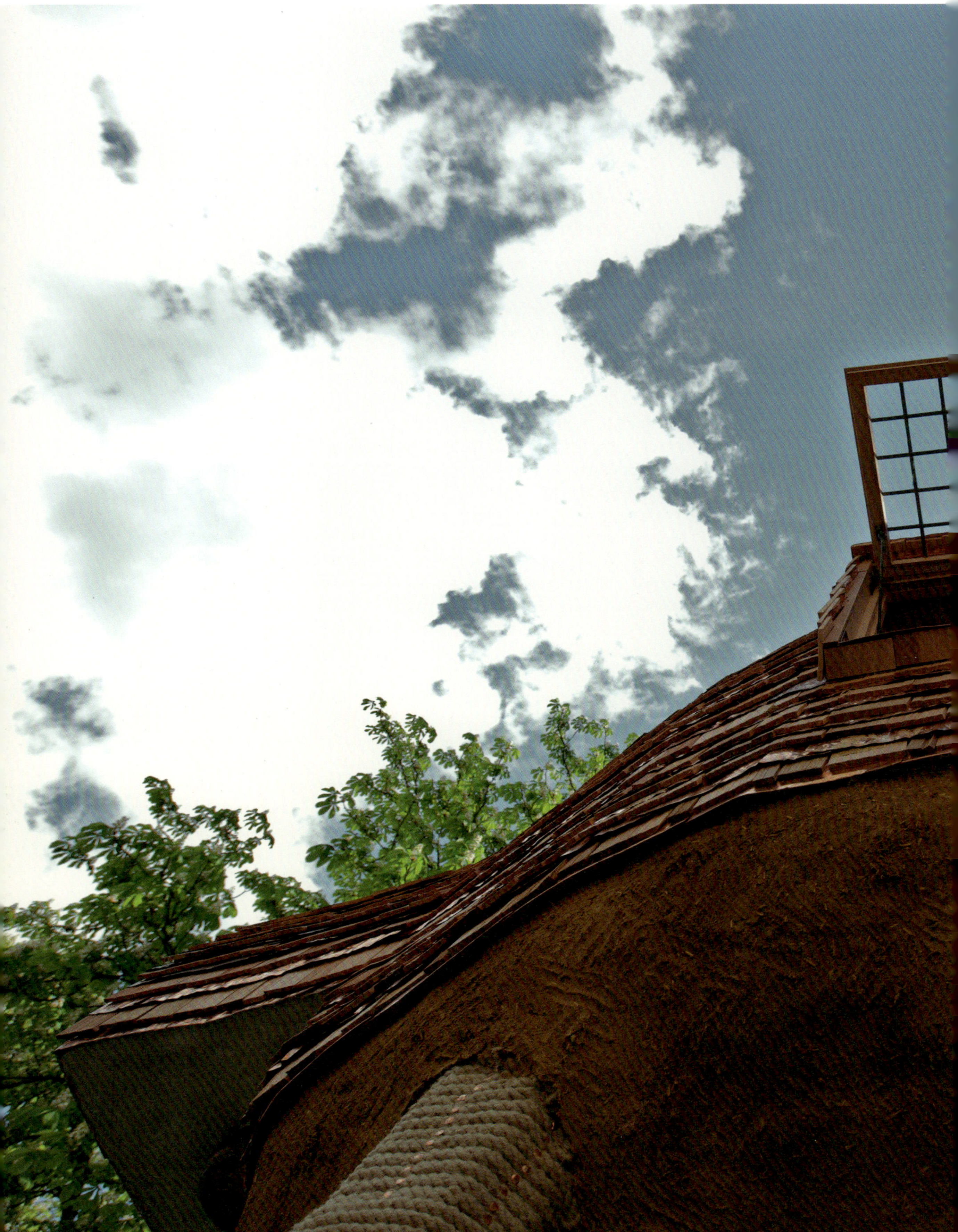

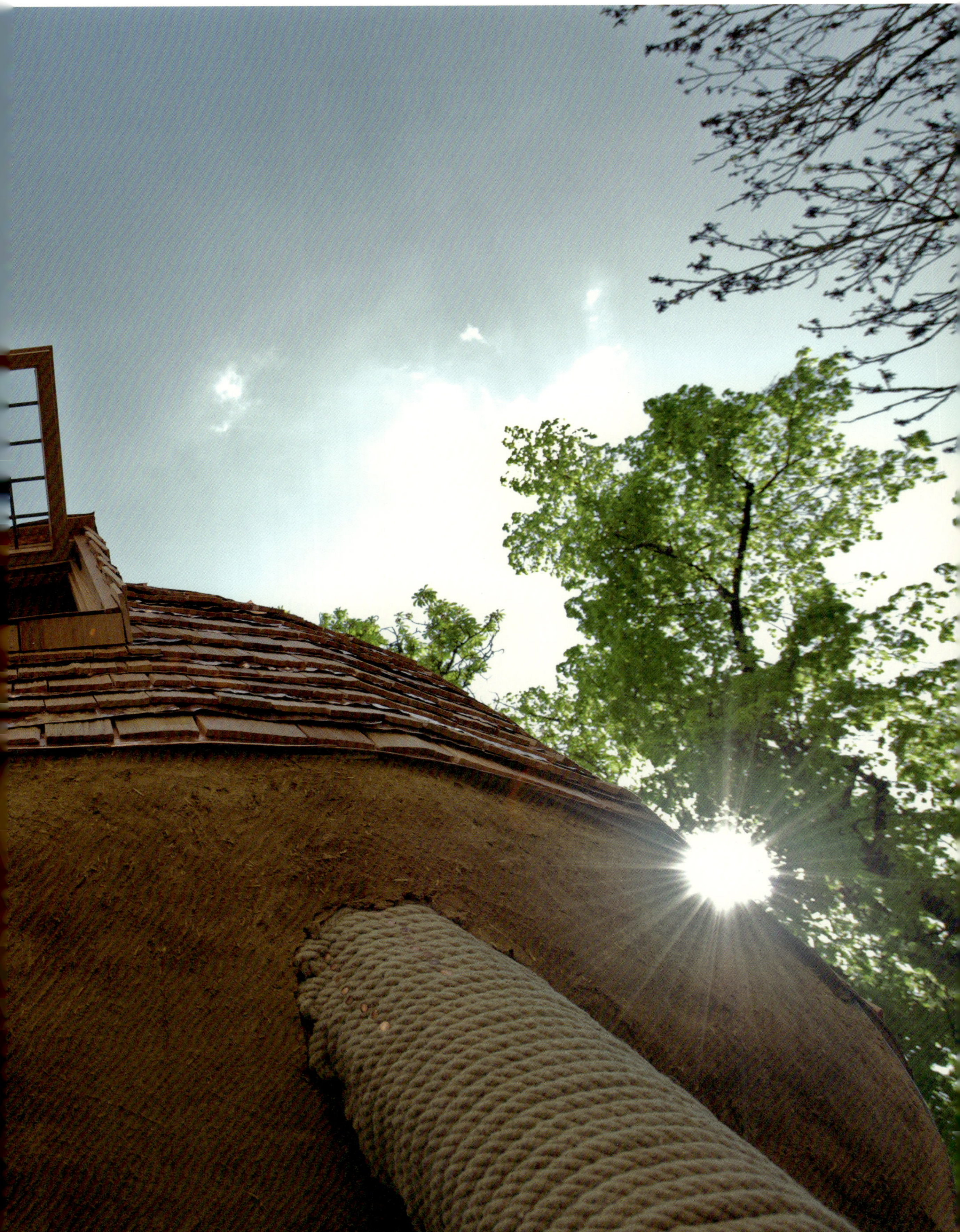

Das goldene Dach des Walking Cafés ist eine Hommage an den in der unmittelbaren Nachbarschaft stehenden Friedensengel. Auch Franz von Stuck verwendete unter anderem im Empfangsbereich der Villa Stuck viel Gold.

Unter der Lehmverputzung an der unteren Hälfte des Walking Cafés liegt ein Strohgeflecht. Es sorgt für eine gute Haftung des Putzes. Dies ist besonders wichtig, wenn das Gefährt in der Stadt unterwegs ist.

26. Nov. 2011

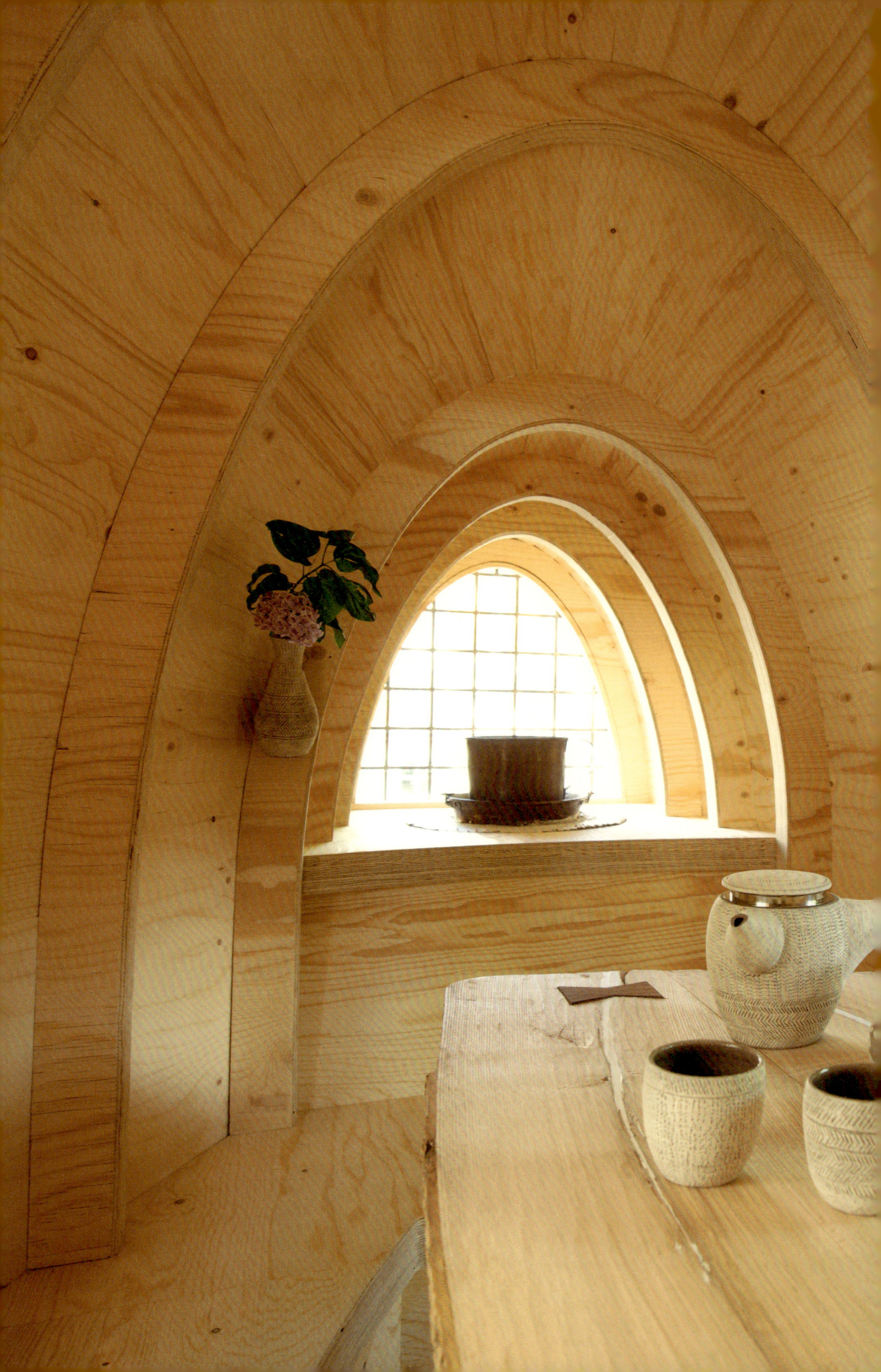

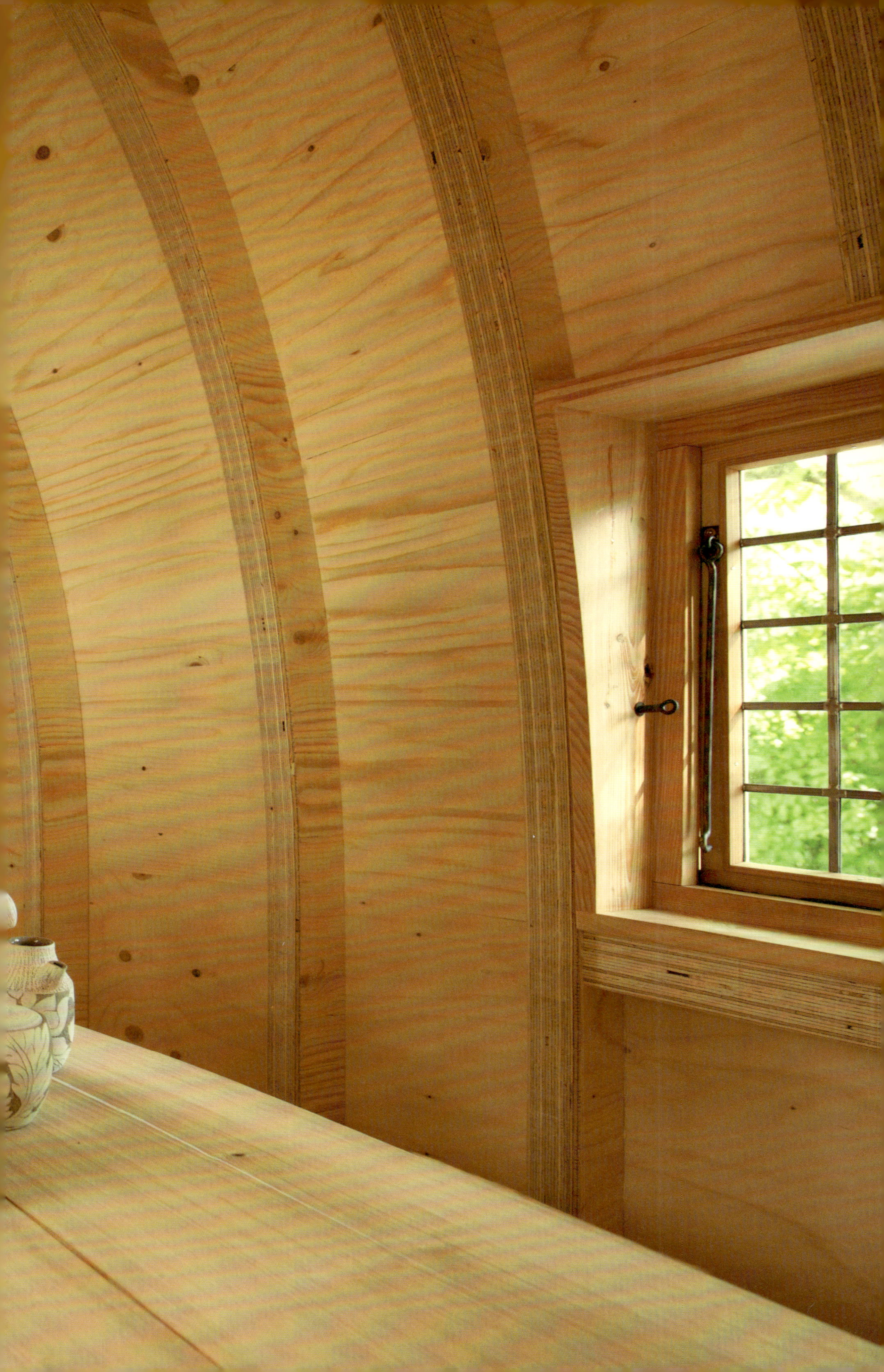

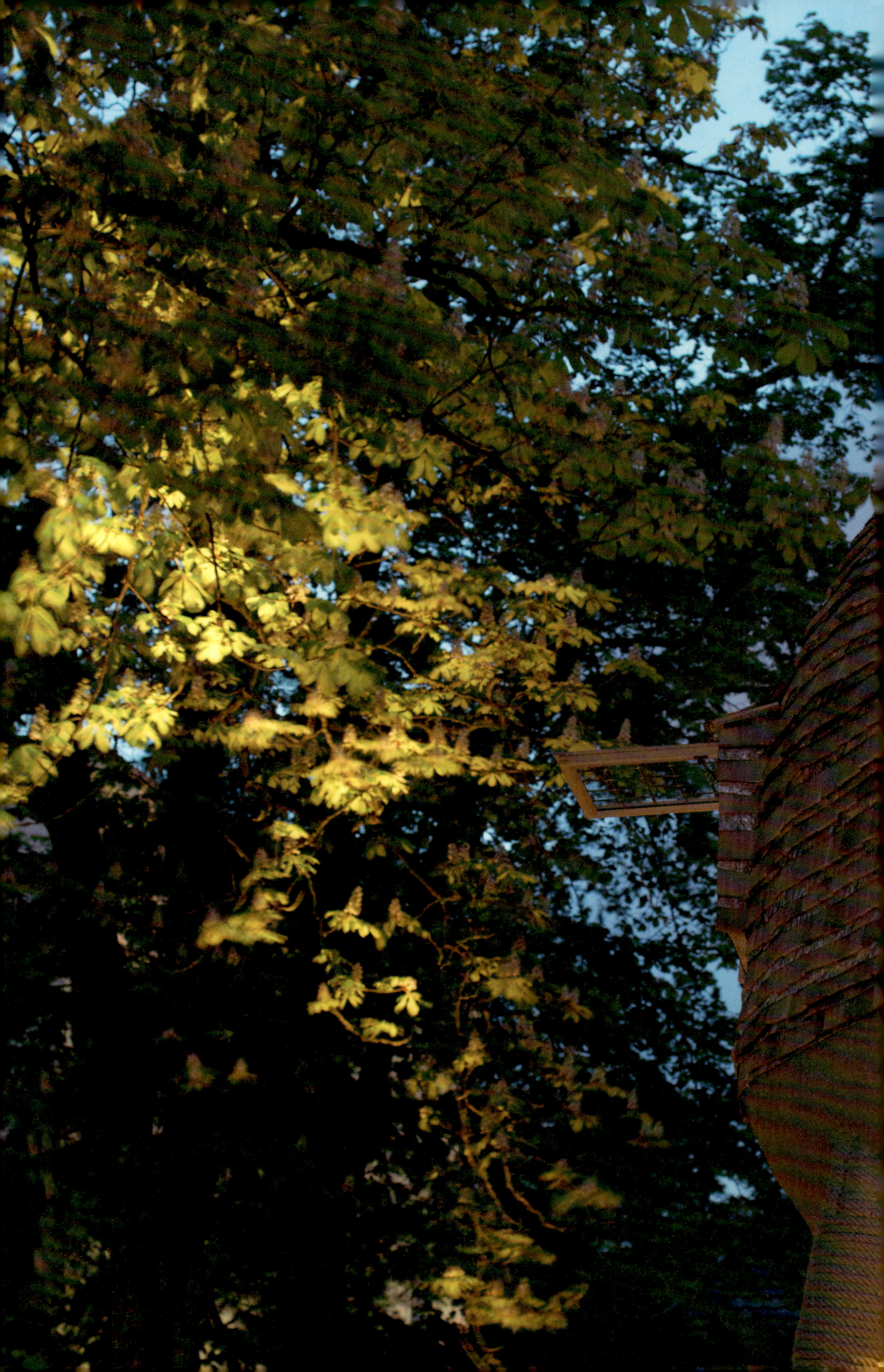

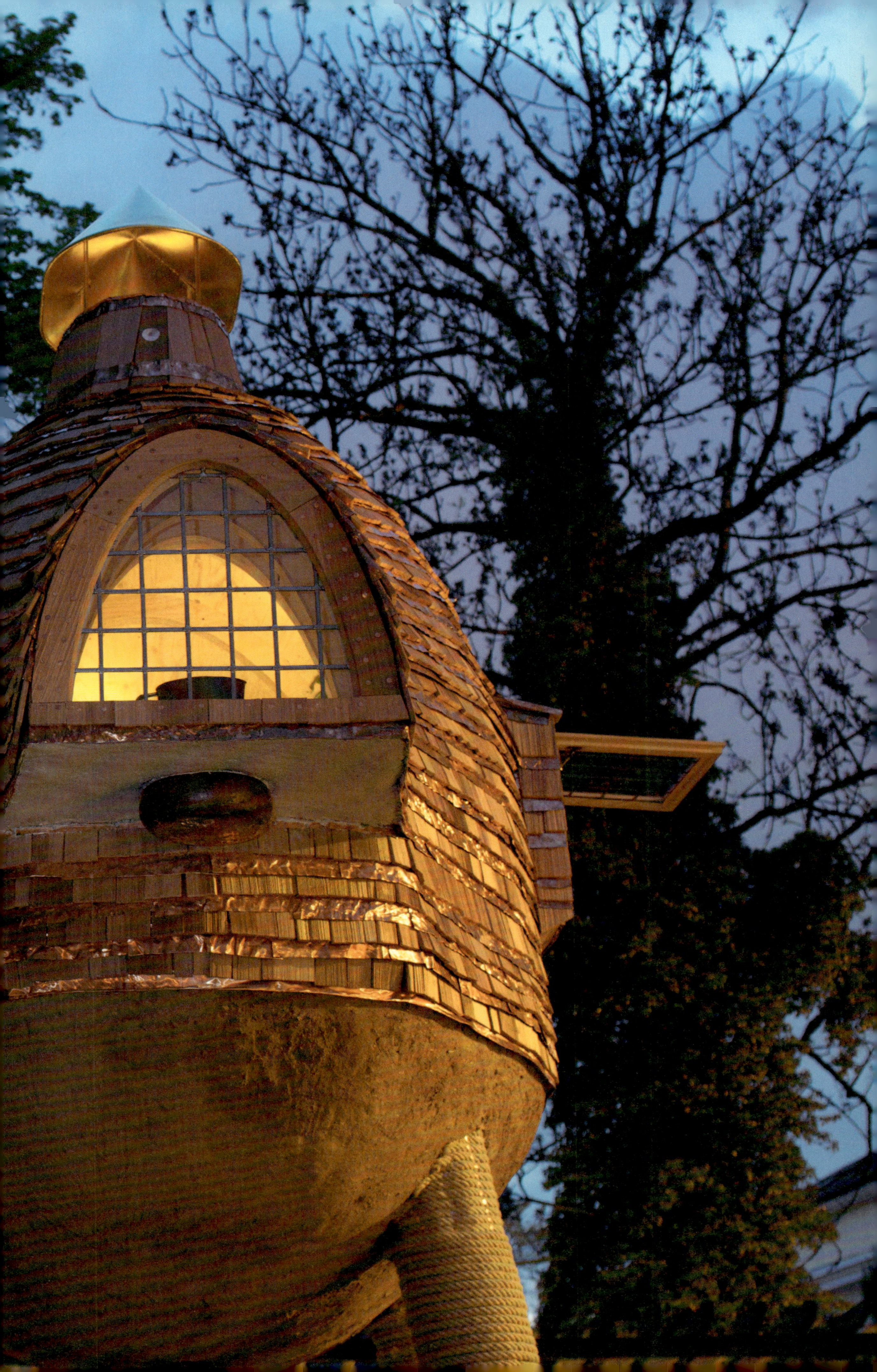

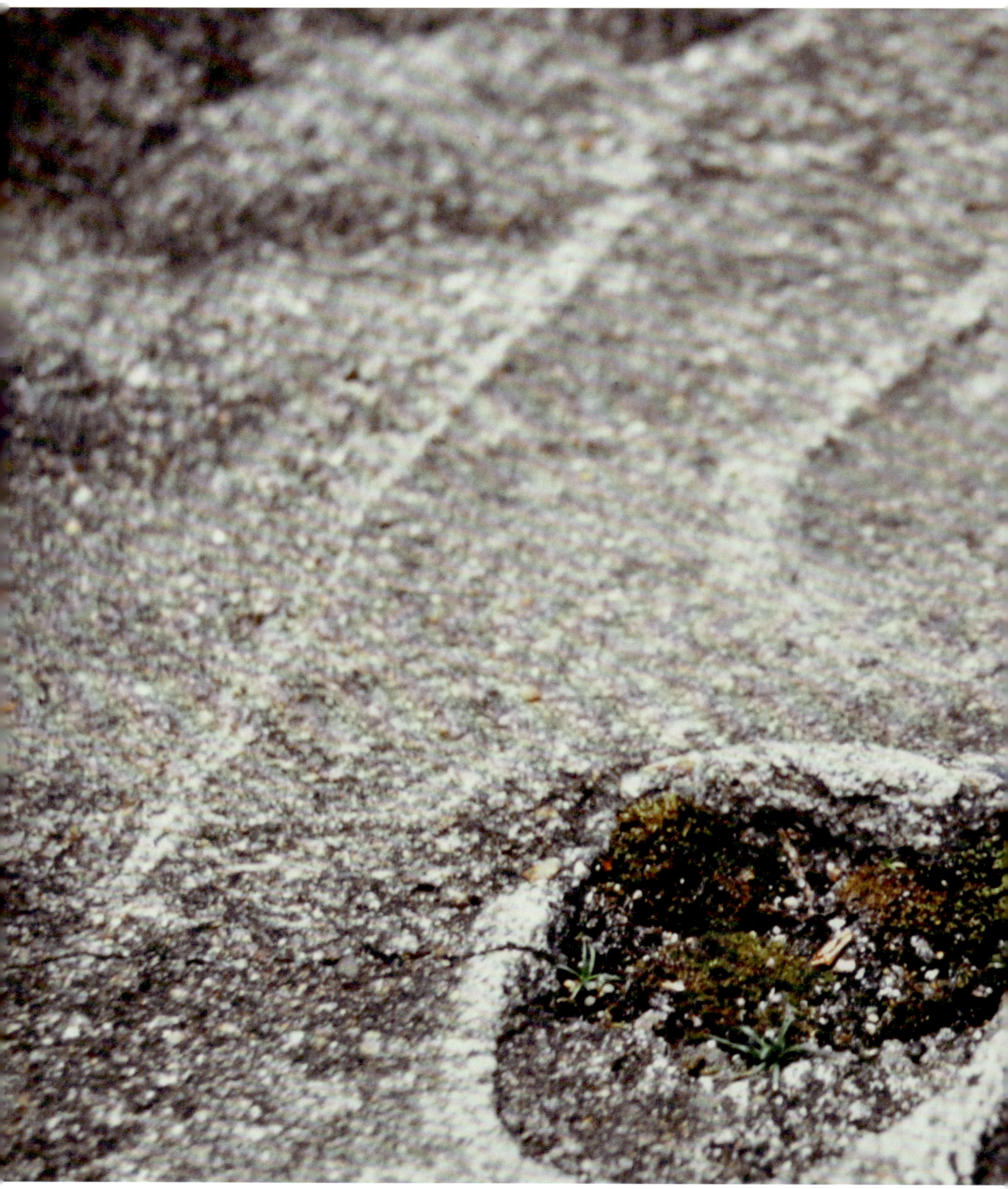

ROJO
(Gesellschaft für Straßenbeobachtung)

1
2

1 Süßer Wächterlöwe
2 Wippenhaus
3 Thomasson mit Scharnieren
4 Panda-Trennwand

3

4

5
6

5 Briefkasten
6 Gefährliche Rutsche
7 De-Chirico-Mauer II

7

8
9

8   Schmaler Pfad im Palast
9   Eingang zu einem Shintō-Tempel II
10 Ein Blumenkübel

10

11
12

11 Chicken Home Run King
12 Entenparade
13 Gebäude so schmal wie ein Rasiermesser
14 Arséne Lupin III

13　　　　　　　　14

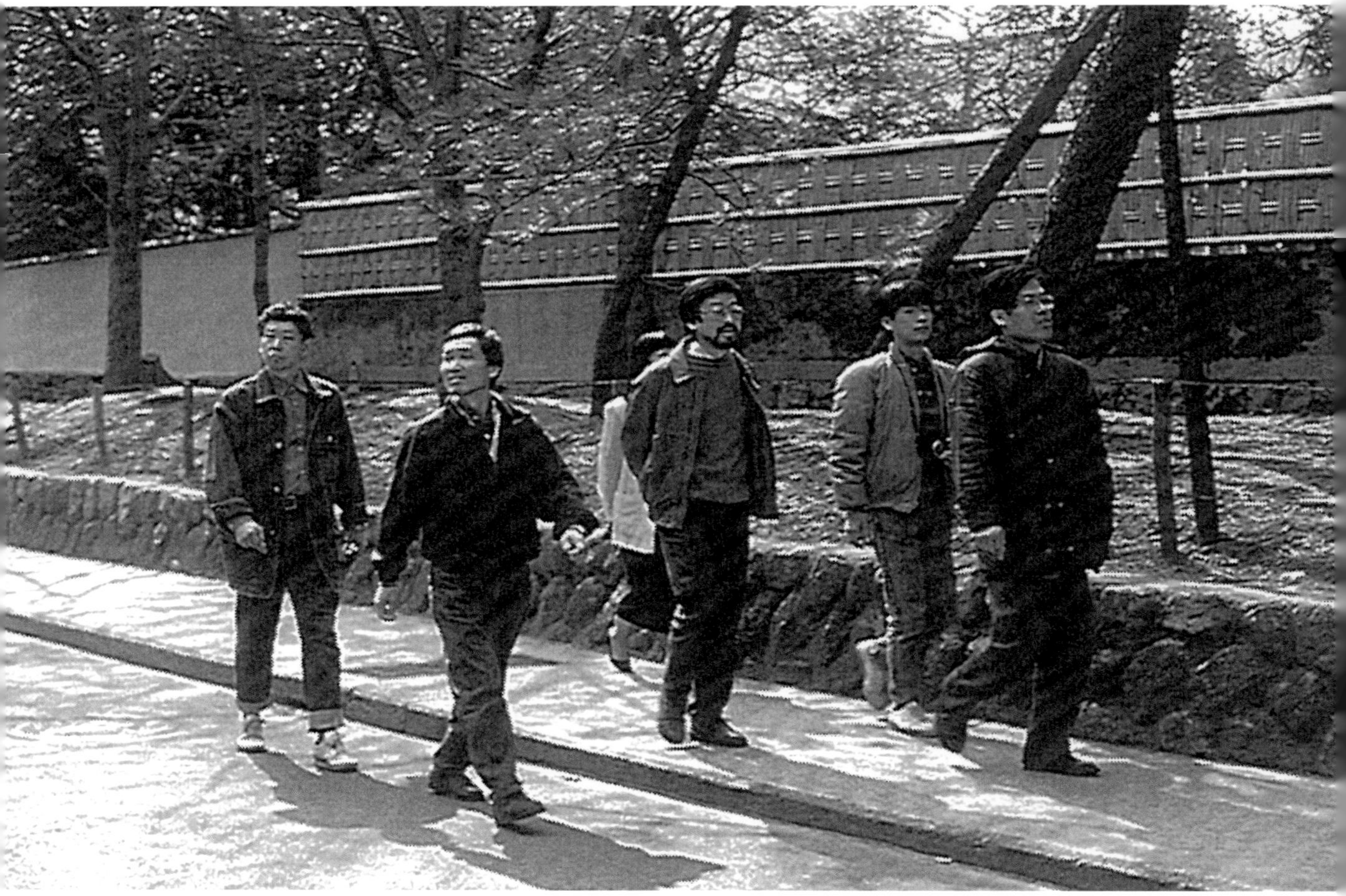

Thomas Daniell   Nur schauen

Ursprung und Entstehung der Gesellschaft für Straßenbeobachtung Die »Gesellschaft für Straßenbeobachtung« (ROJO) entstand 1986 aus der Begegnung zweier außergewöhnlich innovativer und charismatischer Männer: des eigenwilligen Architekturhistorikers Terunobu Fujimori und des Avantgardekünstlers Genpei Akasegawa. Ohne den Beitrag anderer wichtiger Mitglieder schmälern zu wollen – wie Tetsuo Matsuda, Shinbō Minami, Jōji Hayashi, Tsutomu Ichiki, Hiroshi Aramata und die 2005 verstorbene Hinako Sugiura –, verbinden sich in den ROJO-Projekten vor allem zwei komplementäre Ansätze: die akribische historische Feldforschung Fujimoris, dessen »Architekturdetektive« unbeachtete Häuser überall in Japan dokumentierten, und die dadaistische Sensibilität von Akasegawa, dessen Thomasson Observation Center Readymade-»Kunstwerke«, die auf den Straßen Tokios liegen, entdeckten und einordneten ganz im Geiste Duchamps, doch auf den einzigartigen, besonderen Gegenstand konzentriert und nicht auf ein Objekt aus der Massenproduktion. Die ROJO-Mitglieder kamen zusammen, um die Straßen ihres Wohnorts nach Schönem und Interessantem – absichtlich oder zufällig – an alltäglichen Orten und Objekten zu durchforsten. Sie schauen, aber sie fassen nichts an, fotografieren und benennen ihre Funde, aber überlassen es dem Rest der Welt, sie wiederzuentdecken oder aus Unachtsamkeit zu zerstören.

Selbstverständlich ist die Arbeit von Fujimori und Akasegawa, die sie vor ROJO machten, nicht einzigartig oder ohne Vorbilder. In den späten 1960er- und frühen 1970er-Jahren wurde von japanischen Architekturstudenten intensive Feldforschung zu Tokio als bebautem Gebiet betrieben (Abb. 2).[1] Als Beispiel sei die Arbeit von zwei Gruppen genannt: Konpeitō (ein unsinniger Name, der traditionelle japanische Bonbons bezeichnet) und Iryūhin Kenkyūjo (Forschungsinstitut für Fundsachen). Obwohl ohne Verbindung zu Fujimoris Architekturdetektiven, verstanden sich die Mitglieder des Forschungsinstituts für Fundsachen auch als polizeiliche Ermittler, die weggeworfene Gegenstände als Spuren ansahen, anhand derer sie die Vorgehensweise der »Täter« analysierten. Sie interessierten sich mehr für Taten als für Gegenstände, mehr für Symbolik als für Substanz und für die empirische, phänomenologische Wirklichkeit ihres städtischen Umfelds. In den 1980er-Jahren erlangten Studien dieser Art neue Popularität, insbesondere in

1 Die Gründungsmitglieder von ROJO in Kyoto, 1986, aus: Genpei Akasegawa und Terunobu Fujimori, *Kyoto Omoshiro Watching*, Tokio 1988.

2 Straßenuntersuchung von Konpeitō, aus: Makoto Motokura, *Āban fasādo: Toshi wa kyodai na jyakusekae ningyō da* [Städtische Fassaden: Die Stadt ist eine gigantische Anziehpuppe], Tokio 1992

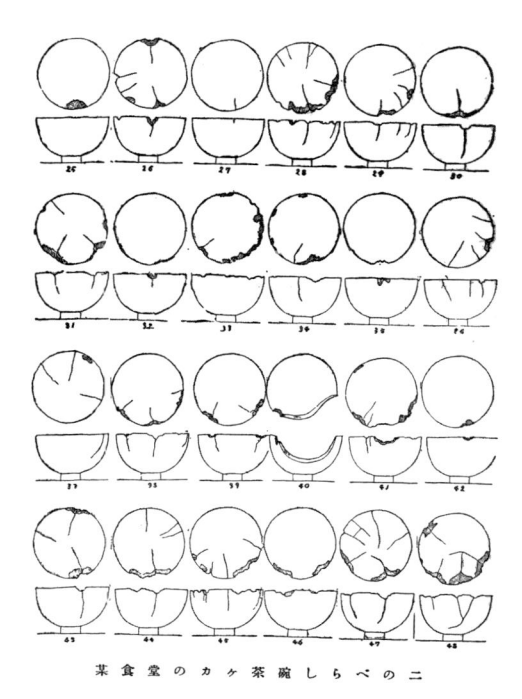

3 Gesprungenes Geschirr, gezeichnet von Wajirō Kon und Shozo Ozawa, aus: Wajirō Kon und Kenkichi Yoshida, *Modernologio – Kōgengaku* [Modernologie], Tokio 1930

der »räumlichen Anthropologie« von Hidenobu Jinnai (einem engen Freund Fujimoris),[2] ergänzt durch den schonungslosen, dokumentarischen Ansatz von Fotografen wie Nobuyoshi Araki und Daidō Moriyama, deren bevorzugte Themen die schäbigen, bewusst unbeachteten Aspekte japanischer Städte war.

ROJO ist eine der Manifestationen Tokioter Studien der späten 1980er-Jahre,[3] es steht aber auch in einer langen und breit gefächerten Tradition von Hobbyforschern, die Material- und Alltagskultur untersuchen. Zu Fujimoris Vorgängern gehört der selbst erklärte »Modernologe« Wajirō Kon (1888–1973), Architekturprofessor an der Waseda-Universität, der die Dokumentation der Verhaltensweisen und Lebenswelten einer sich rasant wandelnden japanischen Gesellschaft zum Schwerpunkt seiner Forschung gemacht hatte. Kon beschäftigte sich zunächst mit traditionellen Wohnformen und dokumentierte dann die provisorischen Behausungen, die sich die Überlebenden des Tokioter Erdbebens von 1923 gebaut hatten. Später spezialisierte er sich auf ausgefallenere Aspekte: Er und seine Mitarbeiter listeten beispielsweise sämtliche Gegenstände im Haus eines frisch verheirateten Paares auf, hielten den Prozentsatz westlich gekleideter Fußgänger auf der Ginza fest, katalogisierten Frisuren und Bartformen oder beobachteten Gruppenverhalten und Körperhaltung von Spaziergängern in einem Park während der Kirschblüte (und später die Selbstmorde eben dort). Dies waren bahnbrechende und ernsthafte Projekte, allerdings entbehren sie auch nicht einer gewissen absurden Komik. So regten Kon und seine Mitstreiter sich in Cafés in Universitätsnähe mit gespielter Empörung über gesprungenes Geschirr auf und erstellten Fragebögen, die an die Gäste verteilt wurden (Abb. 3). Oder sie enthielten eine leicht gruselige Komponente, etwa wenn sie dubiose Gründe anführten, um miniberockte »moga« (moderne junge Frauen) in Tokioter Einkaufsvierteln zu stalken. Ein Großteil dieser Projekte wurde in dem Band *Kōgengaku* (Modernologie)[4] dokumentiert, den Kon zusammen mit dem Künstler Yoshida Kenkichi (1897–1982) veröffentlichte.

Akasegawas Vorbild war der radikale Publizist und Gesellschaftskritiker Gaikotsu Miyatake (1867–1955). Der eifrige Sammler von Bildpostkarten und Erotika, Liebhaber grotesker und vulgärer Cartoons, passionierter Ikonoklast und aggressiver Verfechter des Rechts auf freie Meinungsäußerung sowie früher Befürworter der Demokratie hat in seiner langen, schillernden Laufbahn immer wieder die Grenzen von Moral und Geschmack erweitert und überschritten. 1887, als 20-Jähriger, gründete Gaikotsu (ein Pseudonym, das »Skelett« bedeutet) das *Tonchi Kyōkai Zasshi* (Journal des Vereins für Schlagfertigkeit), in dem 1889 eine Parodie auf die Proklamation der Meiji-Verfassung (die dem Kaiser nach Jahrhunderten als reine Repräsentationsfigur die direkte politische Macht wiedergab) erschien. Dies brachte ihm eine dreijährige Haftstrafe und den Status eines Anarchohelden ein. Kurz nach seiner Entlassung startete Gaikotsu die humoristische Zweimonatsschrift *Kokkei Shinbun* (Lustige Blätter), in der er korrupte Politiker, Geschäftsleute und

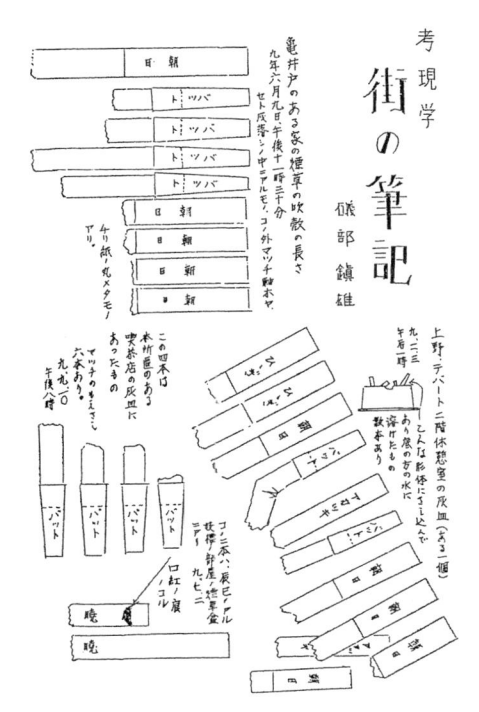

4 Zigarettenkippen, sortiert von Shizuo Isobe, aus: Shizuo Isobe, *Ikamono shumi / Kōgengaku no maki* [Merkwürdige Hobbys / Modernologiesammlung], 1935

Polizeibeamte verspottete. Im Oktober 1908 erhielt er von den erzürnten Behörden den Befehl, die Publikation einzustellen. Gaikotsu gehorchte und startete im darauffolgenden Monat *Ōsaka Kokkei Shinbun* (Lustige Blätter aus Osaka) – nominell eine neue Zeitschrift, aber in Wirklichkeit eine direkte Fortführung der alten. Ähnliche Possen brachten ihm weitere Geldbußen, Drohungen und Haft ein, aber mit der Zeit und ohne ein Jota von seiner Haltung abzurücken, wurde Gaikotsu vom militanten Störenfried zu einer akzeptierten, ja verehrten Persönlichkeit in Japan. Seine frühen Kämpfe gegen die offizielle Zensur machten die nachfolgenden Generationen von Sozialkritikern und studentischen Aktivisten so stark, dass Gaikotsu selbst in Vergessenheit geriet, als sich in den 1960er-Jahren die kritische Kunst und der politischer Aktivismus in Japan zusammentaten und radikale Studenten versuchten, die Universitäten zu schließen, und die Polizei sich bemühte, subversive Performance-Kunst zu unterbinden. Akasegawa wusste, welche Folgen Ärger mit der Justiz haben konnte. In den frühen 1960er-Jahren hatte er bei einigen seiner Kunstwerke falsche Tausend-Yen-Scheine verarbeitet. Die Polizei, die zur selben Zeit gegen echte Geldfälscher ermittelte, fand die Sache gar nicht komisch: Akasegawa wurde verhört und später angeklagt, weigerte sich aber, sich schuldig zu bekennen und dafür mit einer symbolischen Strafe davonzukommen. Damit erzwang er einen Gerichtsprozess und engagierte befreundete Künstler, die am ersten Verhandlungstag als Teil der Verteidigung im Gerichtssaal ein Happening veranstalteten.[5] Akasegawa erläuterte dem Gericht die Absichten des Dadaismus sowie die Aneignung des alltäglichen Gegenstandes durch Marcel Duchamp. Das Gericht ließ sich nicht überzeugen und befand im Juni 1967 Akasegawa der »Währungsimitation« (nicht der schwerwiegenderen Banknotenfälschung) für schuldig.[6] Er erhielt eine dreimonatige Haftstrafe auf Bewährung und dauerhafte Berühmtheit als autoritätskritischer Clown.

In dieser Zeit nahm der junge Redakteur Tetsuo Matsuda erstmals Kontakt zu Akasegawa auf, der ihn mit Gaikotsus subversiver Arbeit bekannt machte. Die Brüder im Geiste begannen in Antiquariaten nach Gaikotsu-Heften zu stöbern. Akasegawa stieß schon bald auf eine Zeitschrift mit dem Titel *Ikamono shumi – Kōgengaku no maki* (Merkwürdige Hobbys – Modernologiesammlung).[7] Sie stammte nicht von Gaikotsu, ging aber in eine ähnliche Richtung und enthielt bizarre, scheinbar nutzlose Studien zu belanglosen Alltagsgegenständen (in einem Fall waren Zigarettenkippen aus Aschenbechern in Cafés gesammelt und dann nach Marke, Länge und Form geordnet worden), alles unter der Überschrift Modernologie (Abb. 4). Etwas später entdeckte Matsuda die Quelle, aus der diese Ideen stammten: Kons damals weitgehend unbekanntes Buch. Matsuda und Akasegawa waren sofort begeistert. Kurz danach, 1970, bekamen beide einen Lehrauftrag an der Bigakko, einer freien Kunstakademie in Tokio, die seit einem Jahr bestand. Sie nutzten die

Gelegenheit zur Wiederbelebung des vergessenen Fachs Modernologie. Einer ihrer Studenten war Shinbō Minami, ein späteres Gründungsmitglied von ROJO, der sich schon bald mit einer detaillierten Dokumentation von Müll am Straßenrand und an Flussufern profilierte.[8] Gemeinsam recherchierten die Studenten Phänomene, die später als »Thomassons« bekannt wurden. Die Idee des Thomasson entstand als Parodie auf die Konzeptkunst. Akasegawa war ein früher Vertreter der Konzeptkunst in Japan, die ihn aber mehr und mehr anödete. Er, Matsuda und Minami, der gerade die Universität absolviert hatte, wiesen sich gegenseitig bei ihren Streifzügen durch die Stadt auf irgendwelche Gegenstände am Straßenrand hin und beschrieben sie humorvoll, als wären sie Kunstwerke. Im März 1972 betrachteten die drei fasziniert eine kleine Treppe an einem Gebäude im Tokioter Stadtviertel Yotsuya. Der Eingang am oberen Ende der Treppe war verbarrikadiert, doch die nutzlos gewordene Treppe tadellos instand ehalten (Abb. 5). In den Monaten danach entdeckten sie zwei ähnlich rätselhafte Großstadtphänomene, worauf Akasegawa diese zu Beispielen einer neuen Kunstgattung, »chōgeijutsu« (Ultrakunst), erklärte: nutzlose, gut gepflegte Objekte. 1982, zehn Jahre nach Beginn der Suche, gab Akasegawa ihnen rückwirkend den Namen »Thomassons«, als ironische Hommage an den Major-League-Baseballspieler Gary Thomasson. Im Jahr zuvor war dieser mit fürstlichem Gehalt von den Tokio Giants eingekauft worden, traf jedoch kaum den Ball und wurde zum Inbegriff kostspielig aufrechterhaltener Nutzlosigkeit.[9] Akasegawa wies vorsichtshalber darauf hin, dass er nichts gegen Thomasson persönlich hätte. Seine Klasse an der Bigakko wurde der Kern einer Gruppe, die er das Thomasson Observation Center nannte. Dessen Funde veröffentlichte er regelmäßig im halbpornografischen *Super Photo Magazine*.[10] Er bat die Leser, Vorschläge für Thomasson-Anwärter einzuschicken, und versprach, jede Einsendung mit einem selbst gemachten »Null-Yen-Schein« zu vergüten. Auf diese Weise öffnete er die Ultrakunst der Öffentlichkeit, und sie wurde zu einem kollektiven, demokratischen Projekt. Vielleicht sollte man Akasegawa zutreffender als einen gütigen Diktator bezeichnen, da er den Wert der Einsendungen nach eigenem Gutdünken schätzte und sie provokanten Kategorien zuordnete. So waren »atomare Thomassons« Spuren von Dingen, die entfernt worden waren, meist Nachbargebäude – in Anspielung auf die menschlichen Schatten, die angeblich Atombomben als Abdruck an den Wänden hinterlassen; »Sada-Abe-Thomassons« waren verstümmelte Gegenstände, meist Telefonmasten – benannt nach einer berühmten Japanerin, die ihrem Liebhaber mit einem Küchenmesser die Genitalien abgeschnitten hatte.

5 Treppe im Yotsuya-Viertel in Tokio, 1972. Erstes Beispiel von »Ultrakunst«, entdeckt von Genpei Akasegawa, Tetsuo Matsuda und Shinbō Minami

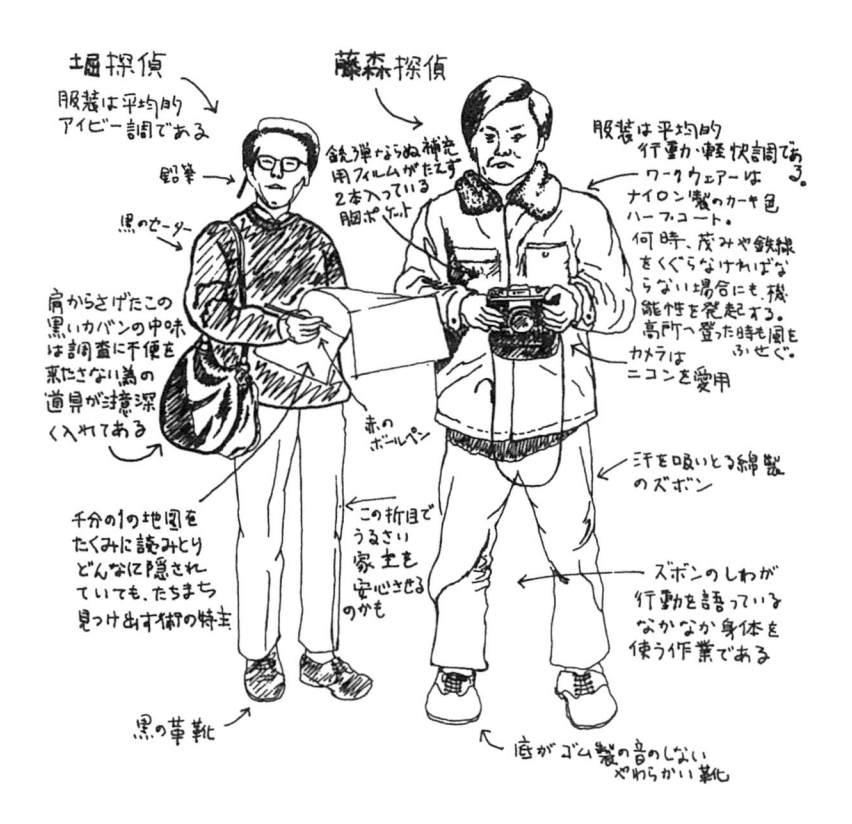

6 Takeyoshi Hori und Terunobu Fujimori, dargestellt in: *Kenchiku tantei no bōken: Tōkyō hen* [Die Abenteuer der Architekturdetektive: Region Tokio], Tokio 1986, Skizze von Yūsuke Tamura

Inzwischen arbeitete Terunobu Fujimori, fernab der Unbeständigkeit der zeitgenössischen, japanischen Kunstwelt, in Tokio an seiner Dissertation zur Architekturgeschichte mit dem Thema »Stadtplanung der Meiji-Zeit (1868–1912)«.[11] Im April 1974 machte er sich mit seinem Studienkollegen Takeyoshi Hori auf, Tokio nach historischen Bauwerken im westlichen Stil abzuklappern: Mischformen und Pastiches westlicher Architektur, entworfen von japanischen Architekten, was wie bei einer Laienübersetzung zu Missverständnissen und Kompromissen unter Verwendung von vor Ort verfügbarer Bautechnik zur Folge hatte. Der Sinn war zwar korrekt wiedergegeben, aber es knirschte bei Grammatik und Wortwahl. Das Ergebnis waren in der Regel westliche Fassaden, die klassischen japanischen Häusern vorgeblendet waren, wofür Fujimori den Begriff »kanban kenchiku« (Schilderarchitektur) erfand.[12] Damit hatten Fujimori und Hori zwar ein Thema gewählt, das von der älteren Historikergeneration abgelehnt wurde (hauptsächlich wegen fehlender »Räumlichkeit«), doch sie konnten ihre Recherche dennoch auf das ganze Land ausweiten, unter Mithilfe von Dozenten und Studenten der örtlichen Universitäten. Sie entdeckten merkwürdige Bauten, die in keinem Geschichtsbuch erwähnt wurden, und berühmte Bauwerke, von denen niemand wusste, dass sie noch standen, oft heruntergekommen und fast bis zur Unkenntlichkeit verändert. Die so entstandene Datenbank mit etwa 13.000 Gebäuden wurde 1980 vom japanischen Architekturinstitut publiziert.[13] Die dazugehörigen Anekdoten von den Eigentümern veröffentlichte Fujimori in populären Zeitschriften. Er hatte sie in einem literarischen und doch umgangssprachlichen Tonfall und mit selbstironischen Anwandlungen geschrieben. Zu Erläuterung für die Zeitschriften erfand Fujimori die Bezeichnung »Architekturdetektive«, in Anspielung auf eine populäre Fortsetzungsgeschichte über die »Jungen Detektive« (Abb. 6). Diese hatte sich der Romancier Edogawa Rampo als Hommage an Arthur Conan Doyles Bande von Kleinkriminellen in der Baker Street aus dem Sherlock-Holmes-Geschichten ausgedacht.

Tetsuo Matsuda stieß 1984 erstmals auf das Bündnis der Architekturdetektive, und zwar durch einen Artikel über die Entdeckung eines kleinen pseudowestlichen Hauses, das die Detektive auf einen Entwurf Wajirō Kons zurückführten. Mit einem von Kon abgeleiteten Verfahren hatten sie eines seiner eigenen Bauwerke entdeckt.

Matsuda war vom unorthodoxen Schreibstil und dem Inhalt des Artikels gleichermaßen fasziniert, rief sofort Fujimori an und gab kurzerhand ein Buch in Auftrag. Fujimori bräuchte keinen neuen Text zu schreiben, sondern sie würden, so Matsudas Vorschlag, einfach alle bereits existierenden Artikel zu einer Anthologie zusammenstellen. Fujimori war einverstanden und ließ ihm ein Sammelalbum mit den bisherigen Veröffentlichungen zukommen. Doch als *Kenchiku tantei no bōken: Tōkyō hen* (Die Abenteuer der Architekturdetektive: Band Tokio)[14] im März 1986 erschien, war es doppelt so dick wie vorgesehen. Im Nachwort schreibt Fujimori humorvoll: »Wir nahmen die Arbeit an dem Buch nur in Angriff, weil Tetsuo Matsuda die Essays gelesen hatte und meinte, wir sollten sie ›sammeln‹, aber das Wort ›sammeln‹ entpuppte sich als verlegerische Finte – wir mussten sie schließlich so lange bearbeiten, bis sie völlig umgeschrieben waren, unsere Tage waren dahin. Um die Texte umzuschreiben, liefen wir nochmals dieselben Straßen ab, und so waren auch unsere Schuhsohlen dahin.«[15] Abgelaufenen Schuhsohlen sind ein gängiges Bild der Urbanistikstudien aus dieser Zeit, eine mehr oder weniger symbolische Metapher für anstrengende Feldforschung. Es symbolisiert auch den Kern von Fujimoris Methode, hin und her pendelnd zwischen den Verpflichtungen eines Historikers: verifizierbare, empirische Daten aus den Archiven zu sammeln (das heißt von der Straße) und Texte zu produzieren, die es wert sind, gelesen zu werden.

Es war absehbar, dass sich Fujimoris und Akasegawas Wege irgendwann kreuzen und vereinen würden, aber der Katalysator war Matsuda, der 1985 mit beiden eng zusammenarbeitete – mit Fujimori an dessen Buch und mit Akasegawa an den Veranstaltungen zum »Gaikotsu-Revival-Jahr«, wie sie es nannten. Ohne sich zu kennen, erwähnten Fujimori und Akasegawa Matsuda gegenüber die Namen von zwei Leuten, auf die sie aufmerksam geworden waren. Einer davon war Jōji Hayashi, ein Autor, der gerade 15 Jahre lang durch Japan und Europa gelaufen war und Fotos von Kanaldeckeln gemacht hatte. Mit einem an Montaigne erinnernden obsessiven Interesse am eigenen Körper listete er etwa seine Blähungen auf, die er hatte, als er in Europa war (und erfand lautmalerische Wörter, um das Geräusch genau wiederzugeben), und sammelte die Steinchen aus seinen Schuhsohlen in kleinen Flaschen.[16] Der zweite war Tsutomu Ichiki, ein Zahnarzt, der in seiner Freizeit kreuz und quer durch Japan fuhr und Fragmente von abgerissenen Gebäuden sammelte, berühmten wie namenlosen. Ichiki betrieb sein Hobby ab Sommer 1966, als er im zweiten Oberschuljahr Trümmer von den Schloten einer abgerissenen Tortenfabrik geborgen hatte. Einem japanischen John Sloane gleich, trug er eine riesige Souvenirsammlung zusammen: Dachziegel von Frank Lloyd Wrights Imperial Hotel, Säulen von Josiah Conders im Renaissance-Stil erbauten Rokumeikan, Geländerpfosten vom Tokyo Metropolitan Art Museum, ganz zu schweigen von den unzähligen Terrakottascherben und den Schmiedearbeiten unbekannter Kunsthandwerker.[17]

Die Idee, 1985 ein Gaikotsu-Revival-Jahr abzuhalten, war über mehrere Jahre gereift. Zwei Jahre zuvor hatten Matsuda und Akasegawa mit der Arbeit an einem Nachdruck der originalen *Lustigen Blätter* von Gaikotsu begonnen. Sie suchten aus allen 173 Ausgaben die interessantesten Beiträge heraus und stellten sie zu einer sechsbändigen Anthologie zusammen. In dieser Zeit kam vom Herausgeber der Zeitschrift *Kōkoku Hihyō* (Werbekritik) die Anfrage, ob sie Lust hätten, bei einem Sonderheft zu Gaikotsu mitzuwirken. Er bestand auch darauf, dass sich Akasegawa für diesen Zweck in Gaikotsu »verwandelte«. Sie organisierten ein Fotoshooting mit Akasegawa in Gaikotsus Kleidern, mit seiner Brille und seinem Stock (die noch existierten). Zufällig lag das Fotostudio neben dem Atelier von Arata Isozaki, einem Schulfreund Akasegawas. In einer Pause ging Akasegawa in vollem Kostüm nach nebenan, wo er bei Isozaki einen kurzen Schock und Gelächter auslöste. Die Fotos erschienen in der *Kōkoku Hihyō*-Ausgabe vom August 1984, die den Titel *Ich bin Gaikotsu Miyatake!* trug und Beiträge von Akasegawa, Yoshino, Minami und Matsuda enthielt (Abb. 7).[18] Das eigentliche Revival-Jahr wurde mit der Veröffentlichung von Gaikotsus Autobiografie *Yo wa kiken jinbutsu nari* (Ich bin ein gefährliches Individuum) im Januar eingeläutet. Einen Monat später erschien Akasegawas Buch *Gaikotsu to iu hito ga ita!* (Da gab es mal diesen Gaikotsu!)[19] und der erste Band der Anthologie der *Lustigen Blätter*. Es folgten ein von Matsuda organisiertes Symposium mit dem Titel *Gaikotsu Wonderland* und eine Retrospektive im Museum des Tokioter Kaufhauses Seibu. Mit Shinbō Minami als Moderator lief im April die Fernsehtalkshow *Studio L* an, Gaikotsu war Thema der ersten beiden Sendungen, Akasegawa, Matsuda und Hinako Sugiura waren zu Gast im Studio. Matsuda schlug vor, Fujimori, Hayashi und Ichiki in zukünftige Sendungen einzuladen, obwohl er die beiden Letztgenannten nicht persönlich kannte. Die Studiogäste dieser ersten *Studio L*-Sendungen bildeten den Kern der späteren ROJO.

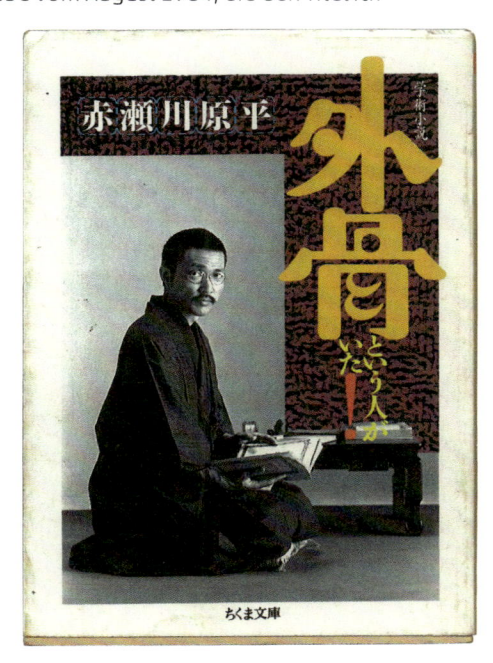

7 Genpei Akasegawa verkleidet als Gaikotsu Miyatake, auf dem Umschlag von Genpei Akasegawa, *Gaikotsu to iu hito ga ita!* [Da gab es mal diesen Gaikotsu!], Tokio 1991

Akasegawa und Matsuda wollten dem Gaikotsu-Revival-Jahr eine Renaissance der Modernologie folgen lassen. Matsuda, der ein Buch zum Thema plante, begann die diversen Jäger und Sammler modernen Konsummülls einander vorzustellen. Nachdem sie sich gegenseitig jahrelang aus der Distanz bewundert hatten, schlossen sie fast unverzüglich Freundschaft. Sie waren gerade im Begriff, ihre komplementären Ansätze aufeinander auszurichten, als die noch kaum formierte Gruppe von der Zeitschrift *Geijutsu Shinshō* (Bildende-Kunst-Memo) den Auftrag erhielt, die Straßen von Kyoto zu erkunden. Der Moment schien gekommen, der Bewegung ein offizielleres Profil zu geben. Im Januar 1986 trafen sich Fujimori, Akasegawa, Minami, Hayashi, Ichiki und Matsuda mit dem Chefredakteur von *Geijutsu Shinchō*, Takashi Tachibana, in einem chinesischen Lokal in Tokio, um eine Gruppe zu gründen, die ursprünglich »Modernologie« heißen sollte. Fujimori schlug dann aber »rojō kansatsu kurabu« (Gesellschaft für Straßenbeobachtung) vor; die anderen fanden »rojō kansatsu gakkai« lustiger, da es eine gelehrte akademische Gesellschaft impliziert.

Die Kyoto-Studie erschien im April-Heft 1986 von *Geijutsu Shinchō* (und wurde später zu einem Buch ausgearbeitet). ROJO war noch keine feste Vereinigung; die Vorlieben der einzelnen Mitglieder sind in einzelne Kapiteln zu Thomassons, Gullys, Architekturgeschichte, etc. behandelt.

Mit Akasegawa, Fujimori und Minami als Herausgeber erschien im Monat darauf *Rojō kansatsugaku nyūmon* (Lehrbuch der Straßenbeobachtung). Als Straßenbeobachter fanden sie es nur angemessen, die Buchpremiere auf der Straße abzuhalten, und als selbsterklärte »akademische Gesellschaft« sollte es die Straße vor Tokios prestigeträchtiger Gakushi Kaikan (dem Sitz des ehrwürdigen Akademievereins) sein. Die Gruppe versammelte sich am Morgen des 10. Juni standesgemäß im Frack. Fujimori verlas vor den versammelten Freunden, Studenten, Journalisten und Fernsehkameras das Gründungsmanifest der ROJO (Abb. 8).[20]

In den ersten Jahren unternahm ROJO Feldstudien in allen 23 Bezirken von Tokio. Jede Expedition dauerte mehrere Tage, in denen das Team zusammenblieb und in örtlichen Pensionen übernachtete, im örtlichen Bad badete und in örtlichen Lokalen aß. Tagsüber trennten sie sich dann, damit jeder die Nachbarschaft allein erkunde. Ihre demokratische, intuitive Methode, mit der sie das Tokio der später 1980er-Jahre studierten, hat oberflächlich Ähnlichkeit mit den ziellosen Wanderungen von Guy Debord und seinen situationistischen Kollegen im Paris der Nachkriegszeit. Doch ROJO war im Vergleich dazu streng organisiert und effizient. Die ausschweifenden Spaziergänge der Situationisten waren mehr eine verheißungsvolle Idee als eine produktive Methode,[21] während die Mitglieder der ROJO so penibel wie Archäologen waren (Abb. 1). Jeden Morgen trafen sie sich in der Lobby ihrer Unterkunft, wo ihnen Fujimori eine kurze Einführung in die örtliche Geschichte gab, um dann mithilfe einer Karte die Umgebung unter den Teilnehmern genau aufzuteilen. Am Abend zeigten sie sich gegenseitig ihre Entdeckungen in Diashows, die bis spät in die Nacht dauerten. In seinen Erinnerungen beschreibt Matsuda diese Erlebnisse als den größten Spaß, den er je hatte: »Diese Mischung aus Angeberei, Verachtung und Lobhudelei mit Ausbrüchen ständigen Lachens schuf so eine gute Stimmung. Für jemanden, der, ohne die Umstände zu kennen, hineingeschaut hätte, hätten wir ausgesehen wie ein Haufen Verrückter.«[22] Matsuda denkt, dass letztendlich der

8 Offizielle Gründung des ROJO auf der Straße vor dem Gakushi Kaikan (Akademiesaal) in Tokio am 10. Juni 1986

wichtigste Aspekt von ROJO nicht die Untersuchung, Beobachtung oder Dokumentation der Objekte war, sondern das Erfinden geistreicher, lakonischer Namen dafür – eine Aufgabe, bei der Akasegawa besonders glänzte. Der berühmte Literaturkritiker Tōru Haga wies Fujimori darauf hin, dass es Ähnlichkeiten gibt zwischen diesen Zusammentreffen und den müßiggängerischen improvisierten Haiku-Parties, die der Adel in der Edo-Zeit veranstaltete. Die Tradition, für neu entdeckte städtische Phänomene eigentümliche Begriffe zu finden, wird heute vom Atelier Bow-Wow fortgesetzt. Dort sitzen Architekten, die ihre Karriere mit einer offen die Forschungen von ROJO nachahmenden Feldarbeit begannen, was zu dem Buch *Made in Tokyo* führte.[23]

Die Wertschätzung des Alltäglichen, die Entdeckung der Schönheit im Banalen ist ein Aspekt der japanischen Ästhetik, der bis in das 15. Jahrhundert zum Teemeister Sen Rikyū (Fujimori kennt sich bestens mit Rikyūs Architektur aus, und Akasegawa schrieb ein Buch, in dem er Rikyū mit Duchamp vergleicht, und 1989 das Drehbuch zu einer Filmbiografie) zurückverfolgt werden kann. Indem er die schnörkelhaften teuren Teeutensilien ablehnte zugunsten alltäglicher Objekte, trotz – und oft wegen – ihrer Unvollkommenheit, schuf Rikyū eine besondere Sensibilität für das Poetische im Prosaischen, ein Aspekt, der sehr wichtig für die japanische Kultur ist. Dennoch hat ROJO auch teil an der ähnlich ehrwürdigen Tradition der kumpelhaften, einfachen Vulgarität, die man noch überall im ländlichen Japan findet und die heute bestens durch die Arbeit des Journalisten und Verlegers Kyoichi Tsuzuki belegt ist. Dessen Fotografien zeigen kitschige Themenparks, billige Attraktionen entlang der Straße, geschmacklose Souvenirs, vollgestopfte Wohnungen, Liebeshotels etc.[24] Tatsächlich hält Fujimori Tsuzuki für einen Zeitgenossen, der dem Geist von ROJO sehr nahe kommt.

ROJOs Vereinigung unterschiedlicher, aber gleich gesinnter Persönlichkeiten, Herkunft, Methoden, Vorbilder und Obsessionen erwies sich als erstaunlich haltbar und produktiv. Als Scherz gegründet, existiert ROJO seit über 25 Jahren, produziert unablässig Bücher, Ausstellungen und Fernsehsendungen; gleichzeitig erweiterte die Gruppe ihr Betätigungsfeld und ihren Einfluss auf ganz Japan und über die Landesgrenzen hinaus. Kons naive Neugier und Gaikotsus kundige Respektlosigkeit – die Beschäftigung mit Gegenständen und Themen aller Art, vom Banalen bis zum Surrealen, vom Lüsternen bis zum Läppischen – bilden die Grundlage für die wertvolle Dokumentation von Aspekten des Urbanen, die leicht zu übersehen und vergänglich sind. Und in der Tat sind viele ROJO-Entdeckungen längst verschwunden, Opfer der permanenten Bautätigkeit in japanischen Großstädten.

Definiert sich das Thomasson durch die bewusste, aufwendige Bewahrung eines nicht mehr funktionstüchtigen Gegenstands, so entstehen ROJO-Objekte eher durch Vernachlässigung und kommen in manchen Fällen sogar ohne menschliches Zutun aus. Beiden gemein ist, dass sie Gelächter hervorrufen, bei den ROJO-Mitgliedern wie beim Publikum. Aus diesem Gelächter spricht kein Zynismus und keine Häme, nur die Bewunderung für den Aufwand (oder den ersichtlichen Mangel an Aufwand), den die Bewahrung dieser Objekte erfordert, die Verwunderung, dass sie den skrupellosen, endlosen Abriss- und Neubauwahn aus wirtschaftlichem Effizienzstreben überlebt haben, und die Freude an all dieser nutzlosen Schönheit.

Fujimori betont, dass ROJO keinen Zweck verfolgt und keinerlei Botschaft hat. Wie Vogelbeobachten ohne Artenbuch oder Zügebeobachten ohne Kursbuch, wie Spurensuche ohne Verbrechen sei ROJO lediglich das Hobby einer Handvoll mehr oder weniger exzentrischer Individualisten, die ein mehr oder weniger humoristisches Vergnügen an der subtilen Merkwürdigkeit ihrer Umwelt finden. Und dennoch fielen ihre Aktivitäten zeitlich mit dem stärksten Bauboom zusammen, den Tokio seit dem Zweiten Weltkrieg erlebt hat: ROJO war besonders aktiv Mitte der 1980er-Jahre, als die japanische Wirtschaftsblase immer größer wurde. Da plötzlich eine absurde Menge an Investitionskapital zur Verfügung stand, wurde die alte und neue Vergangenheit Tokios in kürzester Zeit gnadenlos ausradiert, bevor die Blase Anfang der 1990er-Jahre zerplatzte. Die ROJO-Fotografien aus dieser Zeit sind somit ein unersetzliches Archiv konservierter Ephemera. ROJO versteht die Stadt in ihrer physischen Gestalt als Palimpsest, als materielle Ablagerung brodelnder historischer Prozesse, sucht nach den rauen Kanten, den Ungereimtheiten, Überlagerungen und Relikten: nach den Dingen, die durch die Ritzen fallen, und nach dem Entstehen dieser Ritzen. Fujimoris Leugnung, dass dem irgendein intellektuelles oder ästhetisches Projekt zugrunde liegt, scheint unaufrichtig, wenn nicht gar heuchlerisch. Durch die systematische Katalogisierung des Trivialen werden Dinge aufgewertet, die andere ignorieren, das Banale wird erhaben.

Halb Soziologie, halb Archäologie, handelt es sich im Grunde um ein konservatorisches Auswahlverfahren. Schließlich ist ein Readymade weniger ein gefundenes als ein ausgewähltes Objekt. Wie Duchamp feststellt: »Der Begriff ›art‹ bedeutet vom Etymologischen her machen [...]. Aber man kann ihn auch für ein fertiges Ding verwenden [...]. Die Auswahl ist der springende Punkt.«[25] Mit ihrem unnachlässigen Beobachten, Auswählen, Benennen und Ausstellen erinnern Fujimori und ROJO uns an den unerschöpflichen Reichtum alltäglicher Dinge, die ein Schattendasein führen, und demonstrieren, wie viel Spaß es macht, nur zu schauen.

Nicht belegte Anekdoten entstammen einem Gespräch zwischen Terunobu Fujimori, Testuo Matsuda und dem Autor am 22. Juli 2011 in Tokio.

1 Mayumi Miyawaki, »Tsukuru kiban toshite no dezain sāvei [Untersuchungen des Entwurfs als Grundlage für das Bauen]«, in: *Toshi Jūtaku*, Dezember 1971.
2 *Tōkyō no kūkan jinruigaku*, Tokio 1985), publiziert in Englisch: *Tokyo: A Spatial Anthropology*, Berkeley 1995).
3 Vgl. auch Jordan Sand, »Street Observation Science and the Tokyo Economic Bubble, 1986–1990«, in: Gyan Prakesh und Kevin M. Kruse (Hrsg.), *The Spaces of the Modern City*, Princeton 2008.
4 Wajirō Kon und Kenkichi Yoshida, *Modernologio / Kōgengaku* [Modernologie], Tokio 1930. Die Autoren gaben den Buchtitel in Esperanto und Japanisch an.
5 Vgl. Genpei Akasegawa, »Kasumigaseki no sen-en satsu: 1966-nen 8-gatsu 10-nichi« [Tausend-Yen-Schein in Kasumigaseki, 10. August 1966], in: *Tokyo Mikusā Keikaku: Hai Reddo Sentā Chokusetsu Kōdō No Kiroku* [Tokio-Mixerpläne: Dokumente zu den Protestaktionen des Hi Red Centers], Tokio 1984. Auszüge in englischer Sprache in: Alexandra Munroe, *Japanese Art after 1945: Scream against the Sky*, New York 1994, S. 374.
6 Vgl. William A. Marotti, »Simulacra and Subversion in the Everyday: Akasegawa Genpei's 1000-Yen Copy, Critical Art, and the State«, in: *Postcolonial Studies*, 4, 2, 2001, S. 211–239; und Reiko Tomii, »State v. (Anti-)Art: Model 1000-Yen Note Incident by Akasegawa Genpei and Company«, in: ebd., 10, 1, 2002, S. 141–172.
7 Shizuo Isobe, *Ikamono shumi / Kōgengaku no maki* [Ausgefallene Hobbys / Modernologiesammlung], Isobe Shizuo Henshū 1935.
8 Unter dem neuem Titel »Kōgengaku no shukudai: 1970/7–8« [Modernologie-Hausaufgabe: 1970/7–8] ist der Aufsatz in der Anthologie von Genpei Akasegawa, Terunobu Fujimori und Shinbō Minami, *Rojō kansatsugaku nyūmon* [Lehrbuch der Straßenbeobachtung], Tokio 1986, S. 122–134, abgedruckt.
9 Die erste Erwähnung des Thomasson-Konzepts in einer englischsprachigen Publikation findet sich in William Gibsons Kurzgeschichte »Skinner's Room«, in: *Visionary San Francisco*, hrsg. von Paolo Polledri, Ausst.-Kat. San Francisco Museum of Modern Art, München 1990. Gibson wendet den Begriff auf eine Brücke an, die von Obdachlosen besetzt und so zu einer unbeabsichtigten »Schrottskulptur« wird. In seinem Roman *Virtual Light*, New York 1993, entwickelt Gibson die Idee weiter.
10 Die Artikel sind in dem späteren Sammelband *Chōgeijutsu Tomason*, Tokio 1985, enthalten; englische Ausgabe: *Hyperart: Thomasson*, New York 2009.
11 Fujimori arbeitete seine 1979 eingereichte Doktorarbeit zu einem Buch um, das mit dem Mainichi-Kulturpreis ausgezeichnet wurde. Terunobu Fujimori, *Meiji no Tōkyō Keikaku* (Meiji-Pläne für Tokio), Tokio 1982.
12 Terunobu Fujimori (Text) und Akihisa Masuda (Fotografie), *Toshi no janarizumu: Kanban kenchiku* [Urbaner Journalismus: Schilderarchitektur], Tokio 1988.
13 Nihon Kenchiku Gakkai [Japanisches Architekturinstitut], *Nihon kindai kenchiku sōran: Kakuchi ni nokoru Meiji Taishō Shōwa no tatemono* [Moderne Architektur in Japan. Führer zu erhaltenen Meiji-, Taisho- und Shōwa-Bauten an unterschiedlichen Orten], Tokio 1980.
14 Terunobu Fujimori, *Kenchiku tantei no bōken: Tōkyō hen* [Die Abenteuer der Architekturdetektive, Band Tokio], Tokio 1986. Das Buch erhielt den Suntory-Preis für gemeinschaftliche kulturelle Aktivitäten.
15 Ebd., S. 358.
16 Genpei Akasegawa u. a., *Hayashi Jōji teki kōgengaku: He to Fujisan* [Modernologie im Stil Jōji Hayashis: Fürze und der Berg Fuji], Tokio 2000.
17 Tsutomu Ichiki, *Kenchiku no wasuregatami: Ichiki Tsutomu korekushyon* [Architektursouvenirs: Die Sammlung Tsutomu Ichiki], Tokio 1985. Es handelt sich um den Katalog zu einer Ausstellung in der Inax Gallery, Osaka (Dezember 1985 – Februar 1986), die Fujimori, Akasegawa, Matsuda, Hayashi und Minami gemeinsam besuchten.
18 Gaikotsu Miyatake, *Yo wa kiken jinbutsu nari* [Ich bin ein gefährliches Individuum], hrsg. von Takao Yoshino, Tokio 1985.
19 Genpei Akasegawa, *Gaikotsu to iu hito ga ita!* [Da gab es mal diesen Gaikotsu!], Tokio 1985.
20 Vgl. Genpei Akasegawas Erinnerungen *Zenmen jikyō!* (Volles Bekenntnis!), Tokio 2001, und die Memoiren von Tetsuo Matsuda, *Henshūkyō jidai* [Zeit des Verlegerwahnsinns], Tokio 2004.
21 Eine detaillierte Beschreibung der Straßenbeobachtung der Situationisten findet sich unter anderem bei Jean-Louis Violeau, »A Critique of Architecture: The Bitter Victory of the Situationist International«, in: *Anxious Modernisms: Experimentation in Postwar Architectural Culture*, hrsg. von Sarah Williams Goldhagen und Rejean Legault, Cambridge 2002.
22 Matsuda 2004 (wie Anm. 20), S. 343.
23 Momoyo Kaijima, Junzō Kuroda und Yoshiharu Tsukamoto, *Made in Tokyo*, Tokio 2001.
24 Kyoichi Tsuzuki hat gut über hundert Bücher veröffentlicht, aber die besten Arbeiten sind versammelt in: *Roadside Japan*, Tokio 2001.
25 Zit. nach: Thierry de Duve, *Kant after Duchamp*, Cambridge 1996, S. 162.

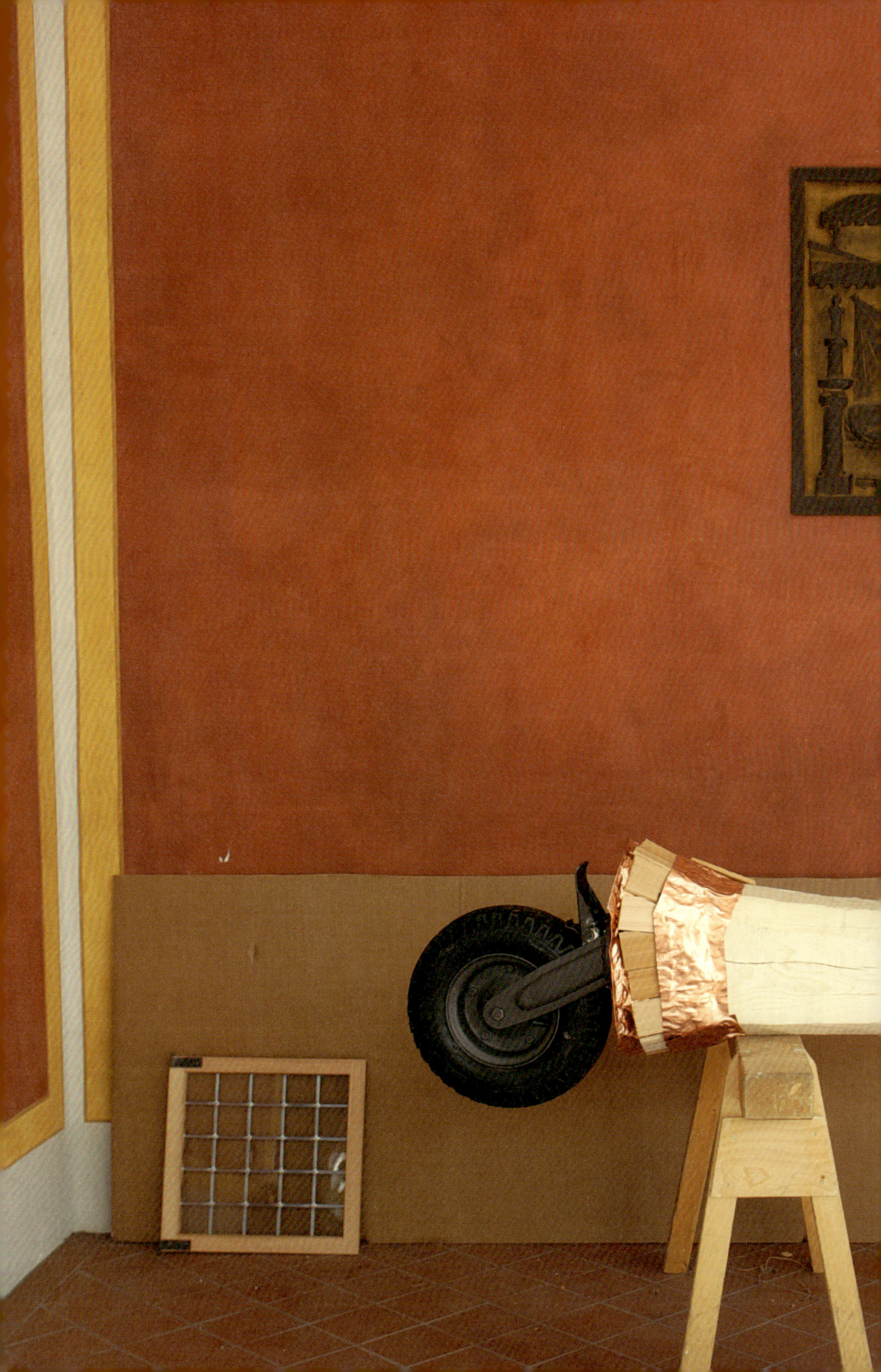

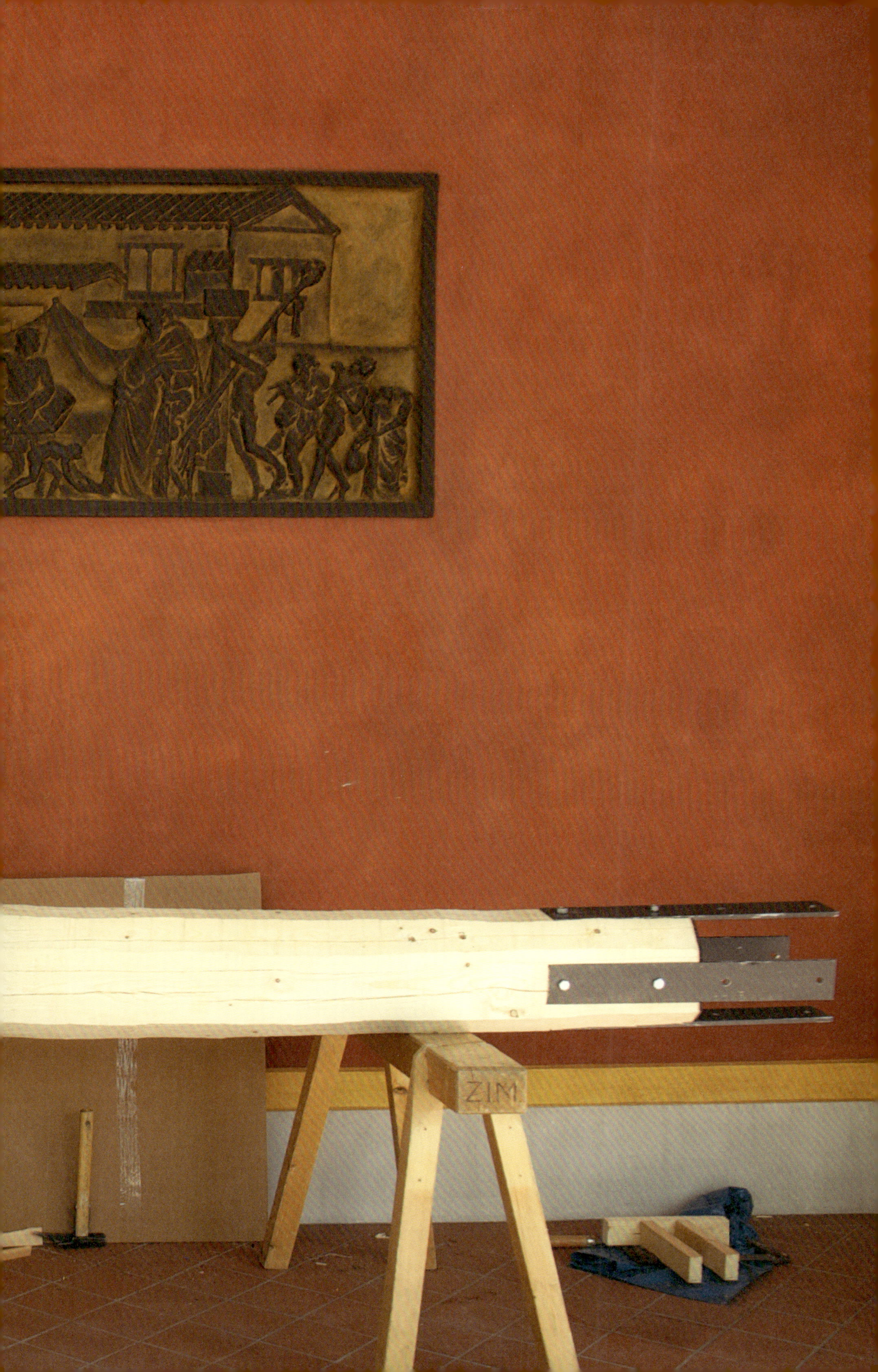
ZIM

Anhang   Verzeichnis der ausgestellten Werke

1 Stadtentwürfe
2 Architektur
3 ROJO

1 Stadtentwürfe

Terunobu Fujimori
Entwürfe zur Diplomarbeit: Brücke –
Ledoux' Methode, Bildern durch Illusion
Realität zu geben, 1971 / S. 28–29
8 Zeichnungen
108,8 × 61,5 cm
Städtisches Kunstmuseum Chino

Terunobu Fujimori
Sprossen der Erde, 2007 / S. 30–31
Fotograf: Akihisa Masuda
Fotografie, 120 × 150 cm
Städtisches Kunstmuseum Chino

Terunobu Fujimori
Plan für Tokio 2107, 2007 / S. 26–27, 32–34
Installation (verschiedene Materialien)
140/300 × 875 × 30 cm
Courtesy des Künstlers

Terunobu Fujimori
Plan für Tokio 2107, 2007, S. 32–33
Zeichnung, 42 × 29,7 cm
Städtisches Kunstmuseum Chino

Terunobu Fujimori
New York 2109, 2009 / S. 35
Fotografie (Faksimile nach Skizze)
100 × 50 cm
Courtesy des Künstlers
Mit Unterstützung der Obayashi
Corporation

Terunobu Fujimori
Gemüsestadt München 2112, 2012 / S. 36–37
Idee/Entwurf: Terunobu Fujimori /
Obayashi Corporation
Fotografen: Akihisa Masuda / Heinz Gebhardt
Fotografie, 300 × 120 cm
Courtesy des Künstlers
Mit Unterstützung der Obayashi
Corporation

2 Architektur

Historisches Museum der Priesterfamilie Moriya / S. 62–67
Fertiggestellt: 1991
Funktion: Historisches Museum
Standort: Miyagawa Takabe, Chino Stadt, Präfektur Nagano
Bauherr: Städtische Kulturbehörde von Chino
Architekturentwurf: Terunobu Fujimori + Yoshio Uchida (Shusakusha)
Konstruktion: Yasuhisa Yamamoto (Sekkeisha)
Ausführung: Tamura-Bau
Planungszeit: April–Juli 1990
Bauzeit: August 1990–Februar 1991
Grundstücksfläche: 975 m²
Grundfläche: 135 m²
Nutzfläche: 185 m²
Geschosszahl: 2 Stockwerke
Tragsystem: Stahlbeton, teilweise Holzkonstruktion

Ausgestellte Objekte:
Terunobu Fujimori
Historisches Museum der Priesterfamilie Moriya, 1991
Skizze, 36,5 × 25,7 cm
Städtisches Kunstmuseum Chino

Akihisa Masuda
Historisches Museum der Priesterfamilie Moriya, 1991
3 Fotografien, 125 × 100 cm, je 2: 80 × 100 cm
Städtisches Kunstmuseum Chino

Tanpopo-Haus (Löwenzahnhaus) / S. 68–73
Fertiggestellt: 1995
Funktion: Wohnhaus
Standort: Kokubunji Stadt, Tokio
Bauherr: Terunobu Fujimori
Architekturentwurf: Terunobu Fujimori + Yoshio Uchida (Shusakusha)
Konstruktion: Yasuhisa Yamamoto (Sekkeisha)
Ausführung: Shiraishi-Bau
Planungszeit: Oktober 1994
Bauzeit: Dezember 1994–Oktober 1995
Grundstücksfläche: 290 m²
Grundfläche: 110 m²
Nutzfläche: 187 m²
Geschosszahl: 2 Stockwerke
Tragsystem: Stahlbeton

Ausgestellte Objekte:
Terunobu Fujimori
Tanpopo-Haus (Löwenzahnhaus), 1995
2 Skizzen, 25,1 × 17,8 cm, 29,5 × 21 cm
Städtisches Kunstmuseum Chino

Akihisa Masuda
Tanpopo-Haus (Löwenzahnhaus), 1995
2 Fotografien, 120 × 100 cm, 100 × 80 cm
Städtisches Kunstmuseum Chino

Nira-Haus (Schnittlauchhaus) / S. 74–81
Fertiggestellt: 1997
Funktion: Wohnhaus + Atelier
Standort: Machida, Tokio
Bauherr: Genpei Akasegawa
Architekturentwurf: Terunobu Fujimori +
Nobumichi Ōshima (Atelier Ōshima)
Ausführung: Takao-Bau + Jōmon-Gruppe
Planungszeit: Mai 1995–Februar 1997
Bauzeit: März 1996–Februar 1997
Grundstücksfläche: 482 m²
Grundfläche: 107 m²
Nutzfläche: 173 m²
Geschosszahl: 2 Stockwerke
Tragsystem: Holzkonstruktion

Ausgestellte Objekte:
Terunobu Fujimori
Nira-Haus (Schnittlauchhaus), 1997
Skizzenrolle, 268 × 35,5 cm
Städtisches Kunstmuseum Chino

Terunobu Fujimori
Nira-Haus (Schnittlauchhaus), 2006
Holzmodell, 83 × 33 × 46 cm
Courtesy des Künstlers

Akihisa Masuda
Nira-Haus (Schnittlauchhaus), 1997
2 Fotografien, 125 × 100 cm, 100 × 120 cm
Städtisches Kunstmuseum Chino

Akino Fuku Museum / S. 82–87
Fertiggestellt: 1997
Funktion: Kunstmuseum
Standort: 130 Futamata, Futamata-cho,
Tenryu-ku, Hamamatsu, Präfektur Shizuoka
Bauherr: Stadt Hamantsu
Entwurf: Terunobu Fujimori + Yoshio Uchida
(Shusakusha)
Konstruktion: Yasuhisa Yamamoto (Sekkeisha)
Ausführung: Obayashi Corporation, Niederlassung Nagoya
Planungszeit: September 1995–März 1996
Bauzeit: September 1996–November 1997
Grundstücksfläche: 19770 m²
Grundfläche: 746 m²
Nutzfläche: 1000 m²
Geschosszahl: 2 Stockwerke
Tragsystem: Stahlbeton, teilweise Holzkonstruktion

Ausgestellte Objekte:
Terunobu Fujimori
Akino Fuku Museum, 1997
Skizze, 29,7 × 21 cm
Städtisches Kunstmuseum Chino

Akihisa Masuda
Akino Fuku Museum, 1997
2 Fotografien, 125 × 100 cm, 100 × 125 cm
Städtisches Kunstmuseum Chino

Shin-ken (Feuerholz-Teehaus)
Fertiggestellt: 1997
Funktion: Teehaus
Standort: Machida, Tokio
Bauherr: Genpei Akasegawa
Entwurf: Terunobu Fujimori + Nobumichi
Ōshima (Atelier Ōshima)
Ausführung: Jōmon-Gruppe
Planungszeit: Mai 1995–Februar 1997
Bauzeit: März 1996–Februar 1997
Nutzfläche: 9,6 m²

Ausgestellte Objekte:
Akihisa Masuda
Shin-ken (Feuerholz-Teehaus), 1997
Fotografie, 100 × 120 cm
Städtisches Kunstmuseum Chino

Ipponmatsu-Haus (Haus der einsamen Kiefer) / S. 88–93
Fertiggestellt: 1998
Funktion: Wohnhaus
Standort: Fukuoka, Präfektur Fukuoka
Entwurf: Terunobu Fujimori + Nobumichi
Ōshima (Atelier Ōshima)
Ausführung: Ogata-Bau

Planungszeit: Januar 1996–Januar 1998
Bauzeit: Mai 1997–Januar 1998
Grundstücksfläche: 247 m²
Grundfläche: 103 m²
Nutzfläche: 159 m²
Geschosszahl: 2 Stockwerke
Tragsystem: Holzkonstruktion

Ausgestellte Objekte:
Terunobu Fujimori
Ipponmatsu-Haus (Haus der einsamen Kiefer), 1997
6 Skizzen, je 5: 25,7 × 18,2 cm, 18,2 × 25,7 cm
Städtisches Kunstmuseum Chino

Akihisa Masuda
Ipponmatsu-Haus (Haus der einsamen Kiefer), 1997
Fotografie, 125 × 100 cm
Städtisches Kunstmuseum Chino

Terunobu Fujimori
Wani (Krokodil), 1998
Holzmodell mit Modellen des Historischen Museums der Priesterfamilie Moriya, des Tanpopo-Hauses, des Nira-Hauses, des Ippomatsu-Hauses und des Akino Fuku Museums, 155 × 33 × 30 cm
Courtesy des Künstlers

Forum
Fertiggestellt: 1999
Funktion: Versammlungsraum
Standort: Myoko, Präfektur Niigata
Bauherr: ARAI Resort Development
Entwurf: Terunobu Fujimori + Hiroaki Kuwabara (Takenaka Corporation)
Ausführung: Takenaka Corporation + Jōmon-Gruppe
Planungszeit: Juni–Oktober 1998
Bauzeit: November 1998–Dezember 1999
Nutzfläche: 430 m²

Ausgestellte Objekte:
Terunobu Fujimori
– Bank, »Forum«
Quercus Crispula (Japanische Eiche), Gips, Taxus cuspidata (Japanische Eibe), 246 × 98 × 170 cm
Privatsammlung
– Tisch, »Forum«
Quercus Crispula (Japanische Eiche), Gips, 216 × 48 × 32 cm
– 1 Stuhl mit hoher Lehne, »Forum«
Rattan, Metall, 103 × 70 × 162 cm
Privatsammlung
– 4 Stühle, »Forum«
Rattan, Metall, 45 × 53 × 79/89/97 cm
Privatsammlung

Tan-ken (Kohlen-Teehaus)
Fertiggestellt: 1999
Funktion: Teehaus
Standort: Myōkō Stadt, Präfektur Niigata
Bauherr: ARAI Resort Development
Entwurf: Terunobu Fujimori + Hiroaki Kuwabara (Takenaka Corporation)
Ausführung: Jōmon-Gruppe
Planungszeit: Juni–Oktober 1998
Bauzeit: November 1998–Dezember 1999
Nutzfläche: 12,7 m²

Ausgestellte Objekte:
Akihisa Masuda
Tan-ken (Kohlen-Teehaus), 1999
Fotografie, 80 × 100 cm
Städtisches Kunstmuseum Chino

Studentenwohnheim der Kumamoto Landwirtschaftsschule / S. 94–99
Fertiggestellt: 2000
Funktion: Studentenwohnheim
Standort: 3803 Sakae, Koshi, Präfektur Kumamoto
Bauherr: Präfektur Kumamoto
Entwurf: Terunobu Fujimori + Yoshiaki Irie + Masahide Shibata + Hideo Nishiyama
Konstruktion: Motoshige Kusaba (Kusaba-Bau)
Ausführung: Tomisaka-Bau, Sanwa-Bau, Ikuta-Bau, Shichijo-Bau and Nichidō-Bau
Planungszeit: Oktober 1998–März 1999
Bauzeit: Juli 1999–März 2000
Grundstücksfläche: 24050 m²
Grundfläche: 4065 m²
Nutzfläche: 5300 m²
Geschosszahl: 2 Stockwerke
Tragsystem: Holzkonstruktion, teilweise Stahlbeton

Ausgestellte Objekte:
Terunobu Fujimori

Studentenwohnheim der Kumamoto Landwirtschaftsschule, 2000
Skizze, 21 × 29,7 cm
Städtisches Kunstmuseum Chino

Akihisa Masuda
Studentenwohnheim der Kumamoto Landwirtschaftsschule, 2000
2 Fotografien, 80 × 100 cm, 100 × 125 cm
Städtisches Kunstmuseum Chino

Tsubaki-Schloss (Kamelienschloss) / S.100–105
Fertiggestellt: 2000
Funktion: Büro, Showroom
Standort: 167 Nomashi Wada, Ōshima-machi, Tokio
Besitzer: Taniguchi Shuzō, Eikyu Taniguchi
Entwurf: Terunobu Fujimori + Nobumichi Ōshima (Atelier Ōshima)
Konstruktion: Tsukasa Ichijo (Kōzō Sekkeisha)
Ausführung: Koizumi-Bau + Jōmon-Gruppe
Planungszeit: Juni 1998–Dezember 2000
Bauzeit: Juni–Dezember 2000
Grundstücksfläche: 860 m²
Grundfläche: 108 m²
Nutzfläche: 116 m² (Erdgeschoss 108 m², 1. Stock 8 m²)
Geschosszahl: 2 Stockwerke
Tragsystem: Stahlbeton + Holzkonstruktion

Ausgestellte Objekte:
Terunobu Fujimori
Tsubaki-Schloss (Kamelienschloss, 2000)
Skizze, 36,4 × 25,6 cm
Städtisches Kunstmuseum Chino

Akihisa Masuda
Tsubaki-Schloss (Kamelienschloss, 2000)
2 Fotografien, 80 × 100 cm, 125 × 100 cm
Städtisches Kunstmuseum Chino

Futō-an Kōbō (Werkstatt der Futō-Klause) / S. 106–111
Fertiggestellt: 2001
Funktion: Töpferwerkstatt
Standort: Yugawara-machi, Ashigarashimo-gun, Präfektur Kanagawa
Bauherr: Morihiro Hosokawa
Entwurf: Terunobu Fujimori + Nobumichi Ōshima (Atelier Ōshima)
Konstruktion: Tsukasa Ichijo (Kōzō Sekkeisha)
Ausführung: Sankō Kensetsu Kōgyō + Jōmon-Gruppe
Planungszeit: Januar–Juli 2001
Bauzeit: Mai–Juli 2001
Grundfläche: 73 m²
Nutzfläche: 73 m²
Geschosszahl: 1 Stockwerk
Tragsystem: Holzkonstruktion

Ausgestellte Objekte:
Terunobu Fujimori
Futō-an Kōbō (Werkstatt der Futō-Klause), 2001
Skizze, 21 × 29,7 cm
Städtisches Kunstmuseum Chino

Akihisa Masuda
Futō-an Kōbō (Werkstatt der Futō-Klause), 2001
Fotografie, 100 × 125 cm
Städtisches Kunstmuseum Chino

Hiroo-Haus-Projekt (nicht verwirklicht)
Terunobu Fujimori
Hiroo-Projekt, 2002
Holzmodell
65 × 65 × 105 cm
Courtesy des Künstlers

Ichiya-tei (Teehaus für eine Nacht) / S. 112–117
Fertiggestellt: 2003
Funktion: Teehaus
Standort: Yugawara-machi, Ashigarashimo-gun, Präfektur Kanagawa
Bauherr: Morihiro Hosokawa
Entwurf: Terunobu Fujimori + Nobumichi Ōshima (Atelier Ōshima)
Ausführung: Jōmon-Gruppe + Haiyuza Theatre
Planungszeit: Januar–Februar 2003
Bauzeit: Februar–April 2003
Grundfläche: 6,4 m²
Nutzfläche: 6,4 m²
Geschosszahl: 1 Stockwerk
Tragsystem: Holzkonstruktion, teilweise Aluminiumrahmen

Ausgestellte Objekte:
Terunobu Fujimori
Ichiya-tei (Teehaus für eine Nacht), 2003
Skizze, 21 × 29,7 cm
Städtisches Kunstmuseum Chino

Terunobu Fujimori
Ichiya-tei (Teehaus für eine Nacht), 2003
Holzmodell, 58 × 120 × 56
Courtesy des Künstlers

Akihisa Masuda
Ichiya-tei (Teehaus für eine Nacht), 2003
2 Fotografien, 125 × 100 cm, 100 × 80 cm
Städtisches Kunstmuseum Chino

Ku-an (Teehaus im rechten Winkel) / S. 118–123
Fertiggestellt: 2003
Funktion: Teehaus
Standort: Tokushoji-cho, Tomikouji Shijo-Kudaru, Shimogyō-ku, Kyoto
Bauherr: Tokushoji Temple
Entwurf: Terunobu Fujimori
Ausführung: Hitoshi Akino + Jōmon-Gruppe
Planungszeit: Februar 2002–Mai 2003
Bauzeit: April 2002–Mai 2003
Grundfläche: 5,5 m²
Nutzfläche: 5,5 m²
Geschosszahl: 1 Stockwerk
Tragsystem: Holzkonstruktion, teilweise Fachwerk

Ausgestellte Objekte:
Terunobu Fujimori
Ku-an (Teehaus im rechten Winkel), 2003
Skizze, 21 × 29,7 cm
Städtisches Kunstmuseum Chino

Terunobu Fujimori
Ku-an (Teehaus im rechten Winkel), 2006
Holzmodell, 47 × 36 × 46 cm
Privatsammlung

Akihisa Masuda
Ku-an (Teehaus im rechten Winkel), 2003
3 Fotografien, 100 × 80 cm, 100 × 125 cm, 120 × 100 cm
Städtisches Kunstmuseum Chino

Takasugi-an (Zu hohes Teehaus) / S. 124–129
Fertiggestellt: 2004
Funktion: Teehaus
Standort: Miyagawa Takabe, Chino, Präfektur Nagano
Bauherr: Terunobu Fujimori
Entwurf: Terunobu Fujimori
Ausführung: Jōmon-Gruppe + Mitsuo Fujimori + Kimio Tateishi + Takashi Nakamura + Yasuchika Iida
Planungszeit: August–Oktober 2003
Bauzeit: Oktober 2003–Juni 2004
Grundfläche: 6,2 m²
Nutzfläche: 6,2 m²
Geschosszahl: 1 Stockwerk
Tragsystem: Holzkonstruktion, teilweise Fachwerk

Ausgestellte Objekte:
Terunobu Fujimori
Takasugi-an (Zu hohes Teehaus), 2004
2 Skizzen, 18,2 × 25,7 cm, 25,7 × 18,2 cm
Städtisches Kunstmuseum Chino

Terunobu Fujimori
Takasugi-an (Zu hohes Teehaus), 2006
Holzmodell, 49 × 50 × 129 cm
Courtesy des Künstlers

Akihisa Masuda
Takasugi-an (Zu hohes Teehaus), 2004
2 Fotografien, 125 × 100 cm, 80 × 100 cm
Städtisches Kunstmuseum Chino

Yōrō Konchukan (Yōrō Insektenmuseum) / S. 130–135
Fertiggestellt: 2005
Funktion: Insektenmuseum, Wochenendhaus
Standort: Sengokuhara, Hakone-machi, Ashigarashimo-gun, Präfektur Kanagawa
Bauherr: Takeshi Yōrō
Entwurf: Terunobu Fujimori + Nobumichi Ōshima (Atelier Ōshima)
Konstruktion: Tsukasa Ichijo (Kōzō Sekkeisha)
Ausführung: Naitou-Bau
Planungszeit: September 2003–September 2004
Bauzeit: Juli 2004–Mail 2005
Grundstücksfläche: 1328 m²
Grundfläche: 200 m²
Nutzfläche: 313 m2 (Untergeschoss 19 m²,

Erdgeschoss 200 m2, 1.Stockwerk 94 m²)
Geschosszahl: 1 Souterrain, 2 Stockwerke
Tragsystem: Holzkonstruktion, teilweise
Stahlbeton

Ausgestellte Objekte:
Terunobu Fujimori
Yōrō Konchukan (Yōrō Insektenmuseum),
2004
Skizzenbuch, 24,7 × 20 cm
Städtisches Kunstmuseum Chino

Terunobu Fujimori
Yōrō Konchukan (Yōrō Insektenmuseum),
2004
Holzmodell, 70 × 40 × 45 cm
Courtesy des Künstlers

Akihisa Masuda
Yōrō Konchukan (Yōrō Insektenmuseum),
2005
Fotografie, 125 × 100 cm
Städtisches Kunstmuseum Chino

Hikusugi-an (nicht verwirklicht)

Terunobu Fujimori
Hikusugi-an (Zu niedriges Teehaus), 2005
Holzmodell, 67 × 39 × 43 cm
Courtesy des Künstlers

**Lamune Onsen (Thermalbad Lamune) /
S. 136–141**
Fertiggestellt: 2005
Funktion: Öffentliches Bad (Heiße
Quellen), Museum
Standort: 7676-2 Nagayu, Naoiri-machi,
Takeda, Präfektur Oita
Bauherr: Lamune Onsen Club
Entwurf: Terunobu Fujimori + Yoshiaki Irie
(IGA Projekt)
Konstruktion: Kiyotaka Hirota (Hirota Archi-
Urban Design Atelier)
Ausführung: Saiki-Bau
Planungszeit: Juni–Dezember 2004
Bauzeit: März–Juli 2005
Grundstücksfläche: 1947 m²
Grundfläche: 330 m²
Nutzfläche: 426 m2 (Erdgeschoss 330 m²,
1. Stock 92 m², weitere Flächen 4 m²)

Geschosszahl: 1 Souterrain, 2 Stockwerke
Tragsystem: Holzkonstruktion, teilweise
Stahlbeton

Ausgestellte Objekte:
Terunobu Fujimori
Lamune Onsen (Thermalbad Lamune), 2005
Skizzenbuch, 23 × 17 cm
Städtisches Kunstmuseum Chino

Akihisa Masuda
Lamune Onsen (Thermalbad Lamune), 2005
2 Fotografien, je 80 × 100 cm
Städtisches Kunstmuseum Chino

Chashitsu Tetsu (Teehaus Tetsu) / S. 142–147
Fertiggestellt: 2005
Funktion: Teehaus
Standort: Kiyoharu Shirakaba Museum 2072,
Nakamaru, nagasaka-cho, Hokuto, Präfektur
Yamanashi
Bauherr: Kiyoharu Shirakaba Museum
Entwurf: Terunobu Fujimori + Nobumichi
Ōshima (Atelier Ōshima)
Ausführung: Jōmon-Gruppe + Fujimori
Laboratory
Planungszeit: Mai–Dezember 2005
Bauzeit: August–Dezember 2005
Grundfläche: 6 m²
Nutzfläche: 6 m²
Geschosszahl: 1 Stockwerk
Tragsystem: Holzkonstruktion

Ausgestellte Objekte:
Terunobu Fujimori
Chashitsu Tetsu (Teehaus Tetsu), 2006
Skizzenbuch, 25 × 17,2 cm
Städtisches Kunstmuseum Chino

Akihisa Masuda
Chashitsu Tetsu (Teehaus Tetsu), 2006
2 Fotografien, 125 × 100 cm, 80 × 100 cm
Städtisches Kunstmuseum Chino

Gen-an
Fertiggestellt: 2006
Funktion: Teehaus
Standort: Chino, Präfektur Nagano
Entwurf: Terunobu Fujimori
Ausführung: Yoshikazu Fujimori (Ichiko)

Planungszeit: Januar 2006
Bauzeit: April –September 2006
Grundfläche: 14,3 m²
Nutzfläche: 14,3 m²
Geschosszahl: 1 Stockwerk
Tragsystem: Holzkonstruktion

Ausgestellte Objekte:
Terunobu Fujimori
Gen-an, 2006
Skizze, 36,4 × 25,6 cm
Städtisches Kunstmuseum Chino

Terunobu Fujimori
– Tisch »Gen-an«, 2006
Holz (Kastanie), 121 × 49 × 50 cm
Privatsammlung

5 Stühle »Gen-an«, 2006
– Holz (Kastanie), 42 × 30 × 30,5 cm
Courtesy des Künstlers
Privatsammlung

Akihisa Masuda
Gen-an, 2006
Fotografie, 125 × 100 cm
Städtisches Kunstmuseum Chino

**Nemunoki Kunstmuseum für Kinder /
S. 148–153**
Fertiggestellt: 2006
Funktion: Kunstmuseum
Standort: Kamitaruki, Kakegawa, Präfektur Shizuoka
Bauherr: Nemunoki Fukushikai
Entwurf: Terunobu Fujimori + Yoshio Uchida (Shusakusha)
Konstruktion: Masahiro-Inayama (Inayama Kenchiku Sekkei)
Ausführung: Ishikawa-Bau
Planungszeit: April 2004–März 2005
Bauzeit: Juli 2005–September 2006
Grundstücksfläche: 2840 m²
Grundfläche: 160 m²
Nutzfläche: 427 m²
Geschosszahl: 2 Stockwerke
Tragsystem: Stahlbeton, teilweise Holzkonstruktion

Ausgestellte Objekte:
Akihisa Masuda
Nemunoki Kunstmuseum für Kinder, 2007
2 Fotografien, 100 × 80 cm, 100 × 150 cm
Städtisches Kunstmuseum Chino

Shō-ken (Kiefern-Teehaus)
Fertiggestellt: 2007
Funktion: Teehaus
Standort: Nagano, Präfektur Nagano
Entwurf: Terunobu Fujimori + Keiichi Kawakami (Kawakami Archtekturentwurfsraum)
Ausführung: Hanaoka Kogyo
Planungszeit: Januar 2005–März 2006
Bauzeit: April 2006–April 2007
Nutzfläche: 5,8 m²
Geschosszahl: 1 Stockwerk
Tragsystem: Holzkonstruktion

Ausgestellte Objekte:
Akihisa Masuda
Shou-ken (Kiefern-Teehaus), 2007
Fotografie, 100 × 125 cm
Städtisches Kunstmuseum Chino

**Yakisugi-Haus (Haus der verkohlten Zedern) /
S. 154–159**
Fertiggestellt: 2007
Funktion: Wohnhaus
Standort: Nagano Stadt, Präfektur Nagano
Entwurf: Terunobu Fujimori + Keiichi Kawakami (Kawakami Entwurf Room), Landscape: Terunobu Fujimori + Akira Koyama (KRC)
Ausführung: Architektur: Hanaoka Kogyo; Landschaft: Shōwa Garden
Planungszeit: Januar 2005–März 2006
Bauzeit: April 2006–April 2007
Grundfläche: 170 m²
Nutzfläche: 167 m²
Geschosszahl: 2 Stockwerke
Tragsystem: Holzkonstruktion

Ausgestellte Objekte:
Terunobu Fujimori
Yakisugi-Haus (Haus der verkohlten Zedern), 2005–2007
Skizzenbuch, 25,7 × 18,2 cm
Städtisches Kunstmuseum Chino

Terunobu Fujimori
– Tisch »Haus der verkohlten Zedern«
Japanische Eiche, Metall, 182 × 95 × 59 cm

Privatsammlung
– 4 Rattanstühle »Haus der verkohlten Zedern«
Rattan, Metall, 51 × 64 × 79 cm
Privatsammlung
– Bodenlampe »Haus der verkohlten Zedern«
Japanpapier, Rattan, Metall, 36 × 70 × 155 cm
Privatsammlung
– 2 Nachttische »Haus der verkohlten Zedern«
Kastanie, 35 × 35 × 30 cm
Privatsammlung

Terunobu Fujimori
Yakisugi-Haus (Haus der verkohlten Zedern), 2007
Holzmodell, 121,5 × 56 × 46 cm
Courtesy des Künstlers

Akihisa Masuda
Yakisugi-Haus (Haus der verkohlten Zedern), 2007
3 Fotografien, 100 × 150 cm, je 2: 100 × 125 cm
Städtisches Kunstmuseum Chino

Kohlenhaus / S. 160–163
Fertiggestellt: 2008
Funktion: Wohnhaus
Standort: Utsunomiya, Präfektur Tochigi
Bauherr: Tokyo Gas, heute in privatem Besitz
Entwurf: Terunobu Fujimori + Kiyotaka Hayami
Ausführung: Toyota Woodyou Home
Planungszeit: April–Dezember 2007
Bauzeit: März–Oktober 2008
Grundstücksfläche: 268,73 m²
Grundfläche: 62 m²
Nutzfläche: 100 m²
Geschosszahl: 2 Stockwerke
Tragsystem: Holzkonstruktion

Ausgestellte Objekte:
Terunobu Fujimori
Kohlenhaus, 2008
Skizzenbuch, 100 × 125 cm
Städtisches Kunstmuseum Chino

Terunobu Fujimori
Kohlenhaus, 2009
Holzmodell, 73 × 53 × 40 cm
Courtesy des Künstlers

Akihisa Masuda
Kohlenhaus, 2008
Fotografie, 100 × 125 cm
Städtisches Kunstmuseum Chino

Dachhaus / S. 164–169
Fertiggestellt: 2009
Funktion: Wohnhaus
Standort: Ohmihachiman, Präfektur Shiga
Entwurf: Terunobu Fujimori + Hiroshi Nakatani (Akimura Flying-C)
Ausführung: Akimura Flying-C
Planungszeit: August 2007–April 2008
Bauzeit: Mai 2008–April 2009
Grundstücksfläche: 978,47 m²
Grundfläche: 424 m²
Nutzfläche: 458 m²
Geschosszahl: 2 Stockwerke, Turm 1 Stockwerk
Tragsystem: Holzkonstruktion

Ausgestellte Objekte:
Terunobu Fujimori
Dachhaus, 2009
2 Skizzen, 42 × 29,7 cm, 29,7 × 21 cm
Städtisches Kunstmuseum Chino

Akihisa Masuda
Dachhaus, 2009
3 Fotografien, je 100 × 125 cm
Städtisches Kunstmuseum Chino

Schokoladenhaus / S. 170–175
Fertiggestellt: 2009
Funktion: Wohnhaus
Standort: Kokubunji Stadt, Tokio
Entwurf: Terunobu Fujimori + Nobumichi Ōshima (Atelier Ōshima)
Ausführung: Miyashima-Bau
Planungszeit: März 2006–Mai 2009
Bauzeit: Juni 2008–Mai 2009
Grundstücksfläche: 333 m²
Grundfläche: 64 m²
Nutzfläche: 160 m²
Geschosszahl: 3 Stockwerke
Tragsystem: Holzkonstruktion, teilweise Stahlbeton

Ausgestellte Objekte:
Terunobu Fujimori
Schokoladenhaus, 2009

Skizze, 36,5 × 25,6 cm
Skizzenbuch, 25,7 × 18,2 cm
Städtisches Kunstmuseum Chino

Terunobu Fujimori
Schokoladenhaus, 2009
Holzmodell, 30 × 22 × 69 cm
Courtesy des Künstlers

Akihisa Masuda
Schokoladenhaus, 2009
3 Fotografien, je 2: 125 × 100 cm,
100 × 125 cm
Städtisches Kunstmuseum Chino

Irisentei / S. 176–179
Fertiggestellt: 2010
Funktion: Teehaus
Standort: Hsinchu, Taiwan
Entwurf: Terunobu Fujimori
Ausführung: Terunobu Fujimori + Volunteer
Planungszeit: Mai 2005–Januar 2010
Bauzeit: Dezember 2009–Juni 2010
Nutzfläche: 3,5 m²
Tragsystem: Holz, teilweise Bambus

Ausgestellte Objekte:
Terunobu Fujimori
Irisentei, 2010
Skizze, 29,5 × 21 cm
Städtisches Kunstmuseum Chino

Akihisa Masuda
Irisentei, 2010
Fotografie, 125 × 100 cm
Städtisches Kunstmuseum Chino

Bōchabune (Das Boot, in dem man den Tee vergisst) / S. 180–183
Fertiggestellt: 2010
Funktion: Teehaus
Standort: Hsinchu, Taiwan
Entwurf: Terunobu Fujimori
Ausführung: Terunobu Fujimori + freiwillige Helfer
Planungszeit: Mai 2005–Januar 2010
Bauzeit: Dezember 2009–Juni 2010
Nutzfläche: 4,7 m²
Tragsystem: Stahlbeton, teilweise Holz

Ausgestellte Objekte:
Terunobu Fujimori
Bōchabune (Das Boot, in dem man den Tee vergisst), 2010
Skizze, 29,5 × 21 cm
Städtisches Kunstmuseum Chino

Akihisa Masuda
Bōchabune (Das Boot, in dem man den Tee vergisst), 2010
2 Fotografien, 125 × 100 cm, 100 × 125 cm
Städtisches Kunstmuseum Chino

Fliegendes Lehmboot / S. 184–189
Fertiggestellt: 2010
Funktion: Teehaus
Standort: Chino, Präfektur Nagano
Bauherr: Terunobu Fujimori
Entwurf: Terunobu Fujimori
Ausführung: Terunobu Fujimori +
Kimio Tateishi + Mitsuo Fujimori +
Takashi Nakamura + freiwillige Helfer
Planungszeit: März–Mai 2010
Bauzeit: Mai–Juli 2010
Nutzfläche: 5,5 m²
Tragsystem: Holz

Ausgestellte Objekte:
Terunobu Fujimori
Fliegendes Lehmboot, 2010
Skizze, 27,9 × 11,1 cm
Städtisches Kunstmuseum Chino

Terunobu Fujimori
Fliegendes Lehmboot, 2010
Holzmodell, 45,2 × 92,9 × 43 cm
Städtisches Kunstmuseum Chino

Akihisa Masuda
Fliegendes Lehmboot, 2010
2 Fotografien, 150 × 100 cm, 100 × 150 cm
Städtisches Kunstmuseum Chino

Walking Café / S. 190–199
Fertiggestellt: 2012
Funktion: Café
Standort: Museum Villa Stuck, München
Bauherr: Museum Villa Stuck
Entwurf: Terunobu Fujimori
Ausführung: Büro Huber & Rössler,

Holzbau Schmid
Planungszeit: 2011/12
Bauzeit: November 2011–Mai 2012
Nutzfläche: 3,1 m²
Tragsystem: Holzkonstruktion

Ausgestellte Objekte:
Terunobu Fujimori
Münchner Teehaus I
10 Skizzen, je 22,5 x 32 cm
Courtesy des Künstlers

Terunobu Fujimori
Münchner Teehaus II
2 Skizzenbücher, je 18 x 25 cm
Courtesy des Künstlers

Terunobu Fujimori
Architekturkonzept, Idee
3 Skizzen, je 22,5 x 16,2 cm
Courtesy des Künstlers

Terunobu Fujimori
Sydney Shelter Project, Human Nest 3
2 Skizzen, je 29,7 x 21 cm
Courtesy des Künstlers

Terunobu Fujimori
Mordives, Human Nest
2 Skizzen, 21 x 29,7 cm, 29,7 x 21 cm
Courtesy des Künstlers

Konotori-an (Storchenhaus)
Fertiggestellt: Oktober 2012
Funktion: Unterkunft Standort: Neugasse 8, Raiding, Österreich (Geburtsort von Franz Liszt)
Bauherr: Roland Hagenberg und Richard Woschitz
Entwurf: Terunobu Fujimori
Ausführung: Woschitz Engineering
Planungszeit: 2011/12
Bauzeit: Oktober 2011–Oktober 2012
Nutzfläche: 38 m²
Tragsystem: Ziegel und Holzkonstruktion

Ausgestelltes Objekt:
Terunobu Fujimori
Konotori-an (Storchenhaus), 2011
Geschnitztes Holzmodell aus Holz mit Blei
46 x 36 x 66 cm
Privatsammlung

Materialtafeln
Terunobu Fujimori
Kupfertafel, 2006
Materialtafel, 90 x 180 x 4 cm
Courtesy des Künstlers

Terunobu Fujimori
Handgetriebene Kupfertafel, 2006
Materialtafel, 90 x 180 x 4 cm
Courtesy des Künstlers

Terunobu Fujimori
Zedernrindentafel, 2006
Materialtafel, 90 x 180 x 8 cm
Courtesy des Künstlers

Terunobu Fujimori
Dachrasentafel, 2006
Materialtafel, 90 x 180 x 8 cm
Courtesy des Künstlers

Terunobu Fujimori
Kupferblech, 2006
Materialtafel, 90 x 180 x 4 cm
Courtesy des Künstlers

Terunobu Fujimori
Schablonentafel, 2006
Materialtafel, 90 x 180 x 4 cm
Courtesy des Künstlers

Terunobu Fujimori
Handbemalte Gipstafel, 2006
Materialtafel, 90 x 180 x 4 cm
Courtesy des Künstlers

Terunobu Fujimori
Gipstafel mit Tau, 2006
Materialtafel, 90 x 180 x 4 cm
Courtesy des Künstlers

Terunobu Fujimori
Gipstafel mit Besen, 2006
Materialtafel, 90 x 180 x 4 cm
Courtesy des Künstlers

Terunobu Fujimori
Tafel mit Stroh und Gips, 2006
Materialtafel, 90 × 180 x 4 cm
Courtesy des Künstlers

Terunobu Fujimori
Lehmtafel I, 2006
Materialtafel, 90 × 180 × 4 cm
Courtesy des Künstlers

Terunobu Fujimori
Lehmtafel II, 2006
Materialtafel, 90 x 180 x 4 cm
Courtesy des Künstlers

Terunobu Fujimori
Tafel mit Perlmuscheln, 2010
Materialtafel, 90 × 180 × 4 cm
Courtesy des Künstlers

3 ROJO

ROJO-Gesellschaft
Süßer Wächterlöwe / S. 202
Fotografie, 90 × 60 cm
Courtesy der Künstler

ROJO-Gesellschaft
Sinnloses Dach
Fotografie, 36 × 43 cm
Courtesy der Künstler

ROJO-Gesellschaft
Garten so groß wie ein Fußabdruck /
S. 200–201
Fotografie, 29,5 × 24,5 cm
Courtesy der Künstler

ROJO-Gesellschaft
De-Chirico-Mauer I
Fotografie, 45,5 × 55,5 cm
Courtesy der Künstler

ROJO-Gesellschaft
Schmaler Pfad im Palast / S. 206
Fotografie, 55,5 × 37,5 cm
Courtesy der Künstler

ROJO-Gesellschaft
Chicken Home Run King / S. 208
Fotografie, 90 × 60 cm
Courtesy der Künstler

ROJO-Gesellschaft
Gefährliche Rutsche / S. 204–205
Fotografie, 90 × 60 cm
Courtesy der Künstler

ROJO-Gesellschaft
Arsène Lupin III / S. 209
Fotografie, 90 × 60 cm
Courtesy der Künstler

ROJO-Gesellschaft
Briefkasten / S. 204
Fotografie, 30 × 20,5 cm
Courtesy der Künstler

ROJO-Gesellschaft
Entenparade / S. 208–209
Fotografie, 53 × 35,5 cm
Courtesy der Künstler

ROJO-Gesellschaft
Thomasson mit Scharnieren / S. 203
Fotografie, 90 × 63 cm
Courtesy der Künstler

ROJO-Gesellschaft
De-Chirico-Mauer II / S. 205
Fotografie, 90 × 63 cm
Courtesy der Künstler

ROJO-Gesellschaft
Gebäude so schmal wie ein Rasiermesser /
S. 209
Fotografie, 90 × 60 cm
Courtesy der Künstler

ROJO-Gesellschaft
Kleiner Garten der Stadtverwaltung
Fotografie, 53 × 35,5 cm
Courtesy der Künstler

ROJO-Gesellschaft
Hochzeit von Willy und Ziegelmauer
Fotografie, 53 × 35,5 cm
Courtesy der Künstler

ROJO-Gesellschaft
Eingang zu einem Shinto-Tempel I
Fotografie, 24 × 29,5 cm
Courtesy der Künstler

ROJO-Gesellschaft
Eingang zu einem Shinto-Tempel II /
S. 206–207
Fotografie, 91 × 60,5 cm
Courtesy der Künstler

ROJO-Gesellschaft
Ein Blumenkübel / S. 207
Fotografie, 43 × 35,5 cm
Courtesy der Künstler

ROJO-Gesellschaft
ROJO-Gründungszeremonie der Tokioter Architekturdetektivagentur und ROJO /
S. 218
Fotografie, 90 × 60 cm
Courtesy der Künstler

ROJO-Gesellschaft
Panda-Trennwand / S. 203
Fotografie, 53 × 64 cm
Courtesy der Künstler

ROJO-Gesellschaft
Schattenbaum
Fotografie, 64 × 53 cm
Courtesy der Künstler

ROJO-Gesellschaft
Wippenhaus / S. 202
Fotografie, 53 × 64 cm
Courtesy der Künstler

ROJO-Gesellschaft
Objekte, die von der ROJO-Gesellschaft gesammelt wurden, 1970–2006
Film, 34 min 30 sec
Courtesy der Japan Foundation / der Künstler

Biografien

Terunobu Fujimori

1946	Geboren in Chino, Präfektur Nagano
1965	Abschluss des Seiryō-Gymnasiums in Suwa, Präfektur Nagano
1971	Studienabschluss, Universität Tohoku
1978	Abschluss des Promotionsstudiums im Fachbereich Architektur, Universität Tokio
1980	Promotion in Architektur, Universität Tokio
1982	Vollzeitlektor am Institute of Industrial Science, Universität Tokio
1985	Assistenzprofessor am Institute of Industrial Science, Universität Tokio
1998	Professor am Institute of Industrial Science, Universität Tokio
2010	Professor der Universität Kogakuin und Professor Emeritus der Universität Tokio

Auszeichnungen

1981	Förderpreis des Japanischen Instituts für Stadtplanung für seine Doktorarbeit *Die Geschichte der Stadtplanung in der Meiji-Zeit*
1983	Mainichi-Kulturpreis und Fujita-Preis (Tokyo Institute for Municipal Research) für das Buch *Meiji no Tōkyō keikaku* (Meiji-Pläne für Tokio)
1986	Suntory-Preis für Sozial- und Geisteswissenschaften für sein Buch *Kenchiku tantei no bōken: Tōkyō hen* (Abenteuer eines Architekturdetektivs: Tokio Band) Designpreis Japan (Japan Inter-Design Forum) für die Gründung der Architektur-Detektei Tokio und der ROJO Society sowie ihre Forschungsprojekte
1997	Großer Preis japanischer Kunst für das Nira-Haus (Schnittlauchhaus)
1998	Preis des japanischen Architekturinstituts, Abteilung Forschungsarbeiten für seine Recherche zur modernen japanischen Stadt und zur Architekturgeschichte
2001	Preis des japanischen Architekturinstituts, Abteilung Architekturdesign für das Studentenwohnheim der Kumamoto Landwirtschaftsschule
2002	Mainichi-Kritikerpreis für *Kenchiku tantei, hon wo kiru* (Der literarische Rundumschlag eines Architekturdetektivs)

Ausstellungen (Auswahl):

Fujimori Terunobu: Y'avantgarde Architecture, Gallery MA, 1998

Exhibition of Architecture Works of Terunobu Fujimori, Nationaler Kulturverband, Architekturfakultät, Chung Yuang Christliche Universität, 2003

Architecture of Terunobu Fujimori and ROJO: Unknown Japanese Architecture and Cities, Venice Biennale: 10th International Architecture Exhibition, 2006, und Tokyo Opera City Art Gallery, 2007

Memories of Suwa & Architecture of Terunobu Fujimori, Städtisches Kunstmuseum, Chino, 2010

Veröffentlichungen (Auswahl):

1982	*Meiji no Tōkyō keikaku* (Meiji-Pläne für Tokio)
1986	*Kenchiku tantei no bōken: Tōkyō hen* (Abenteuer eines Architekturdetektivs: Tokio Band)
1988	*Kanban kenchiku* (Schilderarchitektur), Fotos: Akihisa Masuda *Kenchiku tantei tōhon seisō* (Unterwegs mit dem Architekturdetektiv) Fotos: Akihisa Masuda
1990	*Shōwa jūtaku monogatari* (Wohnhaus-Geschichten aus der Shōwa-Zeit)
1993	*Nihon no kindai kenchiku* (Die moderne Architektur Japans)
1995	*Itō Chūta dōbutsuen* (Der Zoo von Chuta Ito), Fotos: Akihisa Masuda
1998	*Fujimori Terunobu yaban gyarudo kenchiku* (Terunobu Fujimori Y'avant-garde Architecture)
1999	*Tanpopo hausu no dekiru made* (Bis zum Bau des Löwenzahn-Haus)
2000	*Tanpopo no watage* (Der Flaum des Löwenzahns)
2001	*Kenchiku tantei hon wo kiru* (Der literarische Rundumschlag eines Architektur Detektivs)
2002	*Das Werk von Kenzō Tange*, Ko-Autor: Kenzō Tange *Fujimori Terunobu no gen gendai jūtaku saiken* (Terunobu Fujimoris Revision der primitiven zeitgenössischen Architektur), Fotos: Junichi Shimomura
2004	*Fujimori Terunobu no tokusen bijutsukan zanmai* (Eine Meditation über erlesene Museen von Terunobu Fujimori), Fotos: Mitsumasa Fujitsuka
2005	*Jinrui to kenchiku no rekishi* (Eine Geschichte der Architektur und der Menschheit)
2011	*Kenchiku to ha nani ka, Fujimori Terunobu no kotoba* (Was ist Architektur, in Terunobu Fujimoris Worten)

Dana Buntrock begann ihre Beschäftigung mit japanischer Architektur vor über 20 Jahren, als sie einen Monat lang in die hintersten Ecken des Landes reiste, um sich Avantgardebauten und abseitige Bauwerke anzuschauen. Ihre letzten Reisen führten sie immer wieder in entlegene Regionen, mit gemieteten Autos und einer aufwändigen Kameraausstattung, auf der Suche nach Handwerkern, die alte Techniken weitergeben. Buntrocks erstes Buch *Japanese Architecture as a Collaborative Process: Opportunities in a Flexible Construction Culture* (2001) handelte vom Bauhandwerk und darüber, was dies über eine nationale Kultur aussagt. Terunobu Fujimoris Auffassung von Architektur spielt in ihrem zweiten Buch, *Materials and Meaning in Contemporary Japanese Architecture* (2010), eine große Rolle, in dem es um das Kunstgewerbe in der Architektur geht und wie dieses genutzt wird, um auf die Besonderheiten eines Ortes Bezug zu nehmen. Dana Buntrock lehrt Architektur an der University of California, Berkeley.

Thomas Daniell zog in den frühen 1990er-Jahren nach Japan, zu einer Zeit, die vom Platzen der ökonomischen Blase bestimmt war. Von dessen Wirkung auf die Bautätigkeit war er fasziniert. Er beobachtete die Entwicklungen vor Ort und arbeitete zehn Jahre im Büro von FOBA in Kyoto, bevor er sich als Architekt, Kritiker und Lehrer selbstständig machte. Er übersetzte zahlreiche Bücher von japanischen Architekten. Daniell selbst veröffentlichte: *FOBA: Buildings* (2005), *After the Crash: Architecture in Post-Bubble Japan* (2008), *Houses and Gardens of Kyoto* (2010) und *Kiyoshi Sey Takeyama + Amorphe* (2011).

Toyō Itō Geboren 1941, schloss er die Universität Tokio 1965 ab. Seit 1971 leitet er ein Architekturbüro. Wichtigste Bauten: Sendai Mediathek (2001), Serpentine Gallery Pavilion 2002 (2002), Tama Art University Library (Hachioji Campus) (2007), Torres Porta Fira (2010) Toyō Itō Museum of Architecture, Imabari (2011). Laufende Projekte: Taichung Metropolitan Opera House. Auszeichnungen: Goldener Löwe für sein Lebenswerk bei der 8. Internationalen Architekturbiennale in Venedig (2002), RIBA Royal Gold Medal (2006).

Akihisa Masuda, 1939 in Tokio geboren, studierte Fotografie an der Nihon-Universität. 1999 eröffnete er ein eigenes Fotostudio. 2006 erhielt er den Anerkennungspreis des Japanischen Architekturinstituts für seine fotografischen Arbeiten von moderner Architektur in Japan. Veröffentlichungen mit seinen Fotografien beschäftigen sich mit der Architektur der Meiji-Zeit und mit westlicher Bauweise in Japan. In Zusammenarbeit mit Terunobo Fujimori entstanden zwei Bände zum Thema »Verschwundene moderne japanische Architektur«.

Hannes Rössler bereiste Japan erstmals im Jahr 1999 mit dem Wunsch, die vielschichtige ästhetische Kultur des Landes zu verstehen. Schon während seiner Zimmererlehre bewunderte er die japanischen Holzbauten. Er studierte Architektur in München, Zürich und Wien. Seit 1998 leitet Rössler ein Architekturbüro in München. Er war Vorsitzender des Deutschen Werkbundes Bayern und ist immer wieder als Kritiker, Vortragender und Lehrer an Hochschulen tätig. In unterschiedlichen Funktionen engagierte sich Rössler bei der Verwirklichung japanischer Architekturprojekte in München *(Minihäuser in Japan,* 2000; *Kazunari Sakamoto – Poetik im Alltäglichen,* 2011, *Werkbundsiedlung Wiesenfeld,* 2007).

Fotonachweis

Courtesy Genpei Akasegawa: S. 214

bpk | Bayerische Staatsgemäldesammlung, Alte Pinakothek, München; Foto: Blauel / Gnamm: S. 19 (oben), 20

Terunobu Fujimori: S. 28-29, 32-33, 35, 42, 43, 46, 47, 48, 65 (unten), 72, 76 (oben), 84 (oben), 90, 99 (oben), 104, 108, 114 (rechts), 120, 128 (rechts), 133 (unten) 138 (oben), 144, 150 (oben), 156, 162, 166, 167 (oben), 174, 178, 182, 186, 195

Heinz Gebhardt: S. 36-37

Courtesy Ahikhiko Iimura: S. 218

Akihisa Masuda: Umschlag, S. 10, 12-13, 26-27, 30-31, 34, 38, 60-61, 62, 64, 65 (oben), 66-67, 68, 70-71, 73, 74, 76 (unten), 77, 78-79, 80, 81, 82, 84 (unten), 85, 86-87, 88, 91, 92, 93, 94, 96-97, 98, 99 (unten), 100, 102, 103, 105, 106, 109, 110, 111, 112, 114 (links), 115, 116, 117, 118, 121, 122, 123, 124, 126-127, 128 (links), 129, 130, 132, 133 (oben), 134-135, 136, 138 (unten), 139, 140-141, 142, 145, 146, 147, 148, 150 (unten), 151, 152-153, 154, 157, 158-159, 160, 163, 164, 167 (unten), 168-169, 170, 172, 173 175, 176, 179, 180, 183, 184, 187, 188-189

Courtesy Makoto Motokura: S. 211

Museum Villa Stuck, München; Foto: Wolfgang Pulfer: S. 19 (unten rechts)

ROJO: S. 200-209

Bernd Schuller: Frontispiz, S. 16, 19 (unten links), 22-25, 190, 192-193, 194, 196-197, 198-199, 222-223

Courtesy Shinchōsha: S. 210

Courtesy Chikuma Shōbō: S. 215

Kimio Tanaka, Buchgestaltung von Ken Tōkō; Courtesy Hakusuisha: S. 217

University of Westminster: S. 20

Dank

Architekturbüro Huber Rössler, München

Hannes Rössler, Birgit Huber, Eisuke Kawei, Maiko Hahn, Younghun Choi, Julia Braunfels

Holzbau Schmid
Dieter Schmid

Hans Huber
Hans Thaler
Stefan Weinzierl
Georg Biberger
Sebastian Hausner

Schmied
Jakob Haider, Feichten

Seilerei
Friedrich Nindl, Teisendorf

Bleiverglasung
Alfred Islinger

Vergoldung
Franz Bäuml

Keramik
Kohei Hahn, Kaffeeservice

Bauinnung
Wolfgang Weigl
Ausbildungsmeister im Zimmererhandwerk

Zimmerer-Lehrlinge:
23. bis 27. April 2012
Marcel Aichele
Maximilian Brunner
Niklas Dollwet
Sebastian Heiß
Jonas Hunke
Fabian Mair
Max Mayer
Jonathan Paul Pielmeier
Korbinian Raig
Thomas Reitinger
Andreas Ruhland
Korbinian Schiebl

30. April bis 11. Mai 2012
Philipp Heiland
Maximilian von Held
Benedikt Lachner

Laurenz Lemkau
Moritz Pfeiffer
Quirin Reichl
David Sachsenhauser
Felix Schuldes
Marco Schweiger
Matthias Stangl
Markus Sturm
David Szalai
Mario Ziemen

Technische Universität München
Univ. Prof. Dipl. Ing. Florian Musso
Dipl. Arch. ETH Henning Wensch
Dipl. Ing. Stefan Giers

Studenten:
Doria Bornheimer
Wu Chao
Carolin Dümmler
Tobias Fritz
Hannes Götz
Elias Güse
Theresa Ludwig
Tobias Sebastian Franz Müller
Chuang Tsun Ning
Moritz Rieke
Markus Stolz
Yulchiro Yamada

Claytec
Horst Paulik-Nederkorn

Kinderworkshop
Johanna Berüter
Maiko Hahn

Kinder:
Liesbeth Marie Bönsch
Carla Brecht
Nikos Chazinas
Hannah Dehnst
Luca Dehnst
Benedikt Graf
Valentin Graf
Juri Marr
Amelie Pätzold
Leon Pätzold
Fabian Peter
Chiara Pucci
Oskar Rössler
Justus Schuller
Rosali Walther

Mit großzügiger Unterstützung von: GIMA, Girnghuber GmbH, Marklkofen; Moeding Keramikfassade GmbH, Marklkofen; Japanisches Generalkonsulat München

JAPANFOUNDATION

Swiss Re

Diese Publikation erscheint anlässlich der Ausstellung
Terunobu Fujimori – Architekt
Werkschau 1986–2012

Museum Villa Stuck, München
21. Juni bis 16. September 2012

Katalog

Herausgeber
Michael Buhrs und Hannes Rössler

Redaktion
Verena Hein, Anna Schneider

Verlagslektorat
Karin Osbahr

Lektorat
Mathias Hamp, Nadja Henle, Gabriele Luster

Übersetzungen
Marion Kagerer, Bram Opstelten (englisch-deutsch)
Aya Cheung & Tobias Cheung (japanisch-deutsch)

Grafische Gestaltung
Peter Langemann / Jutta Herden

Satz
Jutta Herden

Schrift
Akko

Verlagsherstellung
Monika Klotz

Reproduktionen
Repro Mayer, Reutlingen; Reproline Genceller, München

Druck
aprinta druck, Wemding

Papier
Tatami White 150 g/m²

Buchbinderei
Conzella Verlagsbuchbinderei, Urban Meister,
Aschheim Dornach

© 2012 Hatje Cantz Verlag, Ostfildern; Museum Villa Stuck,
München; und Autoren

© 2012 für die abgebildeten Werke bei den Künstlern
oder ihren Rechtnachfolgern

Erschienen im
Hatje Cantz Verlag
Zeppelinstraße 32
73760 Ostfildern
Tel. +49 711 4405-200
Fax +49 711 4405-220
www.hatjecantz.de
http://www.kq-daily.de/

ISBN 978-3-7757-3322-9 (deutsche Ausgabe)
ISBN 978-3-7757-3323-6 (englische Ausgabe)

Printed in Germany

Umschlagabbildung
Chashitsu Tetsu (Teehaus Tetsu), 2006

Frontispiz
Terunobu Fujimori, *Beim Baumfällen im Forstenrieder Forst*, 2011

Ausstellung

Kurator
Hannes Rössler

Ausstellungsleitung
Michael Buhrs

Projektkoordination
Anna Schneider

Ausstellungsmitarbeit
Eisuke Kawai (Architekturbüro Huber/Rössler), Naoe Kowatari
(Büro Terunobu Fujimori)

Vorbereitung der Exponate
Nobumichi Ohshima

Walking Café
Architekturbüro Huber Rössler, München; Holzbau Schmid KG,
Trostberg; Lehrstuhl für Baukonstruktion und Baustoffkunde,
TU München; Berufsbildungsstätte Zimmererhandwerk der
Bauinnung München; CLAYTEC e. K., Viersen; Schmied, Jakob
Haider, Feichten; Seilerei, Friedrich Nindl, Teisendorf; Alfred
Islinger, Bleiverglasung, Ofen; Keramik, Kohei Hahn,
Kaffeeservice; Franz Bäuml, Vergoldung

Restauratorische Betreuung
Bettina Bünte und Susanne Eid

Ausstellungstechnik
Christian Reinhardt und Tommy Jackson, Robert Matthews,
Ruth Münzner, Jochen Niessen, Andrea Snigula und Friedrike
Warneke

Museum Villa Stuck

Direktor
Michael Buhrs

Zentrale Aufgaben/Planung
Roland Wenninger

Sammlungen Franz von Stuck/Jugendstil
Margot Th. Brandlhuber

Ausstellungen/Publikationen
Verena Hein

Ausstellungskoordination
Sabine Schmid, Nadja Henle

Vermittlung
Anne Marr

FRÄNZCHEN. Kinder- und Jugendprogramm
Johanna Berüter

Ausstellungstechnik
Christian Reinhardt

Presse- und Öffentlichkeitsarbeit
Birgit Harlander, Anja Schneider

Verwaltungsleiter
Bernhard Stöcker

Sachbearbeiterin Buchhaltung
Sylvia Obermeier

Verwaltung
Lisa Elixmann

Technischer Dienst
Wolfgang Leipold

Leitung Aufsichtsdienst
Michael Hankel, Erwin Richter

Museum Villa Stuck
Prinzregentenstraße 60
81675 München
www.villastuck.de

Ein Museum der Stadt München